本书的出版得到了 2017 年度山东省社科规划青年学者重点培养计划专项"习近平民生思想的理论创新研究"（项目编号：17CQXJ15）、2017 年度山东省高校人文社科科研计划项目"习近平民生思想对农村养老保障制度完善的价值引领"（项目编号：J17RA218）、济宁学院 2017 年度博士科研启动金专项"孝道融入传统孝道文化融入农村现代养老保障制度路径研究"的资助

马克思主义公平观视野中我国农村养老保障制度研究

霍雨慧 著

中国社会科学出版社

图书在版编目(CIP)数据

马克思主义公平观视野中我国农村养老保障制度研究/霍雨慧著.
—北京：中国社会科学出版社，2018.12
ISBN 978 - 7 - 5203 - 3814 - 1

Ⅰ.①马… Ⅱ.①霍… Ⅲ.①农村—养老—社会保障制度—
研究—中国 Ⅳ.①F323.89

中国版本图书馆 CIP 数据核字（2018）第 289877 号

出 版 人	赵剑英	
责任编辑	孙铁楠	
责任校对	邓晓春	
责任印制	张雪娇	

出　　版	中国社会科学出版社
社　　址	北京鼓楼西大街甲 158 号
邮　　编	100720
网　　址	http://www.csspw.cn
发 行 部	010 - 84083685
门 市 部	010 - 84029450
经　　销	新华书店及其他书店

印　　刷	北京君升印刷有限公司
装　　订	廊坊市广阳区广增装订厂
版　　次	2018 年 12 月第 1 版
印　　次	2018 年 12 月第 1 次印刷

开　　本	710×1000 1/16
印　　张	17.5
插　　页	2
字　　数	261 千字
定　　价	78.00 元

前　　言

公平正义是社会主义社会的本质要求和中国特色社会主义的内在要求，更是中国共产党对人民群众的庄重承诺。处在全面深化改革和社会转型期的中国，社会公平问题凸显，成为当前理论研究和改革实践中的热点问题之一。能否有效解决当前中国的社会公平问题，直接关系到我国的经济社会发展和安定团结大局，关系到全面建成小康社会目标的实现，也关系到社会主义和谐社会的构建。社会保障制度是社会发展的稳定器和安全阀，公平性理应是社会保障制度建设的灵魂和核心。党的十八大和十八届三中全会提出，全面加强社会保障建设，把改善民生作为全面建成小康社会的重要指标，将公平正义作为全面深化改革的出发点和落脚点。党的十九大报告指出，中国共产党人的初心和使命，就是为中国人民谋幸福，为中华民族谋复兴。这个初心和使命是激励中国共产党人不断前进的根本动力。全党永远把人民对美好生活的向往作为奋斗目标，进一步凸显了以人民为中心的根本政治理想，突出彰显了马克思主义的人民性，深刻揭示了我们一切工作的出发点和落脚点，为进一步做好保障和改善民生工作提供了理论依据。

"三农"问题是我国实现社会主义现代化的重点，也是中国共产党工作的重中之重。"三农"问题涉及多个层面，其中农村养老保障问题是一个无法逾越的重点问题，对于整个社会的稳定以及经济的可持续发展具有重大意义。因此，农村养老保障制度的完善已经成为当务之急，而深入研究如何结合我国基本国情完善符合我国经济社会发展实际的农村养老保障制度尤为重要。本书以农村养老保障制度为主线，以马克思主义公平观为理论基础，对我国农村养老保障制度的公平性及其影响因素进行了分析，并针对现存问题，对新时期完善农村养老保障制度提出了改革原则和实现途径，以期对以后的农村养老保障制度的完善提供参考。

全书共包括三大部分，分为五章。

第一部分是前提性和基础理论研究，包括绪论和第一章。绪论主要阐释了问题的缘起，对研究背景、研究意义、国内外研究现状等进行介绍与评述，对研究内容、研究方法、技术路线、主要创新点与不足之处等做了必要的说明。第一章界定了公平、农村养老保障制度等核心概念，从四个方面阐述了马克思主义公平观，包括：马克思主义公平观形成的历史背景；马克思主义公平观的理论渊源；马克思主义公平观的形成过程；马克思主义公平观的基本内涵。系统总结了以毛泽东、邓小平、江泽民、胡锦涛、习近平为代表的中国共产党人对马克思主义公平观的继承和发展的推进过程，概述了中国化的马克思主义公平观的主要内容、观点及当代价值。

第二部分是全书的核心内容，包括第二章和第三章，梳理了新中国成立以来我国农村养老保障制度的变迁以及实施现状，结合实证研究，分析了存在的问题和产生这些问题的原因。第二章重点研究新中国成立以来中国共产党农村养老保障制度的变迁。探讨了以家庭养老为主时期（1949—1956 年）、家庭养老和集体养老结合时期（1957—1978 年）、多种养老方式并存及传统社会养老保险探索时期（1978—2001 年）、新型农村社会养老保险探索、实施及城乡居民养老保险开始并轨时期（2002 年至今）四个阶段农村养老保障制度的基本情况；总结了新中国成立以来中国共产党关于农村养老保障制度变迁的主要成效、主要经验；分析了农村养老保障制度实施的历史与现状。第三章结合实证研究，从主体因素、客体因素和社会环境因素三个方面探讨了影响农村养老保障制度实施中公平性实现的因素。

第三部分是第四章和第五章，结合我国农村养老保障制度实施现状的实证研究，并借鉴国际农村养老保障制度中公平原则实现的先进经验，为我国在马克思主义公平观指导下，完善农村养老保障制度提出对策建议。第四章重点探讨了国外农村养老保障制度尤其是其公平性实现对我国的启示。概述了国外农村养老保险制度的形成及发展情况，农村养老保险制度改革及模式。从发达国家和发展中国家两个层面分析和总结了农村养老保障制度的先进经验及其对我国的启示和借鉴。第五章主要探索新时期我国农村养老保障制度公平化的实现路径。结合理论和实证研究，借鉴国际农村养老保障制度中社会公平实现的先进经验，为我国在马克思主义公平观指导下，根据具体国情完善农村养老保障制度，实现更高层次的社会公平提出了政策建议。

我们必须坚持以马克主义公平观作为变革和创新农村养老保障制度改革的理论基础和指导思想，并结合我国基本国情制定有效的改革措施，逐步完善农村养老保障制度，以期实现更高层次的社会公平。

目　　录

绪　　论

一　问题的提出

公平原则是马克思主义的基本原则之一。马克思、恩格斯一生都在批判资本主义社会中各种不公平的社会现象，在此基础上揭露了资本主义社会产生不公平现象的根源，寻找无产阶级和人类解放的道路，探索实现共产主义的可能性。因此，虽然他们没有写过关于公平问题的专著，但是他们关于公平的观点散见于一些论述中，一些经典作家也作了大量论述，因此我们仍然认为公平理论是马克思、恩格斯的理论体系中的重要组成部分，为我们今天讨论和解决公平问题提供了重要指导意义。

中国共产党自成立时起，就以马克思主义为根本指导思想，实现社会公平也是中国共产党人的不懈追求，始终坚持从中国具体国情出发，把公平作为重要的核心价值理念贯穿整个执政过程。公平正义是社会主义社会的本质要求和中国特色社会主义的内在要求，更是中国共产党对人民群众的庄重承诺。处在全面深化改革和社会转型期的中国，社会公平问题凸显，成了尖锐的时代问题，也成为当前理论研究和改革实践中的热点问题之一。能否有效解决当前中国的社会公平问题，直接关系到我国的经济社会发展和安定团结大局，关系到全面建成小康社会目标的实现，也关系到社会主义和谐社会的构建。坚持以马克思主义公平观为指导，正确处理中国特色社会主义现代化进程中的社会问题，才能推动中国特色社会主义伟大事业不断前进。

社会保障制度是社会发展的稳定器和安全阀，公平性理应是社会保障制度建设的灵魂和核心。党的十八大和十八届三中全会提出,全面加强社会保障建设,把改善民生作为全面建成小康社会的重要指标,将公平正义作为全面深化改革的出发点和落脚点。党的十九大报告指出,中国共产党人的初心和使命,就是为中国人民谋幸福,为中华民族谋复兴。这个初心和使命是激励中国共产党人不断前进的根本动力。全党永远把人民对美好生活的向往作为奋斗目标,进一步凸显了以人民为中心的根本政治理想,突出彰显了马克思主义的人民性,深刻揭示了我们一切工作的出发点和落脚点,为进一步做好保障和改善民生工作提供了理论依据。十九大报告明确提出我国社会主要矛盾已经转化为人民日益增长的美好生活需要和不平衡不充分的发展之间的矛盾,这一重要的判断也决定了国家必须要顺应人民对美好生活的向往。"三农"问题是我国实现社会主义现代化的重点,也是中国共产党工作的重中之重。"三农"问题涉及多个层面,其中农村养老保障问题是一个无法逾越的重点问题,对于整个社会的稳定以及经济的可持续发展具有重大意义。但是,在全国经济与社会持续快速发展的情况下,在长期的城乡二元经济结构影响下,城乡之间养老保障制度发展极不平衡,严重损害着社会主义公平正义的价值理念和基本原则,导致人民群众难以共享改革和发展的成果,直接影响着中国社会主义现代化的进程和中华民族的伟大复兴目标的实现。基于这样的认识,我们认为农村养老保障制度的完善已经成为当务之急,而深入研究如何结合我国基本国情完善符合我国经济社会发展实际的农村养老保障制度尤为重要。因此,本书以马克思主义公平观的研究视角,结合以下研究背景,探讨了农村社会养老保障制度的相关问题。

（一）研究背景

1. 农村人口老龄化形势严峻,农民养老成为亟待解决的重要问题

"三农"问题是我国社会主义现代化建设的重点,也是中国共产党工作的重中之重。"三农"问题涉及多个层面,其中农村养老保障问题是一个无法逾越的重点问题,对于整个社会的稳定、经济的可持

续发展及全面建成小康社会目标的实现具有重大意义。目前，许多国家都出现了人口老龄化问题，有些国家甚至因此而变得经济萧条、民不聊生。因此，这一问题的受关注度也在不断提高，成为学术界研究的重点内容之一。人口老龄化，直接反映出一个国家老年人口在总人口中所占的比重。该比重越高，则说明人口老龄化程度越高。就目前世界人口发展情况看，人口老龄化是各国都不可回避的话题。追溯其发展历程，发达国家最早出现了此类问题。之所以如此，与国家老年人生活水平的提高、老年人保障环境的完善等有着很大关系。随后，此类问题在许多发展中国家开始凸显。

据统计资料显示，2000 年，我国老龄化程度为 7%①，标志着我国正式成为一个老龄化国家。随着时间的推移，我国老龄化的程度在不断加重。2012 年此项数值已增长到 14.3%。这说明，我国老龄化问题变得更加严重。从发展阶段看，目前已进入快速发展阶段。据国家有关部门统计，2015 年 60 岁及以上人口达到 2.22 亿，占总人口的 16.15%。② 预计到 2020 年，老年人口将达到 2.48 亿，老龄化水平将达到 17.17%，其中 80 岁以上老年人口将达到 3067 万人，2025 年，60 岁以上人口将达到 3 亿，成为超老年型国家，老龄化程度逐步加深。而这一数字，几乎没有几个国家能与其相比。由此可见，随着时间的推移，我国老龄化程度将朝着更加严重的方向发展，并最终发展成为世界人口老龄化最严重的国家。不同国家的老龄化，具有不同的特征。就我国而言，老龄化的某些特征还是非常显著的，如鲜明的二元结构、过重的赡养负担、老龄化的快速发展、人口规模大、未富先老等。正因为如此，我国的老龄化很容易转化、衍生出一场老龄化危机。农村人口老龄化形势更为严峻，农村老年人口数量多而且增长快，增长速度高于城市。全国第五次人口普查数据显示，我国农村 60 岁及以上老年人口占农村总人口比例的 10.91%；而城市这一比例

---

① 国际上通常看法是，当一个国家或地区 60 岁及以上老年人口占人口总数的 10%，或 65 岁及以上老年人口占人口总数的 7%，就意味着这个国家或地区的人口处于老龄化社会。

② 国家统计局：《2015 年国民经济和社会发展统计公报》，2016 年 2 月 26 日。

为 9.68%。[①] 据第六次全国人口普查数据显示，农村 60 岁及以上老年人口占农村总人口的比例达到 14.98%，上升了 5 个多百分点；而城市这一比例为 11.68%，上升了 2 个百分点。[②] 这说明，我国的老龄化存在明显的城乡差异，农村老龄化明显高于城市。

在新一轮市场经济体制改革的推动下，我国农村经济面貌又发生了许多新的变化，尤其是在经济结构方面，越来越多的农村劳动力不断涌向城市，给城市带来了前所未有的经济压力。与此同时，我国农村工业化正在扎实地推进之中，成为今后农村经济发展的最坚实屏障。这些变化，不同程度地冲击了当前我国农村保障制度。面对日益严峻的老龄化形势，传统的农村养老保障制度的诸多弊端渐渐凸显出来。因此，改革农村养老保障制度已经迫在眉睫。为此，党和政府选择有条件的城市或地区开展试点活动，不断扩大养老保险的覆盖范围。但在实施过程中也存在着较多问题，与公平理念存在现实落差。2014 年 2 月，国家将城乡养老保险制度并轨工作提上日程。一方面，决定正式合并实施"城镇居民养老保险制度"与"新型农村基本养老保险制度"；另一方面，出台相关文件，为制度并轨提供明确的方向和具体的思路。[③] 这是一项具有实质意义的改革突破，意味着我国开始从公共服务的城乡二元分治进入打破二元制度、推进制度并轨的新阶段，向建立公平的养老保障体系迈出了重要的一步。但是，并轨制度实施以来也存在着很多问题，两种制度的融合衔接不顺畅、机构整合存在问题、农民参保信心不足、缴费水平低、养老保障水平难以提升等。因此，农村养老保障制度的完善已经成为当务之急，而如何结合我国基本国情，在马克思主义公平观指导下，完善符合我国经济社会发展实际的农村养老保障制度已经迫在眉睫，而能否将这一制度建设顺利实行，直接关系到农村社会秩序的稳定，农村经济的发展以

---

① 国家统计局：《第五次全国人口普查公报》（http：//www. stats. gov. cn/tjsj/pcsj/rk-pc/5rp/index. htm）。

② 国家统计局：《第六次全国人口普查公报》（http//www. stats. gov. cn/tjsj/rkpc/6rp/indexch. htm）。

③ 刘白：《城乡养老并轨能否促双轨制改革》，《光明日报》2014 年 2 月 10 日。

及农民生活质量的提高。

2. 农村养老保障制度建设滞后，与"公平正义"的目标存在较大差距

目前，我国正处于经济社会快速发展的重要战略机遇期，全面深化改革的关键时期，同时也是各种社会矛盾凸显和突发期。近年来，加快农村社会保障制度建设已经受到全社会的关注，成为全社会广泛共识，更是被中国共产党和政府纳入解决"三农"问题的关键举措。

改革开放后的一个时期，我国经济迅速进入发展的快车道，在国家大政方针政策的保障和全国各族人民的共同努力下，取得了丰硕的发展成果。然而，在此过程中，片面强调经济发展的地位，不惜以牺牲社会公平的做法严重影响了我国的后续发展。这就要求我国在以后的发展中，要正确处理好经济高效发展与维护社会公平的关系。近些年来，我国居民贫富差距不断拉大，这是不争的事实。受此影响，各类社会矛盾如雨后春笋般不断涌现出来，给国家和社会带来了巨大的压力。现实中，国家衡量当前的社会贫富差距程度，通常选用基尼系数为具体的指标。若其数值大于 0.4，则说明该国社会贫富差距已达到非常严重的程度，此时由少部分人集中掌握着大量的社会财富。据统计资料显示，2003 年至 2008 年，中国基尼系数分别为 0.479、0.473、0.485、0.487、0.484 和 0.491。自 2009 年开始逐年回落，2009 年 0.490，2010 年 0.481，2011 年 0.477，2012 年 0.474，2013 年 0.473，2014 年 0.469，2015 年 0.462，2016 年 0.465，2017 年 0.469。[①] 基尼系数虽然 2009—2015 年连续六年下降，但是仍然超过了国际警戒线，近两年又略有回升。不仅如此，国家统计局的数据结果由于受到样本数量、样本质量和调查方法等的限制，官方的基尼数据也引发了一些争议。另外，北京大学公布的《中国民生发展报告2015》也引起了社会的广泛关注，报告明确指出，中国目前的收入和财产不平等状况正在日趋加重。

贫富差距在各国有不同的表现形式。就我国而言，城乡居民收入

[①]　中华人民共和国国家统计局统计数据（http://www.stats.gov.cn/）。

差距过大，是当前最主要的表现形式。关于城乡居民收入差距，在
1978 年的收入比仅为 2.5∶1，但在 2013 年，我国城市居民与农村居
民的收入比扩大至 3.03∶1，2014 年为 2.92∶1，2015 年为 2.73∶1，
2016 年为 2.72∶1，2017 年为 2.71∶1。① 单纯这个比例反映出城乡收
入差距尤其是党的十八大以来逐年缩小，但是这个差距其实要低于实
际，因为，城镇居民的许多收入并没有纳入其中，其中最典型的就是
各类实物性补贴，而此类补贴农村居民一般无法获得，或者获得极少
的数额。若将此方面的收入考虑在内，则这个比例将超过 5∶1。

　　其实，与城乡居民的社会保障水平差距相比，收入差距大的问题
反而轻一些，这也从侧面反映了我国农村居民无法得到充足社会保障
的现实。对比发现，目前我国城市建立了较为完整的社会保障体系，
失业、医疗、养老等几大保障领域都有着各自严格的制度，推行着不
同的保障办法。而且，在城市，还有健全的社会救济制度与之相适
应，如最低生活保障、最低工资保障线等。然而，我国农村却与之相
差巨大，在较长一段时期内，由于受"城乡二元体制"的影响，城
乡社会保障体系建设不平衡现象非常突出，尤其是绝大多数农民的养
老保障只是流于表面形式，缺乏基本的制度保障。不可否认，在改革
开放的浪潮中，我国农村养老保障事业取得了一定成就，但由于长期
的二元社会结构致使农村养老保障发展缓慢，问题突出。比如，社会
养老保险制度建设整体滞后，覆盖面小，保障水平低，地区间发展不
平衡，社会保障金管理不规范等。我国大部分农村地区仍实行着传统
的养老保障办法，主要以土地保障或者家庭保障的方式推行。而从性
质上讲，这两类保障都属于自我保障的范畴，在实际中难以真正发挥
有效的作用，无力抵御那些大型的风险。2014 年以来实施的养老金
的城乡二元并轨制度，实现了制度的统一，在覆盖范围、保障力度上
实现了进一步发展，使农民的养老保障公平得到了制度保证，但实施
以来也出现了很多问题，还不能完全达到预想目标。农村对于养老保
障制度进一步完善和落实的需求已经刻不容缓。

---

① 中华人民共和国国家统计局统计数据（http：//www. stats. gov. cn/）。

3. 党中央对社会公平和农村养老保障问题关注度空前加强，为研究农民养老问题提供了良好的政策背景

在我国，首先开始于农村的改革开放事业取得了举世瞩目的成就，带来了我国农村的大发展，农民的生活水平显著提高。党中央为有效解决社会发展和农村改革中出现的新情况、新问题，审时度势，提出了一系列政策。

尤其是自 2003 年以来，随着农村人口老龄化的加剧，农村社会保障问题凸显，中央逐步加大支持农村发展，统筹城乡社会保障发展。党的十六大报告中将统筹经济发展和社会保障，纳入维护社会稳定和国家长治久安的战略高度统一部署，推进农村养老、医疗保险的建设进程。① 在党的十七大报告中，进一步明确了我国社会保障制度的建设目标，即到 2020 年将此项制度在全国各地城市与农村推行开来，将其覆盖率扩展至最大。到那时，不管是城市居民，还是农村居民，都能过上"劳有所得、病有所医、老有所养"的幸福生活。与此同时，社会的发展，也需要建立在社会福利、社会救助以及社会保险事业发展的基础之上。在新社会保障体系当中，要将最低生活保障、基本医疗、基本养老等方面的内容重点凸显出来。而且，商业保险与慈善事业等方面的内容也不能忽略，可作为其中的重要补充。

2009 年中央一号文件中又明确规定建立新型农村社会养老保险制度，个人缴费、集体补助以及政府补贴相结合，2012 年年底实现此项制度的全面覆盖。2010 年中央一号文件又指出要推进农村最低生活保障制度，发展农村养老服务等措施。2012 年，党的十八大报告中提出，使发展成果更多更公平惠及全体人民，以制度促公平正义，不断完善社会保障制度。同时，对现有的社会保障体系做进一步的补充和完善。在新体系当中，要突出强调公平正义，将规则公平、机会公平、权利公平等不同形式的公平作为新体系的重要内容②，这

---

① 江泽民：《全面建设小康社会　开创中国特色社会主义事业新局面——在中国共产党第十六次全国代表大会上的报告》，《人民日报》2002 年 11 月 18 日。

② 胡锦涛：《坚定不移沿着中国特色社会主义道路前进　为全面建成小康社会而奋斗——在中国共产党第十八次全国代表大会上的报告》，《人民日报》2012 年 11 月 18 日。

些规定表明我们党把保障社会公平正义摆到了更加突出的位置。2013年，党的十八届三中全会通过的《中共中央关于全面深化改革若干重大问题的决定》进一步要求要建立更加公平、可持续的社会保障制度，将公平正义作为全面深化改革的出发点和落脚点置于最优先的地位。① 2014年2月，国家决定在全国范围内建立统一的基本养老保险制度，合并实施"城镇居民养老保险制度"与"新型农村基本养老保险制度"，顺利实现两种制度的并轨。② 2015年，党的十八届五中全会再次聚焦养老问题，提出完善社会保障体系的重点在于"更加公平更可持续"，提出了"全民参保计划"③，推动多年的养老金统筹方案落地。2016年中央一号文件《关于落实发展新理念加快农业现代化实现全面小康目标的若干意见》再次聚焦"三农"问题，指出：把坚持农民主体地位、增进农民福祉作为农村一切工作的出发点和落脚点，用发展新理念破解"三农"新难题，在现代化进程中，要充分调动农村居民参与的积极性，而且要保障这种参与的公平性。对于现代化建设成果，也要与他们共同分享。④ 2016年4月18日，习近平总书记在中央全面深化改革领导小组第二十三次会议中强调，改革必须往有利于维护社会公平正义的方向前进，百姓关心什么，期盼什么，改革就要抓住什么、推进什么，通过改革给人民群众带来更多获得感，把改善民生改革要求落到实处。⑤ 2017年，党的十九大报告中提出："按照兜底线、织密网、建机制的要求，全面建成覆盖全民、城乡统筹、权责清晰、保障适度、可持续的多层次社会保障体系。全面实施全民参保计划。完善城镇职工基本养老保险和城乡居民基本养老保险制度，尽快实现养老保险全国统筹。完善统一的城乡居民基本

---

① 《中共中央关于全面深化改革若干重大问题的决定》，《人民日报》2013年11月18日。

② 《三问养老金并轨》，《人民日报》2015年1月15日。

③ 《中国共产党第十八届中央委员会第五次全体会议公报》，《人民日报》2015年10月29日。

④ 《解读中央一号文件》，《人民日报》2016年1月27日。

⑤ 《习近平主持召开中央全面深化改革领导小组第二十三次会议》，《人民日报》2016年4月19日。

医疗保险制度和大病保险制度。统筹城乡社会救助体系，完善最低生活保障制度。"① 党中央的系列政策和举措为农村养老保障问题的深入研究提供了良好的政策背景。

在我国当前农村人口老龄化空前加剧，"公平正义"的呼声日益高涨及目前的经济社会发展背景下，农村养老保障制度的建设和完善应该提上议事日程。在建设中，要进一步明确下一步的建设思路，以及推进社会公平正义的目标方向。而要顺利地做到这一点，必须充分重视社会保障的功能与价值。尤其是在广大农村地区，一方面对于现代社会养老保障的建设存在着紧迫性，另一方面相关建设又有众多的制约性因素，在这种情况下，现有的社会保障体系还无法支撑我国农民享有城市居民所享有的公平与正义。此时，采取怎样的公平概念能够同这一时期相适应？同农村经济、社会条件相匹配的社会公平水平应该如何确定？在本书中试图在当前条件下提出一些建设性的建议，期望通过相关研究，为我国农村社会养老保障事业的发展提供一些有效的意见或建议。

（二）研究意义

完善农村养老保障制度是我国在经济转型期，改革开放新的起点上实现全面建成小康社会目标的内在要求，也是健全社会保障制度，应对全面深化改革中出现的新矛盾、新情况、新问题的重要举措。本书以马克思主义的公平观，以及马克思主义公平观的中国化实现为理论基础和研究切入点，探讨我国农村养老保障制度的不足，期望通过理论和实证研究为农村养老保障制度的进一步完善提供有价值的参考。

1. 理论意义

（1）通过对马克思主义公平理论及其发展的研究，为本书奠定坚实的理论基础。虽然目前学术界对马克思主义公平观做了一些理论研

---

① 习近平：《决胜全面建成小康社会　夺取新时代中国特色社会主义伟大胜利》，《人民日报》2017 年 10 月 18 日。

究，涌现出一批研究成果，但是，以此为指导来研究中国农村养老保障制度问题还不够系统、深入，通过对马克思主义公平理论深入系统的研究，有助于更全面地把握并深化对这一理论的认识。

（2）目前，以马克思主义公平观及其中国化表现为切入点，有助于为研究我国农村养老保障制度提供更完善的理论基础。运用马克思主义公平观对农村养老保障制度公平性及制度完善的研究还很薄弱，本书对马克思主义公平观及其中国化进程及主要观点进行梳理，为本书奠定良好的理论基础，从而进一步深化我国农村社会养老保障制度公平性的改革。

2. 现实意义

（1）通过对马克思主义公平理论及其发展的研究，有助于我们在探究农村养老保障制度过程中掌握理论的内涵、本质、要求等，进而引导我们树立正确的公平观，学会以马克思主义公平观来指导农村养老保障制度的发展和完善。同时，在马克思主义公平观的基础上，进一步深化其中国化进程的认识，在一定程度上有助于中国特色社会主义实践的顺利进行。

（2）完善农村社会养老保障制度，能够加速农村发展的进程，不断提高农民的生活水平和质量，推进农业现代化发展。同时，有助于加强新型城镇化建设与城乡一体化建设，加快乡村追赶城市的步伐，进而缩小城乡差距。再者，这有助于解决我国日益严峻的老龄化问题，为各类职能部门或机构制定维持农村社会秩序稳定，促进农村社会经济发展，保障农民的合法权益的决策提供一定的参考。

二　研究现状综述

（一）国外研究现状

1. 马克思主义公平观的研究

公平理论研究，在西方已有相当长的历史。而且，在此研究领域，涌现出了大批的知名学者。如柏拉图、亚里士多德，都是此项理论研究初期的杰出代表。随后，随着研究的不断深入，出现了不同的流派，如功利主义公平观派、自由主义公平观派等。早在古希腊时期，社会公平思想就已出现。在当时，这种思想主要是通过古希腊神话这个媒介进行传播的。不同的神话故事，从不同的角度对此思想进行了描绘。随着时代的变迁，有关公平问题的研究也发生了新的变化。尤其是进入近现代以后，意识形态、法律以及社会制度，成为研究此类思想中经常涉及的三大领域。马克思对公平思想的阐述，集中体现在政治经济学说上，而这也成为国外学者研究的重要对象。就马克思对公平的态度，主要存在两派，而且他们之间的观点截然相反。一是以卢克斯、艾伦、克罗克、伍德、米勒、布伦克特、布坎南等为代表的反对派；二是以阿内森、瑞安、胡萨米、柯亨、埃尔斯特等为代表的支持派。公平理论具有地域差异。中国与西方的公平理论有着不同的内容与形式。而对于这两种公平理论，西方学者却分别持冷漠与热衷两种不同的态度。不可否认，中国公平理论起步晚、总体水平与西方存在很大差距。西方的诸多研究成果，为相关研究奠定了良好基础。但是，在马克思主义公平观研究方面，西方却较为欠缺，相关研究及其成果较少。

2. 农村养老保障制度的研究

从时间脉络上讲，西方社会保障理论已经历了较长的研究历程。根据其发展程度的高低，可将其划分为三个不同的阶段。[①]（1）产生阶段。在此阶段，其思想经历了从"否定社会救济"到"主张社会福利"的转变。（2）形成阶段。福利型社会保障思想在此阶段正式成立。"福利国家"论者的社会保障理论与凯恩斯主义的福利保障理论，是此阶段西方社会保障理论的主要内容。（3）发展阶段。西方社会保障理论的发展是多元化的。如新自由主义学派的社会保障理论等，都是此阶段西方社会保障理论的代表。不管是哪一个阶段，有一个核心问题是一直存在的，即公平与效率的关系问题。不管是哪一个学派的社会保障理论，也都是在此问题的基础上形成与发展的。[②]

---

① M. Boldrin，A. Rustichini，"Political Equilibria with Social Security"，*Review of Economic Dynamics*，No. 2，2000.

② 方福前、吕文慧：《中国城镇居民福利水平影响因素分析——基于阿马蒂亚·森的能力方法和结构方程模型》，《管理世界》2009 年第 4 期。

关于养老保险制度，在国外已有了较长的发展历程。经过历史的磨砺，如今呈现出迅猛发展之势。养老保险城乡统筹的局面在国外早已形成，并且保障类别和模式在各个国家基本统一，具有了比较完善的理论和制度框架。国外的研究主要集中在四个方面，就目前而言，国外的养老保障制度研究侧重于以下几项研究领域或内容：

一是有关农村养老保障现状及存在问题的研究。Gillion（2005）研究认为，现阶段，阻碍农村养老保障制度建设的最大问题就是人口老龄化问题。而老龄化问题在不断加剧，此项制度建设的难度也日益增大。当然，这种影响的程度有高低之分。相比较而言，它对发展中国家的影响要远深刻于发达国家。[1] 威廉姆（2006）强调，进入新世纪，城市化发展明显在提速，现代化水平也在不断提高，而这必然会对传统社会结构产生猛烈冲击。这样，改变传统社会结构就成为一种必然现象。而适应此种改变的需要，家庭养老保障制度也应适时调整，转变制度观念，不断完善制度相关内容，以随时迎接各类挑战。而家庭养老保障在农村长期被抛离在外，造成了严重的后果，阻碍了养老保障事业的健康发展。SJ. Shi（2004）分析指出，中国的农村养老保险制度缺少充足的资金保障，政府每年投入的资金量远不能满足实际需求。再者，现有的相关政策具有明显的不稳定性，无法为实践提供可靠的保障。另外，中国的养老金制度还存在很多漏洞，加上相关主体认知不足，极力反对此项制度，使得现实中的矛盾和冲突不断。[2]

二是有关农村养老模式探索的研究。早在 20 世纪 50 年代，德国的有关法律明令要求所有农村居民都必须投保。而该国所均采用的养老模式建立在两项指标的基础上：一是个人缴费数量指标；二是缴费年限指标。该国的农村养老保险事业，得到了国家财政的大力支持。按有关政策规定，政府每年会按照各地不同情况划拨不等数额的资

---

① C. Gillion, J. Turner, C. Bailey and D. Latulippe：《全球养老保障——改革与发展》，杨燕绥译，中国劳动社会保障出版社 2002 年版，第 48 页。

② SJ. Shi, "Left to Market and Family-Again Ideas and the Development of the Rural Pension Policy in China", *Social Policy & Administration*, No. 6, 2006.

金，以保障各地的农村养老工作。可见，政府补贴已占据农村居民所缴保费的较大比例。① 盖尔（2002）则认为，当前农村养老金模式并非完美，有些弊端非常显著，如资金来源单一等。而为了扩大资金来源渠道，推出了出租土地、加强个人储蓄计划等措施，从实际效果看，这些措施都比较有效。② SJ. Shi（2004）指出，我国各级政府的一项重要职责就是保障广大老年人的基本生活。但是，现实中许多地区或者层级的政府不认真履职，以各种托词来逃避责任，扩大市场的调节作用，结果严重影响了农村养老保障事业发展。威廉姆（2006）主张，国家发放补助能在某种程度上缓解农村居民的生活困境。为此，新的社会救助体系日益完善，保障作用也日益突出。在此方面，南非有着成功的经验，其所推出的"社会救助养老金计划"，以发放筹集救助资金的方式，为广大农村居民提供了必要资金支持。③

三是有关农村养老保障主体责任的研究。正如有些学者所说的，要想真正建立起一套能够统筹城乡的社会保障体系，需要政府这个主体积极作为，充分发挥自身作用。在国外，老年人照料问题依然是重要的研究课题。对此，有观点认为，家庭永远是照料老年人的主体力量。但是，在家庭小型化趋势下，家庭养老的负担过重，而且养老质量也大不如前。而且，当此负担达到饱和程度，就容易引发各类社会问题，这时就需要其他力量的参与，尤其是政府，应积极参与到老年人照料实践当中。从这个角度看，老年人照料将改变家庭养老的单一模式，而逐步走上一条家庭与国家养老并重的新模式。

四是有关农村养老保障制度与社会公平的研究。豪森（1994）指出，按照区域范围的不同，可将养老制度划分为城镇养老保障制度与农村养老保障制度两方面。在实际中，两者必须有机兼顾，偏废其一

① 杨支旺：《德国农民养老保险法律制度的变迁及启示》，硕士学位论文，山西大学，2010年。

② C. Gillion，J. Turner，C. Bailey and D. Latulippe：《全球养老保障——改革与发展》，杨燕绥译，中国劳动社会保障出版社2002年版，第113页。

③ SJ. Shi, "Left to Market and Family-Again Ideas and the Development of the Rural Pension Policy in China", *Social Policy & Administration*, No. 6, 2006.

都会影响到最终的改革质量。约翰逊（1999）调查发现，农村养老保险制度改革呈现出新的不同方向。国际劳工组织强调，多元化是今后农村社会养老保障制度发展的新方向，现有的制度的覆盖率有限，需要进一步加强。[①] Diamond（2006）主张，农村社会养老保险制度建设是一项系统工作，除了需要农村自身努力外，还需要政府的资金支持，需要创新养老新模式，使其朝着社会化方向发展。[②]

（二）国内研究现状

1. 马克思主义公平观的研究

随着改革开放的深入与我国经济的迅猛发展，公平问题日益被人们所关注。国内学者对于马克思主义公平观等相关问题研究著述颇多，纵观理论界的研究，普遍认为，马克思主义公平观是马克思主义理论体系的重要组成部分，对现实有着重要的指导意义。学者们对马克思主义公平观也都进行了比较深入的分析，涌现出了众多的研究成果。在中国知网，根据初步统计，输入"马克思主义公平观"为主题词，共可以检索到736条结果，其中期刊论文454篇，博士、硕士论文160篇。众多学者围绕马克思主义公平观著书立作，对马克思、恩格斯的公平观进行了深刻研究。学者们从不同角度研究了马克思、恩格斯的公平观，涌现出了许多有借鉴意义的研究成果。邬巧飞博士阐述了马克思社会公正思想的理论渊源与发展轨迹，认为马克思从启蒙思想家、空想社会主义者、德国古典哲学家以及古典政治经济学家中汲取关于公平的思想资源。在此基础上分析了马克思社会公正思想的立论基础和基本内涵，并重点论述了马克思关于实现社会公正的条件。从当代中国的角度，对马克思社会公正思想的价值做了全面阐述。在此基础上，强调发展中国特色社会主义，必须认真秉承公正思

[①]　E. Tamagno，"The Canadian Pension System：Center for Intergenerational Studies, Institute of Economic Research"，*Hitotsubashi University*，*Discussion Paper*，No. 1，2005.

[②]　P. Diamond，"Taxes and Pensions"，*Southern Economic Journal*，No. 2，2009.

想。而且，在做到公正的同时，还要做到高效，实现两者间的兼顾。①
江胜珍在她的博士论文中，指出："马克思主义公平观是马克思思想
体系的重要组成部分，马克思主义公平观包括经济、政治和道德三个
维度。马克思主义经济公平思想深刻揭示了资本主义不公平的实质，
通过对生产资料占有制的考察来揭示资本主义经济过程的不公平性。
政治公平思想主要探讨阶级与政治权利方面的平等问题，指出消除一
切政治特权是其主要实现途径。道德公平思想关注的是作为世界主体
的人和整个人类的命运这一最高层次的道德追求，人类自由解放是其
终极追求和体现。最后认为马克思主义公平观需要科学客观的评估，
以指导我国的社会主义建设实践。"② 马陆艳博士通过研究马克思、
恩格斯关于社会公平的理论及其发展，结合中国具体国情阐释对当代
中国的实际意义。她提出，当代中国要继续继承和发展马克思主义的
公平观，重视社会公平，把公平正义作为制度建设的首要价值目标，
推进权利公平、机会公平、规则公平和分配公平，加强制度体系建
设，积极培育社会氛围，保障和促进社会公平正义。③

很多学者围绕马克思主义公平观出版著作，比较有代表性的诸如
《马克思的"正义"解读》（林进平，社会科学文献出版社 2009 年
版）、《马克思恩格斯的公平正义观研究》（陈传胜，合肥工业大学出
版社 2011 年版）、《正义之后——马克思恩格正义观研究》（王广，江
苏人民出版社 2010 年版）、《在正义与解放之间——马克思正义观的四
重维度》（涂良川，吉林大学出版社 2011 年版）、《中国共产党的社会
公正观研究》（任映红、戴海东，人民出版社 2009 年版）等。另有部
分学者将马克思主义公平观与现实社会相结合，在论述马克思主义公
平观的基础上，对我国社会发展中存在的现实问题进行系统分析，例

---

① 邹巧飞：《马克思的社会公正思想及当代价值》，博士学位论文，中共中央党校，
2015 年，第 12 页。
② 江胜珍：《论马克思的公平思想》，博士学位论文，中南大学，2012 年，第 89—
93 页。
③ 马陆艳：《马克思恩格斯社会公平理论及其发展研究》，博士学位论文，电子科技
大学，2013 年，第 110—120 页。

如,《马克思主义公平观视域下我国新型农村合作医疗制度发展研究》
(容翠丽,硕士学位论文,海南大学,2012 年)、《马克思主义公平观
视域下我国城镇弱势群体住房问题研究》(左勇超,硕士学位论文,苏
州大学,2011 年)、《马克思主义视野下的我国医疗保障制度公平性研
究》(袁菁,硕士学位论文,复旦大学,2014 年)、《马克思主义公平
观指导下的我国收入分配体制改革研究》(万玉,硕士学位论文,湖南
大学,2012 年)、《马克思主义公平观视阈下的我国城镇化问题研究》
(栾天,硕士学位论文,华东交通大学,2011 年) 等。

　　而对于中国化的马克思主义公平观,很多研究成果也不断涌现出
来,很多论文对以毛泽东、邓小平、江泽民、胡锦涛、习近平等经典
作家为代表的中国化马克思主义公平思想进行了系统梳理和探究。在
中国知网,笔者于 2016 年以"毛泽东的社会公平观(思想)"为篇
名检索,共检索到 69 条结果。以"邓小平的社会公平观(思想)"
为篇名检索,共有 210 条结果。以"江泽民的社会公平观(思想)"
为篇名检索,共有 13 条结果。以"胡锦涛的社会公平观(思想)"
为篇名检索,共有 39 条结果。以"习近平的社会公平观(思想)"
为篇名检索,共有 35 条结果。以"中国化的马克思主义公平观"为
篇名检索,共有 8 条结果。关于中国化马克思主义公平观的内容,学
术界研究主要集中于梳理党的历代领导人在社会主义初级阶段不同时
期有关社会公平思想的论述,以及我国社会公平建设的主要历程、主
要政策等方面。这些研究成果为本文在马克思主义公平观指导下进一
步探讨我国农村养老保障问题提供了坚实的理论基础。

　　2. 当代中国农村养老保障制度的研究

　　国内的研究成果主要集中在三个方面:

　　(1) 农村养老保障主体责任的研究

　　长久以来,养老保障主体责任一直是我国学术界的热点研究领
域,至今已开展了大量的研究,取得了一系列的成果。钱亚仙
(2006) 认为,在建设新型农村社会保障制度过程中,政府必须充分
发挥自身的主导作用。在实际中,这种主导作用体现在方方面面,如
财政、监管、组织、制度设计、立法等,为此它们在这些方面也承担

着不同的责任。郑功成（2009）强调，我国政府应当妥善应对农村保障问题，即便现阶段受整体财政的影响无法为农民做出相应的承诺，也应当积极面对，不能逃避责任。①

（2）农村养老保障的现状及面临的困境的研究

本部分内容主要涉及两个方面，即城乡并轨之前和之后的农村养老保障制度研究。针对并轨之前的农村养老保障制度的研究，卢海元（2003）通过研究指出，政府履行农村社会养老保险方面的财政职责并非难事。从实际情况看，对相关的发展政策进行微调，就可实现这种效果，此外，政策微调还能进一步实现提高农民收入、建立健全农村市场、促进农村经济的良性循环等效果。② 在陆解芬（2004）看来，社会政策的实施离不开外力的支持，财力支持就是一个重要的方面，政府在这一方面发挥着主导作用，承担着主要的责任。③ 杨翠迎（2005）认为，随着社会和经济的不断发展，传统家庭养老模式已经无法满足当前的养老需求，家庭成员养老虽然能够发挥一定程度的养老功能，但提供的养老保障十分有限，无法充分满足老年人的养老保障需求。为此，应当结合时代特征对传统的养老模式进行创新，积极拓展养老保障渠道，逐步形成包含社会养老、社区养老和自我养老等方式在内的多元化养老模式。④ 在汪柱旺（2006）看来，政府在养老保障制度方面的财力支持主要体现在两个方面，首先是提供一些运行成本，其次是当养老金出现缺口时，承担部分缺口。⑤ 方军等（2012）通过研究指出，在实施养老政策时，很多因素都能对其成效产生影响，其中一个典型的影响因素就是乡镇公务员的行政伦理失范，除此之外，经济因素、政府重视程度、文化传统和社会情况等都

① 郑功成：《中国社会保障改革与未来发展》，《中国人民大学学报》2010 年第 5 期。

② 卢海元：《以被征地农民为突破口建立城乡统一的国民社会养老保障制度》，《中国劳动》2009 年第 2 期。

③ 陆解芬：《论政府在农村养老社会保险体系建构中的作用》，《理论探讨》2004 年第 3 期。

④ 杨翠迎：《中国农村养老保障何去何从？——对农村养老保障现状与问题的思考》，《商业研究》2005 年第 8 期。

⑤ 汪柱旺：《农村养老保险：供给主体与制度创新》，《当代财经》2006 年第 10 期。

能产生一定的影响。① 在何文炯（2010）看来，我国的社会养老保障体系尽管已经实施了多年，但整体成效并未达到预期的目标，究其根源，其中一个重要的原因是保障体系本身存在着一定的缺陷。在制度实施和制度设计等方面都或多或少的存在着一定的偏差，因此也对制度的实际成效产生了一定的影响。② 杨翠迎等（2010）基于研究指出，相对于养老金制度建设来讲，我国在养老服务保障建设方面的成绩明显更差，随着时间的推移，我国的人口老龄化形势越来越严峻，只有认真做好各项老年服务保障工作，才能最大限度规避或化解人口老龄化所带来的危害或威胁。但是，实际中这类服务保障还存在着较多的缺陷和不足。此外，受现阶段整体环境的影响，刻不容缓需要进行养老保障制度建设，这也是社会养老保障制度在今后发展的一个重要方向。李放和黄俊辉（2013）通过对 27 个省域的宏观数据分析结果表明，当前我国在农村养老保障方面取得了一定的成绩，但同时也存在着较多的问题，如政策存在着明显的地域差距、整体绩效水平还较低、养老保险发展不平衡、养老救助机构分布不均等。

　　我国相关部门和学术界对农村养老模式开展了大量的探索工作，以期能够寻求一条适合我国的发展模式。为此，很多研究学者纷纷投身于这一方面的研究，取得了一定的成果，为我国的农村养老保障模式建设提供了重要的参考和依据。其中，王超（2011）基于自身的研究指出，我国可实行差异化、地区化的养老保险制度模式，结合不同区域的经济发展水平来决定所采用的养老保障制度形式，如果经济水平较高，可考虑城镇社会养老保险模式，如果经济水平一般，则可以采用基本社会养老保险和商业保险养老相结合的形式。此外，在一些学者看来，考虑到我国当前的国情，最合适的做法应当是采用"三结合"的社会养老模式，即社会养老模式、社区养老模式和家庭养老模式相结合的社会养老模式。在杨翠迎（2005）看来，由于农村情

---

　　① 方军：《乡镇政府社会管理路径创新：群众路线和农民参与相结合》，《甘肃社会科学》2012 年第 2 期。

　　② 何文炯：《社会养老保障制度要增强公平性和科学性》，《经济纵横》2010 年第 9 期。

况特殊，仅仅期望通过一种养老模式来满足农村人口养老需求是不现实的，通过长期的实践表明，该结论是合理的。在农村养老保障制度建设方面，要真正做到因地制宜。若不考虑各地经济条件，而千篇一律地采用某种建设模式，则此项建设事业将很难成功。与此同时，还应明确建设的重点。就目前情况看，最核心的问题就是解决养老资金短缺的问题。而拓宽资金来源渠道，就成为解决此类问题的关键。此外，从宏观角度讲，不管是采用何种养老保障模式，其都要适应于当前的社会主义市场经济体制这一宏观大局，只有这样，我国农村养老难的问题才能得到根本性的解决。管沼（2009）提出，我们可以积极借鉴一些发达国家的经验，但不可盲目照搬，制定的农村养老保障制度必须符合我国的国情。相关部门应当勇于突破传统思想的束缚，积极创新，从多层次、多角度进行考虑，促进各方参与，形成合力，进而充分发挥各方作用，为农村养老保障做出更大的贡献。

虽然我国已经开始试点统一城乡居民养老保险制度，但实施的时间较短，虽然学术界对此也开展了部分研究，且取得的研究成果十分有限，研究的内容也比较局限，当前这方面的研究大部分集中在两个方面，首先是针对养老保险并轨宏观意义的分析和研究，例如，在郝演苏（2014）看来，城乡养老并轨能够有助于实现城镇化，有效打破二元结构壁垒，从而建立统一的养老保险制度。[①] 胡继晔（2014）通过研究指出，城乡保险制度的并轨有助于统一城乡居民基本养老保险。而伴随着这种"统一"，也为最终的"公平可持续"社会养老保障制度提供了重要的支撑。[②] 张维炜（2014）认为在上层设计时，应当重点关注农村老年人的生活需求，就现阶段的情况而言，城镇化是未来的发展趋势，也是消除城乡二元结构的重要体现[③]。其次是对城乡居民养老保险制度实施问题的分析和研究。在梁全新（2014）看来，政府需要为农村经济的发展提供保障，营造一个良好的制度和政

---

① 郝演苏：《城乡养老并轨迈出改革第一步》，《经济》2014 年第 7 期。

② 廉颖婷：《城乡养老并轨将有力破解老年贫困问题》，《法制日报》2014 年 2 月 14 日。

③ 张维炜：《养老，"城乡并轨"后的新期待》，《中国人大》2014 年第 5 期。

策环境。针对制度安排来讲，政府必须发挥自身在这一方面的优势，促进城乡养老保险制度的相互统一，从而解决当前所面临的城乡居民养老问题。此外，还有一些学者认为，城乡居民养老保险的并轨涉及的方面较多，需要解决很多问题，政府应当明确自身职责，此外，还应当加强资金管理和业务管理，进一步规范管理行为，加强控制力度，打造一支高水准的经办管理人员队伍。此外，还有部分学者基于地区实际案例，对养老保险制度的执行情况及存在的问题进行了系统的分析，还提出了一些有针对性的解决方案和措施。例如，孙晨（2015）对山东省的城乡居民养老保险并轨情况进行了系统的分析，并结合地区实际提出了一些相应的建议。[1] 李晓建（2015）则对山西省的"城居保"和"新农保"并轨情况进行了分析和探讨，并就当前所取得的成效为今后的发展提供了一些对策。[2]

（3）农村养老保障制度建设路径的研究

在卢华东（2005）看来，考虑到我国当前的实际情况，目前在全国范围内推行农村养老保险制度是不现实的。这项制度主要适合在经济发展较好的区域进行推广，且在具体实施时还应当考虑该制度主要适用于具有稳定收入的农民。[3] 在陈志国（2005）看来，相关部门在推行农村养老保险制度的过程中，应当结合服务对象的特征采取相应的养老模式，逐步构建起多层次、多元化的农村养老模式。[4] 杨团（2006）基于研究指出，农村社会保障是促进农村正常发展的必要条件，相对于工业社会保障来讲，农村社会保障有着明显的区别，农村社会的持续发展才是农村社会保障的主导。[5] 在穆怀中（2007）看来，城乡养老保险的并轨是分步进行的，构建农村最低生活保障是首

---

① 孙晨：《山东城乡养老保险制度并轨研究》，硕士学位论文，甘肃政法学院，2015年，第14页。

② 李晓建：《山西省"新农保"与"城居保"合并问题研究》，硕士学位论文，山西财经大学，2015年，第17页。

③ 卢华东：《建构多元化农村养老保障体系》，《统计与决策》2005年第7期。

④ 陈志国：《发展中国家农村养老保障构架与中国农村养老保险模式选择》，《北京大学中国保险与社会保障研究中心论坛文集》，北京大学出版社2005年版，第86页。

⑤ 杨团：《中国新农村发展与农村社会保障》，《学习与实践》2006年第5期。

要的内容，这样才能确保群众的"生存权利"，在此基础上构建相应的养老保险模式，进而体现"生存质量"，最后开展城乡统筹养老保险制度建设。① 邓大松（2008）认为应当协调和统筹城乡社会保障体系，进一步建立健全农村养老保险制度。② 在董克用（2008）看来，我国在改革农村养老保险制度的过程中，应当结合当前实际大胆进行一些尝试，例如当前已经实行的普惠制养老金制度就取得了显著的成绩。③ 梁鸿（2008）基于自身的研究成果将农村居民细分为乡镇企业农村居民、职业农村居民、城市流动人口和被征地农村居民，由于不同类型居民的特点往往不尽相同，因此应当制定差异化的养老保险政策。④ 米红和杨翠迎（2009）结合农村社会保障体系构建了相应的精算模型，率先开辟了一个全新的研究方向。⑤ 郑功成（2009）认为我国应当首先明确农村养老保险制度的建设方向和思路，然后在围绕这一思路开展相应的建设工作，如统账结合、现收现付、城乡统筹等。⑥ 杨继军（2013）认为在设计养老保险时，应当首先考虑基金的保值增值性。在林义（2014）看来，养老保险双轨制改革应当以多层次和多元化为突破口，进而提高农民参保的主动性。⑦

（三）研究现状述评

综上所述，我们可以发现学术界无论是对马克思主义公平观及其

---

① 穆怀中：《国民财富与社会保障收入再分配》，中国劳动社会保障出版社 2003 年版，第 95 页。

② 邓大松、刘昌平：《中国社会保障改革与发展报告》，人民出版社 2008 年版，第 49 页。

③ 董克用、孙博：《从多层次到多支柱：养老保障体系改革再思考》，《公共管理学报》2011 年第 1 期。

④ 梁鸿、赵德余：《人口老龄化与中国农村养老保障制度》，上海人民出版社 2008 年版，第 128 页。

⑤ 杨翠迎、米红：《农村社会养老保险：基于有限财政责任理念的制度安排及政策构想》，《西北农林科技大学学报》（社会科学版）2007 年第 3 期。

⑥ 郑功成：《维护生存权与底线公平的根本性制度保障》，《中国社会保障》2009 年第 9 期。

⑦ 成欢、林义：《调动市场功能构建多层次养老保险体系》，《中国社会保障》2014 年第 3 期。

发展的研究，还是对农村养老保障制度的研究都取得了很多具有理论意义和现实意义的成果。综合以上分析内容，我们不难发现，无论是批判现实还是维护当前的制度，都充分体现了学术界对马克思主义公平观的最合理的说明和最真实的理解。截至 2017 年为止，学者已对公平问题进行了大量的研究，得到了丰富的成果，很多研究方法和思路都具有重要的借鉴意义。国外学术界主要基于四种视角对我国的农村养老保险制度开展研究，分别为现实问题视角、贫困农村老年人视角、老年服务视角和家庭养老视角，对老年福利政策、农村养老服务问题和老年经济保障问题等方面开展了广泛的研究。

以党的十六大为界，我国学者对马克思主义公平观问题的研究可划分为两个不同的阶段。两个阶段研究的侧重点有所不同。如分配公平问题是第一阶段研究的主要内容，而新时期的社会公平问题则是第二阶段的研究重点。第一阶段，研究成果比较少，角度比较单一；第二阶段，研究内容更广泛，涌现出更高层次的研究成果。这些研究内容主要集中于公平的含义、原则、公平与效率的关系、当前社会现实中的公平问题及其解决对策、中国共产党历代领导人的公平观等。针对农村养老保障制度，研究成果主要体现在：一是认为建立和完善农村养老保障制度非常必要且紧迫。在新时期，农村养老形势发生了翻天覆地的变化。人口老龄化倾向越来越严重，家庭结构的小型化特征明显，在这种情况下，农村养老难度较以往有了很大幅度的提升。而面对这日益严峻的养老形势，健全和完善相关保障制度成为必然选择。二是认为政府责任承担关乎养老保障制度建设的质量。在此建设过程中，政府所承担的责任是多样的，涉及方方面面。而无论是哪个方面出现责任缺失，都会不同程度地影响到建设的进程和实效。三是认为养老保险制度的城乡统筹，是时代发展的必然要求。目前，养老保险存在明显的城乡差异，而且这种差异呈现不断拉大的趋势，这与保险制度建设中极力倡导的公平正义原理相背离。而按照城乡统筹的相关要求，加速农村居民养老保险与城镇居民养老保险的并轨，是养老保险制度改革的新方向。

但是，上述研究也存在一些欠缺，这给本书留下了空间。

一是雷同研究、重复性研究比较多，研究范围较窄。当前的研究，更多地集中在农村养老问题和马克思主义公平观上，而很少涉及其他内容。而且，在研究过程中，研究的角度过于单一。如农村养老缺乏社会性考量、农村养老保障制度缺乏理论性考量等，这为后续研究提供了新的方向。

二是学术界目前对我国养老保障制度的公平性研究主要集中在城乡之间、地区之间、不同群体之间存在的差距。在研究视角上，很少有利用马克思主义公平观对农村养老保障制度做深入研究。本书将马克思主义公平观运用到我国农村养老保障制度问题中，将农村养老保障制度建设中的公平问题纳入一个全新的研究视角当中，对不公平性做更进一步的阐述，并在前人研究的基础上，提出相应的改革原则和对策。

党的十八大报告明确提出，全面建成小康社会是现阶段中华民族的奋斗目标，而其中一项重要指标就是改善民生。同时，要将建立全覆盖的社会保障制度体系作为最重要的工作目标。党的十八届三中全会又提出公平正义是全面深化改革的出发点和落脚点，重点提出了要构建更注重公平的社会保障制度。根据十八届三中全会精神，要不断完善现有的社会福利制度体系，加速推进社会制度的公平正义。

在建立社会保障制度之初，我国就将公平的价值理念融入社会养老保险制度建设当中。如今，经过各方努力，这项制度基本框架已建立。然而，它的建设成果并不理想，没有实现当初预期的"社会安全网"的功能与价值。在这种情况下，我们不仅要从技术层面来革新这项制度，还应当积极引入一些先进的理论。我国在建设农村养老保障制度时，应当充分发挥马克思主义公平观的指导意义，底线公平理论又是符合我国现实国情的可量化的、可操作性强的量化指标体系。该体系可进行具体的量化操作，便于我们对事物做出更加准确的判断。这样，政府与市场的职责将变得更加清晰，责任分工更加明确。有些学者依托此项理论，又积极探索新的养老保障模式，如底线公平福利模式就是这方面的典型成果，无论是从理论层面，还是实践层面，其价值都比较突出。就目前情况看，实现社会的全面公平尚需时日。但实现养老保险的底线公平的条件已经成熟，而且这也是现阶段养老保险制度建设的一项重要目标。为此，在建设过程中，应始终坚持以马克思主义公平观为指导，不断完善我国养老保险制度，不断提升社会公平程度，是实现农村养老保障全覆盖的必由之路。

三　研究内容和方法

（一）研究内容

基于马克思主义公平观及其中国化的实现和发展，按照时间的脉络梳理我国农村养老保障制度的发展状况，并从中总结出成败的经验和教训。在此基础上，结合当前我国国情，选择具体对象进行实证研究，探讨完善我国农村养老保障制度的新路径。具体内容如下：

1. 马克思主义公平观的历史发展及其中国化实现。首先，从理论渊源、历史背景、形成过程等基本角度，对马克思主义公平观及其中国化进程进行了深入的梳理。在此基础上，得出我国农村养老保障制度的建立和完善与马克思主义公平观息息相关的结论。换句话说，我国完善农村养老保障制度必须加强马克思主义公平观的指导地位。

2. 新中国成立以来，农村养老保障制度的现状和历史变迁情况，我国农村养老保障制度在不同时期的表现内容和形式往往不同。通过梳理，明确各阶段演进的规律，探寻新的发展路径。研究我国农村养老保障制度实施中存在的问题，以及它们与社会公平的差距，并就该差异的成因和影响因素进行了探讨和分析。

3. 我国农村养老保障制度方面的实证分析。针对当前的制度实施状况，对城乡居民养老保险制度的满意度影响因素做深入分析，并进一步探讨了农村养老保险的支付意愿状况。在此基础上，采用实证分析的方法，明确当前农村养老保险制度改革的基本路径和新方向。

4. 国际农村养老保障制度中公平理念的体现及其对我国的启示。对国际养老保障制度进行分析，分别选择毛里求斯、巴西、印度三个国家为发展中国家的代表，德国、日本、美国为发达国家的代表，将这些国家的农村养老保障制度进行对比分析，并归纳出对我国完善农村社会养老保障制度的启示。

5. 坚持以马克思主义公平观为指导，在农村养老保障制度建设过程中始终秉持底线公平的新理念，提出各项有效措施，全面提升新制度的底线公平程度。按照底线公平的相关要求，优化制度的顶层设计；营造全新的社会环境，完善农村社会养老保障制度；破除困境，有效衔接，完善城乡养老保障制度等几个方面提出路径。

（二）研究方法

本书所涉及的研究方法主要有：

1. 理论与实践相结合。查阅相关文献资料，梳理马克思主义公平观的相关内容，为本研究奠定初步的理论基础。进行深入调研，获得农村养老保障制度发展的第一手资料，分析其实施现状、实施中遇到的问题、影响制度发展的主要因素等。

2. 实证分析与规范研究相结合。实证分析与规范研究都是问题研究中比较常用的方法。但两者所要解决的内容有所不同。实证分析主要解决"是什么""怎么样"的问题，一般是进行事实分析和现状总结；规范研究主要是回答"为什么"和"怎么做"的问题，解决的是对社会事实存在的合理性进行价值判断以及探讨未来应该怎么做的问题。在本书内容当中，多次运用两种方法，如我国农村养老保障制度的历史变迁及发展现状部分、国外相关制度启示部分等。

3. 定性分析与定量分析相结合。根据研究的需要，实地调查我国农村养老保障制度的实施状况，并分析形成如此现状的原因，依据大量的事实得出结论。

4. 历史分析与比较分析相结合。一是纵向对比分析，梳理农村养老保障制度的发展脉络，对比此项制度在各个不同发展阶段的特征、内容，对制度发展的新趋向做出科学预判。二是横向对比分析，对比我国农村养老保障制度与国外农村养老保障制度，找出其中的区别和联系，认真汲取国外的优异成果，学习国外的成功经验，为不断完善我国农村养老保障制度提供借鉴。

四　技术路线

本研究从梳理马克思主义公平观的历史演变及其中国化实现，探讨马克思主义公平观对我国农村养老保障制度的启示和借鉴，对新中国成立以来中国共产党关于农村养老保障制度的历史变迁情况以及当前的实际情况进行深入的分析，总结主要经验，从主体层面、客体层面以及社会环境层面探讨其主要影响因素。与此同时，坚持开放性的研究思维，充分吸收和借鉴国外农村养老保障制度构建和完善的先进经验，在马克思主义公平观指导下，提出完善我国农村养老保障制度的对策。

五　创新点与不足之处

（一）创新点

1. 理论角度的创新。把马克思主义公平观同农村养老保障制度联系起来进行分析探讨。就目前而言，各学者从不同角度来研究农村养老保障问题，但选择马克思主义公平观的角度却非常少。而本研究借助于此项理论，按照底线公平的相关要求，对农村养老保障制度的实施现状以及改进路径进行了全面剖析。

2. 实证分析角度的创新。在以往的研究当中，主要进行的是单独性分析，而且分析的重点放在养老模式或者养老满意度上。同时，这些分析多以描述性为主，而实证性还略显不足。本研究从三个方面开展整体性的实证分析：即农村老年人养老满意度方面、养老模式选择意愿方面以及社会养老保险支付意愿方面。针对这些内容，分析探讨在其中发挥主要作用的因素，从而进一步提出为获得更高老人养老满意度、更高的农村社会养老保险的意愿参与率的相关对策。

3. 研究技术路线的创新。为了充分了解现阶段的农户在保险支付方面的偏好，本研究引入了 CVM 分析法。该方法包含投标博弈法、意愿调查评估法、问卷调查法等内容。本方法能够动态反映出农村居民养老决策行为、政府政策行为。

（二）不足之处

第一，许多关于马克思主义公平的真知灼见散见在不同的文章和著作中，这就要求研究者有深厚的理论功底，非常熟悉马克思主义经典作家的文章和著作，在此基础上进行归纳整理，使之有关公平的思想系统化。

第二，西方发达国家关于农村养老保障的理论和实践都走在了前列，有成熟的理论和可供借鉴的保障模式，提供了丰富的实践经验。但因作者本人英文水平所限，掌握的外文资料比较少，在西方国家农村养老保障发展资料搜集上还不尽全面。

另外，在研究过程中还不能综合运用多种方法进行探究。由于我国地区经济发展不均衡，对农村社会养老保障制度的实施也存在影响，但在研究过程中很难进行全面的实地调研，很难掌握全面的第一手资料，因此对现状的分析及提出的建议全面性和可操作性还尚显不足，这也是今后努力的方向。

第一章 核心概念和理论基础

本研究主要围绕"马克思主义公平观"和"当代我国农村养老保障制度"展开，因此所涉及的核心概念主要是公平、养老以及农村养老保障制度。所涉及的理论基础主要是马克思主义公平观，另外还有经济学、社会学、管理学等有关理论。马克思认为，公平是人类社会的崇高目标。马克思对公平问题的研究，主要是通过批判的方式来进行的，而资本主义制度和封建专制制度就是它批判的主要对象。马克思反复强调，社会演进的过程，也是公平观不断发展的过程，公平社会是在历史进程中存在的。公平不是抽象的，而是具体的。因此，对社会公平理论和问题的研究，需要对它进行科学具体的分析与系统总结，并以此为理论基础研究我国农村养老保障制度。

一 核心概念

（一）公平

1. 概念的渊源

公平是人类社会生活的永恒主题，也是各国家、各民族共同追求的价值取向。这一概念拥有丰富的内涵和宽泛的外延，并且公平是一个历史性具体性范畴，不同历史时期，不同国家对公平的认识也存在差异。因此，从理论上如何准确界定公平，给这一词汇下个科学、统一的定义是比较困难的。

工具书中对公平的解释各种各样。最早在古希腊的典籍中就有"orthos"一词，直译为"置于直线之上"，引申的意思为"公平、真

实";《辞源》中定义为"不偏私,正直";《辞海》中将公平界定
为:"依据现实社会中的行为准则和社会秩序正确处理人和事"①;我
国的《现代汉语词典》中解释为"不偏袒某一方面"②。在这些界定
中,我们可以把公平理解为两层含义:一是所有的事情都能得到合情
合理的处理,不偏袒任何一方,每一方在承担责任的同时都能得到相
应的利益;二是公平也是一种评价机制,用来衡量社会是否处于公平
状态。

西方发达国家很早便出现了公平的概念,通常会和正义、公正等
概念相互联系。早在古希腊时期,柏拉图便对其期望的公平正义进行
了阐述,并在其著作《理想国》中阐述了对善的理想国的追求。在
他看来,人们只要从事符合自身本性的事,各负其责,便能收获幸
福,而追求全体人民的幸福是建立国家的核心目的。③ 在亚里士多德
看来,构建社会秩序的基础和前提是公平,公平是城邦的基本原则,
是一种公正平直的体现,也是判别是非的重要指标。④ 罗尔斯等学者
使得公平问题的研究进入了一个新的阶段,他们从社会学和经济学等
多个角度开展了一系列的研究,使得学术界对这一问题给予了高度的
关注。

在中国,有关公平的概念也源远流长。早在 2000 多年前,大思
想家孔子就已经明确提出建设公平的理想社会的目标,"有国有家者,
不患寡而患不均,不患贫而患不安。盖均无贫,和无寡,安无倾。"⑤
这应该是春秋时期对公平最完整的注解。《礼记·礼运》篇中对大同
社会的构想也是对公平社会的描述,"大道之行也,天下为公,选贤
与能,讲信修睦。故人不独亲其亲,不独子其子,使老有所终,壮有
所用,幼有所长,鳏寡孤独废疾者皆有所养"⑥。中国传统文化中包

---

① 《辞海》,上海辞书出版社 1999 年版,第 793 页。
② 《现代汉语词典》第 5 版,商务印书馆 2005 年版,第 473 页。
③ 柏拉图:《理想国》,商务印书馆 1986 年版,第 133 页。
④ 亚里士多德:《政治学》,商务印书馆 1965 年版,第 148 页。
⑤ 朱熹:《四书集注》,凤凰出版社 2005 年版,第 184 页。
⑥ 万军:《公平社会建设》,国家行政学院出版社 2013 年版,第 3 页。

含着很多对公平社会的描述，也同样不缺乏追求公平的实践。历代农民起义中几乎都会出现朴素的公平观念，比如洪秀全在《天朝田亩制度》中勾勒了"有田同耕，有饭同吃，有衣同穿，无处不均匀，无人不保暖"的绝对平均主义图景，资产阶级民主革命的先驱孙中山提出"天下为公"的奋斗理想。

2. 学术界关于公平基本内涵的界定

当前，我国学术界从不同角度对公平内涵进行研究，其界定也很难统一。大致有这样几种观点，有学者认为，公平与利益关系紧密相关，是人们之间合理分配利益并进行评价的机制；有学者认为公平是处理人与人之间利益关系的制度、原则、规范，更多地倾向于一种价值判断；还有学者认为，公平是一个道德范畴，也是一种主观感受。另外，还有学者认为，根据不同的标准划分，公平有不同的含义，比如机会公平、结果公平、权利公平、程序公平；或者政治公平、经济公平、伦理公平等。国内许多学者认为，公平与公正、正义、平等有相近的意思，如万俊人认为，在汉语语境中，公平、公正、正义这些概念几乎可通用。① 也有很多学者认为，尽管公平、公正、平等、正义这几个词的含义有重合的部分，理解它们之间的联系和区别，才能更准确地理解"公平"的概念。马克思主义认为，公平是在一定历史条件下产生的，具有阶段性、历史性和具体性的范畴，是否与生产力发展水平相适应是判断公平的标准，不同社会发展阶段、不同国情、不同制度下人们对公平的理解也是不同的。而"平等"是指无差别的均等，平等可以说是公平的最高境界。而公正和正义更多地侧重于道德评价或者价值理念，作为一种社会价值理念或者道德规范，引导着人们的生产和生活实践活动，推动人类社会不断发展。但是，公平应该是一个弱道德性观念，是对某种对等关系的表达，这一概念所强调的是考量规则的"同一尺度"，是防止以双重标准差别对待问题出现的工具。

3. 本书研究中所界定的公平

参考学术界已有的研究成果，结合本研究的主要内容和我国目前

---

① 万俊人：《义利之间——现代经济伦理十一讲》，团结出版社 2003 年版，第 74 页。

经济社会发展现实，本书所界定的公平应该包含以下几种含义：

第一，公平是一种制度安排。制度是社会有效运行的根本保证。目前，全面深化改革的根本出发点和最终目标必须是保障社会的公平正义、提高广大人民的幸福感。这同样是中国共产党全心全意为人民谋福祉的必然要求和必要途径。具体到本书的研究对象，公平作为一种制度安排，应该是能够促进社会公平实现的农村养老保障制度。

第二，公平是在一定的制度和价值评价基础上，人们合理利益关系的反映。那么，具体到农村社会养老保障制度中的公平就应该是在目前我国农村养老制度的安排中，人民群众尤其是农民群众在一定的价值评价的基础上，对于关乎养老方面的合理利益关系的反映。

第三，公平是一种主观感受，也是一种价值取向。具体到本书的研究对象中，公平是我国农村养老保障制度的价值取向和目标，也是人们对于这些制度和实施现状的主观认知和感受。

（二）农村养老保障制度

1. 养老与养老保险

在《现代汉语大辞典》中对养老的解释有两层含义，第一层含义是指"奉养老人"，即养老强调的是人与人之间形成的奉养关系，如人们生活中常常说的"为老人养老送终"；第二层含义是指"上了年纪以后闲居休息"，即达到一定年龄后能够得到相应的支持和照顾，安享晚年。① 众所周知，农村老年人是"农村养老"对象。而这里的"老年人"，本书将其限定为 60 周岁以上的老年人群。同时，本书指出，老有所依、老有所养是对农村养老的理想目标。此外，本书明确了农村养老的主要内容，即物质方面的支持、精神方面的慰藉以及生活方面的服务。本书指出了农村养老的主要形式，即居家养老、社会养老、机构养老等多种。

在我国社会保险体系当中，养老保险既是最为基础，也是最为核心的部分。所谓养老保险（或养老保险制度）是国家和社会根据一

---

① 《现代汉语大辞典》，商务印书馆 1996 年版，第 1023 页。

定的法律和法规，为解决劳动者在达到国家规定的解除劳动义务的劳动年龄界限，或因年老丧失劳动能力退出劳动岗位后的基本生活而建立的一种社会保险制度。养老保险具备法律权威性和强制性，是由国家相关立法做后盾的；具有互济性，用来实现社会的互助互济；具有社会性，是公民的一项基本权利。我国农村养老保险制度到目前为止共经历了三种类型，传统农村养老保险制度（俗称老农保）主要是1986年到2002年实施的针对低保户、五保户等所提出的一种保障制度。"老农保"并非实质意义的社会养老保险，它主要强调个人缴费为主，基本上是农民的自我储蓄，缺乏政府提供的有力的财政支持，集体补助基本成为空谈。自2009年起我国农村开始正式实施新的养老保险制度，具体实施过程中按照社会统筹和个人账户相结合，探索个人缴费、集体补助、政府补贴相结合的具体实施制度，保障农村居民老年基本生活。主要解决他们的基本生活以及养老和医疗等困难。①2014年起，国家决定将农村与城镇居民两种不同的养老保险制度合并，在全国形成城乡一体化的居民养老保险制度，让我国所有的合法公民都能享受到这一政策。城乡居民养老保险基金主要由个人缴费、政府补贴、集体补助、其他经济主体、社会组织或个人提供资助构成。

2. 农村养老保障制度

制度最一般的含义是大家共同遵守的行动准则，是整个社会的一系列规范体系的总称。诺贝尔经济学奖获得者、制度经济学代表人物诺斯认为，制度是一个社会的游戏规则，是为约束人们的相互关系而设定的一些制约。他认为制度包括三种形式，即正式规则、非正式规则和这些规则的实施执行机制。正式规则又称正式制度，是指政府、国家按照一定的程序创造的一系列的政治、经济规则及社会契约等，它们共同构成人们行为的激励和约束。这些约束是根据社会发展需要，人们有意识建立起来的，并且以正式方式加以规范和确定的各种

---

① 曹文献：《新型农村养老保障制度的可持续发展研究》，西南财经大学出版社2014年版，第43页。

制度安排。非正式规则又称非正式制度，是人们在长期实践中无意识形成的包括价值信念、伦理规范、道德观念、风俗习惯及意识形态等。实施执行机制是为确保这些规则得以执行的相关制度安排。

按照这个概念，养老保障制度内涵丰富，包括正式制度、非正式制度和这些制度的实施运行机制。正式养老保障制度包括国家制定的社会养老保险制度、社会化养老机构制定的制度、社区服务计划等。非正式养老保障制度是社会在长期的发展中自然形成的、传统的养老方式，目前主要包括以家庭伦理道德规范和孝道文化为支撑的家庭养老保障，还包括邻里互助、慈善事业等。正规制度和非正规制度都是养老保障制度体系的重要组成部分，二者相互补充，共同发挥作用，发挥农村老年人的保障作用，规避农村老年人的生活风险。由于社会发展阶段不同，社会政治、经济发展水平不同，养老保障制度也有着显著的区别。养老保障侧重于强调用什么方式保障达到老年以后能够老有所养、安度晚年。在农业社会，养老保障方式主要是家庭养老，因此这个时候的养老保障制度主要是非正式约束，主要依赖的是传统伦理道德和孝道文化。到了工业社会，养老保障方式发生了一定的变化，形成了家庭、社会、国家多元养老保障体系，这个时候养老的实施主要依赖国家的法律、法规等正式制度来约束。养老保障的主体不仅仅是老年人，甚至包括年轻人筹划用什么方式养老，其主体包含了个人、家庭、国家、社会多元格局。

农村养老保障制度是本研究的重点对象。而其相关的内容，既包括制度本身的相关内容，也包括各类养老方式的相关内容，如社会养老、集体养老、土地养老、家庭养老等。此外，本研究从养老模式、支付意愿、满意度等方面，对相关内容进行了深入剖析。

二 马克思主义公平观

（一）马克思主义公平观形成的历史背景

马克思、恩格斯首次提出社会公平的概念以及相关思想，是在自由资本主义发展时期，在资本主义工业文明初步形成的历史进程中，在批判资本主义虚伪公平观的过程中逐步形成的。资本主义发展早期，新兴文化及先进生产力迅速发展，开启了工业革命时代，"在它不到一百年的阶级统治中所创造的生产力，比过去一切世代所创造的全部生产力还要多，还要大"①。打破了封建小农经济制度，否定了宗教神权的统治地位，破除了人为设定的等级制度，主张并建立了以民主、民权、民生为基础的资本主义民主制度，为崇尚资本主义的新兴资产阶级的自由、民主思想铺设了道路。在资本主义社会建立的初期阶段，这一制度在一定程度上践行了资产阶级所主张的民主和公平思想。

但随着资本主义制度的逐步深化，生产资料私有制进一步成熟，社会化大生产的深度和广度不断扩大，分工越来越细，社会交换关系日益复杂，以资本家为代表的资产阶级所占有的生产资料逐步增加，由此对无产阶级剩余价值的强制占有率日益增加，由此更多的无产阶级在这种经济制度下逐步失去了所有的劳动成果，成为资产阶级所雇用的无偿劳动者。整个社会呈现出巨大的贫富差距，失去了生产资料的劳动者对整个社会的政治经济领域逐步丧失了参与决策的机会和能力，贫穷导致无产阶级失去了受教育、向上发展的机会。由此可见，随着资本主义工业化时代的不断推进，资产阶级和无产阶级之间的矛盾日益突出。马克思、恩格斯深入实践，研究资本主义工业化进程，向世人展示了资本主义社会人剥削人的实质，将资产阶级与小资产阶级伪造的社会公平观逐步推翻，为未来社会发展指明了科学的方向，同时赋予无产阶级沉重的历史使命，指出资本主义社会必将消亡，逐渐被社会主义社会取代，这也是社会公平的最终所在。基于此，马克思、恩格斯逐步确立了科学的公平观。

（二）马克思主义公平观的理论渊源

马克思主义是人类思想发展历程中所产生的精神瑰宝。众所周知，马克思和恩格斯正是在德国古典哲学、英国古典政治经济学以及

---

① 《马克思恩格斯选集》第 1 卷，人民出版社 1995 年版，第 277 页。

法国空想社会主义这三大思想的影响下最终确立了马克思主义思想体系，其中马克思主义哲学、政治经济学以及科学社会主义成为马克思主义思想体系的三大重要组成部分。马克思主义公平观在形成过程中也借鉴了德国古典哲学、英国古典政治经济学以及法国空想社会主义这三个理论的成果结晶，在此基础上进行全面地概括及辩证地吸收后变革性地提出了全新的公平观。

1. 德国古典哲学中的公平思想

德国作为新兴资产阶级思想的发源地，其古典哲学的发展一直代表着 18 世纪中期到 19 世纪初期的哲学思想，该时期出现了三位杰出的代表人物：康德、黑格尔以及费尔巴哈。德国古典哲学的公平观可以说是创新性地用辩证思维的方式探索出来的，而公平观也可以说是德国古典哲学中最为重要的一部分。

（1）康德的公平思想

康德的公平思想可以说是基于社会主体来阐述的，自由、公平、理性是康德伦理学的三大基本概念。他所认为的公平应该遵循一种普遍法则，提出："一个人的意志得以同他人的意志依据自由这一普遍法则相统一的总合状态，谓之公正。任何行为本身或者它所遵循的准则如果能使得每一个人的意志自由同一切人的意志自由在符合普遍法则的前提下和谐共存，那么这一行为就是公正的。因此公正的普遍法则是外在行为方式务必确保个人意志的自由行使同一切人的自由依据普遍法则得以和谐共存。"[1] 在康德看来，这种普遍法则是一种善良意志，并且这种源于善良的意志超出了自主意识，凌驾于经验之上。简单讲，也就是把善行视为是目的与义务，与利益矛盾没有丝毫关系。在他看来，公平其实是一种具体的道德准则，被处于共同选择情况下的那些理性人所做出的选择。[2] 从普遍立法的绝对观念来看，能够让人真正分享到自由的有效原则只能是公平公正。但是康德的公平思想更多的是提倡自律意识以及道德原则的广泛认同，这也体现出了

---

① Kant, *The Metaphysical: Elements of Justice*, Indianapolis, 1965, p. 34.

② Ibid., p. 66.

康德的公平思想是没有任何说服力的，康德所处的时代中的公平在人们的眼中与客观的物质生产是没有关系的，而是思想辩证上的自由平等，所以这样的公平思想是缺乏科学性的。

（2）黑格尔的公平思想

有学者曾说过，"马克思是在超越黑格尔和他的青年黑格尔派伙伴之后才成为马克思的"①。在恩格斯看来，黑格尔认为整个世界无论从自然、精神又或者历史发展的角度看，统统都归结为同一个进程，始终处于时刻变化的发展过程中，黑格尔试图找出这些变化过程与社会发展之间的本质关系。但是，黑格尔始终受到唯心主义思想的桎梏，因此在其倡导的哲学思想架构中，观念是世界的本源，即肯定了思想的第一性，且事物都是思想产生出来的。

在黑格尔看来，社会公平意味着绝对理性和绝对精神。法国大革命中给予人们思想启蒙的思想家们也影响着黑格尔，他曾说过："公平的思想、公平的定义应该立即得到肯定，不仗正义的旧框架不能对它造成任何约束。公平思想衍生出了宪法，公平的思想也成了判断的标准。公平思想是所有思维生物的智慧结晶，一切都变得有序合理，这是值得庆祝的时刻。"② 根据黑格尔的辩证思维，思想观念也始终处于变化当中，因此公平作为一种社会思想观念，也必然不会存在绝对的重点，但必将成为一种永恒。但与其相反的是法国大革命时期的公平思想的发展一度出现了停滞状态，显然这与黑格尔的公平观是矛盾的。不过其辩证思维的方式，也给马克思主义公平观的探索提供了一定的理论基础，即要探索历史上每个发展阶段各自的公平观的具体内容，并与社会发展现实相联系，从而归纳出科学的公平观。另外，黑格尔哲学中的异化与劳动的观点也给马克思主义提供了相应的理论基础。

（3）费尔巴哈的公平思想

费尔巴哈批判黑格尔思想，同时展示了他的唯物主义观。唯物主

---

① 黄克剑：《人韵——一种对马克思的读解》，东方出版社1996年版，第34页。
② ［德］黑格尔：《法哲学原理》，商务印书馆1996年版，第97页。

义成为当时的思想主流离不开费尔巴哈，是他提出了自然界是事物存在的根本，思维创造的存在仅是人类对于自身本质的反映。不过其唯物主义思想并不彻底，并没有真正意识到生产力对整个社会发展的决定性作用，因此无法从改造生产力的角度去解决人类社会发展过程中所面临的现实困境。

费尔巴哈曾指出每个人都具备追求幸福的公平权利。他认为该项权利是永恒不变的，社会发展的任何一个阶段、任何一个民族都必须承认这项公平权利，但并非所有情形都有使用该权利的要求。因此在社会实践中，费尔巴哈所提出的公平观也是缺乏科学性以及实用性的。

尽管费尔巴哈主张的公平观没有与现实社会的发展状态相结合，但该思想观念的提出和发展也使得马克思主义公平观的探索更进一步。他所坚持的唯物主义思想和无神论极大抨击和解放了当时的社会思想。马克思和恩格斯在分析和学习费尔巴哈的思想时，批判了其形而上学思想的缺陷，学习和发扬了辩证思维和唯物主义思想，将这两种思想更好地与公平观结合起来，逐步发展确立了真正的马克思主义公平观。马克思曾指出，"费尔巴哈与'纯粹的'唯物主义者相比有很大的优点：他承认人也是'感性对象'。但是，他把人只看做是'感性对象'，而不是'感性活动'，因为他在这里也仍然停留在理论领域，没有从人们现有的社会联系，从那些使人们成为现在这种样子的周围生活条件来观察人们"①。

综上所述，无论是康德、黑格尔还是费尔巴哈，在马克思看来，他们的思想一方面具有积极意义，但另一方面又存在缺陷。概括而言，他们思想中关于公平的论述对马克思主义公平观形成的作用主要体现在两个方面：第一，为马克思主义公平观的科学化奠定了坚实的基础。马克思主义公平观的形成并不是一蹴而就的，而是在对前人思想的批判与继承中发展起来的。比如，马克思从黑格尔的思想当中可吸收辩证法的观点，另外黑格尔的公平思想还提供了与公平思想相一

---

① 《马克思恩格斯文集》第 1 卷，人民出版社 2009 年版，第 530 页。

致的对"自由"的追求。虽然这种自由是资产阶级的自由，但是马克思仍然可以通过这种自由的实现程度来判断资本主义社会的发展程度。就费尔巴哈而言，他所坚持的唯物主义的观点可以使马克思进一步分析现实的社会，通过现实的社会发展来研究社会公平。第二，为马克思主义公平观提供了可以超越的对象。马克思批判黑格尔的唯心主义，指出公平需要结合社会实践来进行评价，不能脱离人而仅仅从精神角度来评价。马克思指出了费尔巴哈缺乏历史感，不能从历史的角度来客观地评价公平。正如他指出的，"他没有看到，他周围的感性世界绝不是某种开天辟地以来就直接存在的、始终如一的东西，而是工业和社会状况的产物，是历史的产物，是世世代代活动的结果……这种活动、这种连续不断的感性劳动和创造、这种生产，正是整个现存的感性世界的基础，它哪怕只中断一年，费尔巴哈就会看到，不仅在自然界将发生巨大的变化，而且整个人类世界以及他自己的直观能力，甚至他本身的存在也会很快就没有了"①。

2. 英国古典政治经济学中的公平思想

英国古典政治经济学可以说是新兴资产阶级所创造的政治经济学，完全服务于 17—19 世纪处于统治地位的资产阶级的利益，同时也成为资产阶级对抗封建统治制度的有力工具。代表人物有法国的西蒙·西斯蒙第以及被誉为经济学之父的亚当·斯密。当时的经济学家对公平理论的研究不再囿于流通范畴，而是逐步延伸至生产范畴，揭示了资本主义生产中内部联系，研究成果意义重大。

（1）西蒙·西斯蒙第的公平思想

西蒙·西斯蒙第是法国研究古典政治经济学的杰出代表，他的主要贡献是提出了资本主义发展进程中无产阶级产生发展以及资产阶级和无产阶级对立的相关理论。他认为是资本主义的掠夺和竞争使得社会出现阶级分化。他十分体恤劳动群众，严厉揭露了资产阶级对无产阶级的剥削以及压迫。他指出："几乎可以说，现代社会是靠无产者

---

① 《马克思恩格斯文集》第 1 卷，人民出版社 2009 年版，第 528 页。

过活，靠夺取无产者的那一部分劳动报酬过活。"① 他认为，无产阶级与资产阶级之间的利益冲突十分严峻，使得工人阶级斗争成为必然结果。他重点研究和分析了资本主义社会的剥削性并深究其产生的根源，最终从分配的角度阐释了其对资本主义剥削的认识。因此，西蒙·西斯蒙第可以算是资产阶级社会主义者。

由于历史条件的局限以及资产阶级的打压，西蒙·西斯蒙第并没有真正抓住资本主义社会的本质规律，没有意识到资本主义必将走向灭亡的发展趋势。但就他提出的公平观而言，依然对马克思主义公平观探索有一定的积极影响，即对资本主义生产关系以及阶级关系有更进一步的认识，也为马克思和恩格斯分析、揭露资本主义社会公平观的剥削性、虚假性奠定了基础。

（2）亚当·斯密的公平思想

亚当·斯密眼中的公平社会意味着每个阶级都拥有基本的幸福权利，公平旨在各阶级斗争中可以得到平等的对待。他在《国富论》中提到了资本主义经济体制下资产阶级剥削剩余价值的社会现实。在他的理论当中，资本主义社会包含三大基本阶级，即工人、资本家及地主，相应的有三种收入，即劳动收入、资本收入、土地收入，其中只有第一个是劳动收入。他认为，工人的劳动是社会财富的来源，而工人的劳动与获得的成果明显不对等，绝大部分被资本家、地主所剥夺。在阶级斗争中，工人都是处于劣势，而资本家都是有利的一方。他指出："在一切工艺或制造业中，大部分劳动者在作业完成以前都需要雇主给他们垫付原材料、工资与生活费，雇主分享他们的劳动产物，换言之，分享劳动对原材料所增加的价值，而这一分享的份额便是他们的利润。"② 亚当·斯密还分析了资本家和工人们的尖锐矛盾，但是在矛盾和斗争中，工人一直处于劣势地位，因为当时雇主们串通起来压榨工人劳动报酬的行为没有任何法律可以禁止，相反的，如果

---

① ［法］西蒙·西斯蒙第：《政治经济学研究》第 1 卷，商务印书馆 1989 年版，第 30 页。

② ［英］亚当·斯密：《国民财富的性质和原因的研究》上卷，商务印书馆 1972 年版，第 59—60 页。

雇主们计提为工人提高报酬却有相关禁止性的法律，而这显然是违背公平原则的。在亚当·斯密看来，之所以会产生阶级斗争，根源在于资本主义社会下劳动者没有受到应有的尊重和应得的劳动报酬，这也背离了公平正义原则。他指出如果社会的经济发展的利益无法分流到社会各个阶层中，不仅在道义上被抨击，更是会有风险的，也必然影响整个社会的安定和谐。因此，亚当·斯密认为要想实现真正的公平正义，必须将劳动者所创造的社会价值公平地分配到社会每个人员手中。

亚当·斯密对于公平观的研究成果给马克思和恩格斯带来更大的启迪。他从经济学的角度分析资本主义的阶级结构，揭示资本主义社会中阶级矛盾阶级对立的根源。根据其研究，公平的目标是每个时代所追求的永恒目标，并不是随着某个阶级的利益而变化的，公平的实现必须依靠社会现实的斗争。尽管当时的英法政治经济学家对这一论断的研究成果并不具有完全的科学性，但是该观点的提出已经具有了明显的唯物史观特性，马克思和恩格斯正是在其劳动价值论研究的基础上进行了相应的批判和吸收，逐步确立了马克思主义劳动价值论，最终揭示了资本主义生产的剩余价值规律，给公平观的确立进一步奠定基础。

3. 法国空想社会主义者的公平思想

法国空想社会主义起始于19世纪前期，主要的代表人物有昂利·圣西门、沙利·傅立叶和罗伯特·欧文。当时，无产阶级与资产阶级之间的矛盾已经愈演愈烈，成了社会的主要矛盾，这是由于当时资本主义生产方式已经占据了统治地位。而空想社会主义者们也都从各自的立场阐述了资本主义邪恶的一面，也叙述了一系列与理想的公平社会相关的想法。

（1）圣西门的公平思想

昂利·圣西门生活的时代是一个科学技术迅速进步、资本主义工业不断发展的时代，他的关于未来理想社会的设计虽然没有明确提出公平的论述，但公平原则是蕴含在其中的。他认为务实工作是实现社会公平分配的前提，他提倡发展生产，根据劳动付出来进行资源分配。在他眼里，理想社会应该是实业制度，并且社会的各个方面都由实业者以及知识者所拥有。实业者顾名思义就是开展生产活动或给社会成员提供物质等的人，即工厂主、商人以及农民。他认为："一切人都要劳动，每一个人都有义务经常以自己的力量去为人类造福，那种依靠特权地位来剥削其他人的人是不允许存在的。"① 他认为劳动是社会财富的来源，只有生产才能丰富社会财富。他还提出要按照每个人的能力与付出来进行社会资源的分配，这样有利于实现社会平等。这些观点说明，圣西门敏锐地指出了资本主义社会分配制度的不平等，提出实业制度是公平的社会制度的基础，并且认为必须要在按劳分配的基础上实现公平分配。

在恩格斯看来，圣西门这种公平分配思想的产生带有一定的必然性。法国大革命乃至当时整个欧洲资本主义不断崛起的背景下产生了圣西门的关于未来理想社会的设想，其中不仅反映了当下不完全的无产阶级对社会制度的不满，也体现了无产阶级对理想社会的渴望。不过由于缺乏成熟的历史条件，使得其公平观存在不足，即他并未否定生产资料的资本主义私有制，只是一味地提倡宣传和平来进行社会改造，缺乏实际性。正如恩格斯在《大陆上社会改革运动的进展》中评论道："他们的经济学说也并不是无懈可击的；他们公社的每个社员分得的产品，首先是以他的工作量，其次是以他所表现的才能决定的。德国共和主义者白尔尼正确批驳了这一点，他认为才能不该给以报酬，而应看作先天的优越条件；因此为了恢复平等，必须从有才能的人应得的产品中间扣除一部分。"② 尽管其公平观有一定的局限，但他提到了按劳分配以及劳动义务化是符合社会主义概念的，所以也为后来的马克思主义的社会分配演化理论提供了借鉴。

（2）傅立叶的公平思想

沙利·傅立叶认为和谐才能保障社会公平，提倡按劳动、资本、能力来分配收益，否定平均主义分配方式。他抨击资本主义社会的无

---

① 《圣西门选集》下卷，商务印书馆1962年版，第49页。
② 《马克思恩格斯全集》第1卷，人民出版社1974年版，第577页。

政府、盲目竞争以及经济发展的不稳定，指出了资产阶级就是一定意义上的奴隶制度，其民主与自由都是虚假表象，批示了资本主义社会的矛盾与邪恶，以此来阐述社会主义思想体系。他提出的和谐制度可以平衡生产无政府以及分配不合理的矛盾，这是基于自愿协作来完成的。他认为："整个协作结构就是建立在这个问题的解决上，如果在这个问题上协调削弱了，那么很快就会看到，整个建筑物即将瓦解。"① 他还提出了自己对于社会发展进程的理解，提出："任何社会在它本身即具有孕育下一个社会的能力，当这个社会达到它本身主要特征的高峰时，它就达到了分娩的阵痛时期"②，阐述了社会发展的必然发生，并且将资本主义的出现定义为发展过程中短暂的阻碍。

但是，作为一个唯心主义者，傅立叶的公平观必然有所局限。他并未认识到社会制度的建立必须借由阶级斗争来实现，也没有认识到只有无产阶级才是社会主义社会的主力军。另外，傅立叶没有否定生产资料的资本主义私有化，故仅是借由宣传、号召来进行社会改革的途径是行不通的。不过他的公平观有着一定的飞跃性，他提出了将劳动与能力作为社会公平分配的基本标准，这可以看出傅立叶已有了将劳动作为公平分配产品依据的观念，且看清资本主义社会分配方式的缺陷，这给马克思主义公平观提供了内容相对详尽的分配公平观。同时，傅立叶对当时资本主义制度的有力抨击为马克思和恩格斯认知科学的公平观带来一定的引导。

（3）欧文的公平思想

欧文也否定资本主义制度，指出私有制造成社会不平等、群众生活没保障以及社会犯罪多发，在此基础上提出了"新和谐公社"的概念。他指出："私有制使人变成魔鬼，使全世界变成地狱。"③ 还指出："在新和谐公社里，全体公社成员是一个大家庭，任何人的活动没有高低之分。人人在供应能做到的范围内，得到同样的食物、衣服

---

①　《傅立叶选集》第 2 卷，商务印书馆 2009 年版，第 132 页。

②　同上。

③　《欧文选集》第 1 卷，商务印书馆 2009 年版，第 3 页。

和教育。"① 欧文认为按劳分配仅仅是社会分配历史发展进程中存在的某个阶段性产物，当生产力发展到一定高度以及社会产品充足时社会分配将变为按需分配。

他的公平观也存在一定的历史局限性，他对于资本主义的批判不够深入，也不太明确共产主义的概念，并未从根本上分析资本主义的剥削以及社会主义的构建，不过他否定了用暴力手段来改造社会的方式。他对工人阶级十分体恤，但并不了解工人阶级的概念，没有意识到这个阶级在历史进程中的存在意义，也不提倡无产阶级的革命起义。不过，他的公平观还是有不少可取之处，即他高度重视每个人的劳动平等以及产品分配平等，认为按劳分配仅是作为一种过渡手段来适用于当下的发展情况，当社会资源足够时社会分配将以按需分配的方式存在。在这点上也给马克思主义公平观以启示，也给马克思和恩格斯对于公平目标的真正实现提供了相应的参考依据。

无论是德国古典哲学还是英国古典政治经济学，以及法国空想社会主义，这三大思想体系中均涵盖了公平的概念，这给科学的公平观的确立提供了理论基础，也是马克思主义公平观确立的三个主要思想启蒙。

（三）马克思主义公平观的形成过程

马克思的公平观是马克思在充分研究和利用历史唯物主义以及历史辩证法的基础上，对前人在关于社会公平的思想进行深入研究，经过批判继承之后形成的。该理论的形成大致可以划分为三大基本阶段：初始研究阶段、深入研究阶段和理论形成阶段。

1. 初始研究阶段：该时间段主要指 19 世纪 40 年代到 50 年代后期

马克思和恩格斯对社会公平开始有了初步的认识，虽然他们的著作中并没有对公平问题直接进行系统的论述，但是社会公平问题已经纳入了他们的研究视野。该时期的马恩研究思想出现了巨大转变，逐

---

① 《欧文选集》第 2 卷，商务印书馆 2009 年版，第 188 页。

步由原来主张民主的革命者，开始转向共产主义奋斗者。该时期的代表作主要有《〈黑格尔法哲学批判〉导言》、《神圣家族》和《德意志意识形态》。

马克思最早阐述公平思想开始于《黑格尔法哲学批判》，他指出："像基督教在天国一律平等，而在人世不平等一样，人民的单个成员在他们的社会生活中却不平等。"① 1844 年，马克思接着发表了《〈黑格尔法哲学批判〉导言》，这是马克思第一次对黑格尔的法哲学进行批判，马克思指出："法的关系正像国家的形式一样，既不能从它们本身来理解，也不能从所谓人类发展的一般精神来理解，相反，它们根源于物质的生活关系。"② 这也促使马克思的思想开始向唯物主义发生转变。自此，马克思对社会不公平产生的经济原因开始探索，在《1884 年经济学哲学手稿》中，马克思通过对德国古典哲学的思想、英国古典政治经济学的思想和法国空想社会主义思想进行批判，并提出了有关异化的概念。马克思指出，在资本主义社会里，劳动的异化带给资本家和工人是不同的境遇，资本家们无情地霸占着工人的劳动成果。由此，马克思认为私有财产是造成一切异化的根本原因，消灭私有制是消灭异化劳动的基础。

马克思和恩格斯在《神圣家族》中无情地批判了黑格尔学派所主张的唯心主义思想，为无产阶级世界观的产生奠定了基础。马克思提道："平等是人在实践领域中对自身的意识，也就是意识到别人是和自己平等的人，人把别人当做和自己平等的人来对待"③，这一论述也是马克思无产阶级世界观形成的最初标志。紧接着所发表的《德意志意识形态》是马恩唯物史观正式确立的重要标志，也是首次系统性地阐释其唯物史观。同时，该著作还对施蒂纳提出的谬论，所谓的真正社会主义以及空想社会主义思想所提出的相关理论展开了严厉批判。在《神圣家族》和《德意志意识形态》这两部著作中，马克思、

① 《马克思恩格斯全集》第 1 卷，人民出版社 1995 年版，第 344 页。
② 《马克思恩格斯选集》第 2 卷，人民出版社 1995 年版，第 32 页。
③ 同上书，第 48 页。

恩格斯首次揭示了生产力和生产关系的辩证关系，共同论证了物质生产在人类历史进步发展中的决定性作用。同时还阐述了社会意识对物质生产过程的依赖关系，指出："不是意识决定生活，而是生活决定意识。"① 这是马克思和恩格斯对唯物史观第一次比较系统的阐述，也使他们的公平思想第一次建立在了科学的基础之上。

2. 深入研究阶段：该阶段是在 19 世纪 50 年代后期至 70 年代

该阶段对马克思主义公平观的确立有着十分关键的意义。马克思和恩格斯在确立了唯物史观的基础上，深入研究和学习政治经济学，并开始将所学理论用于社会公平问题的进一步研究过程中。经过对古典政治经济学的深入性学习和探讨，马恩逐步确立了科学的唯物史观，并开始利用其替代抽象分析法来探讨社会问题，由此便有了研究社会公平必然所需的物质和社会相关内容。马恩在该时期的代表著作主要有《〈政治经济学批判〉导言》《资本论》《共产党宣言》等。该时期的马恩无情批判了蒲鲁东的错误思想，重新研究分析了资本主义制度下财富积累的过程、向世人揭示了剩余价值产生的真实过程，并由此阐明了社会生产劳动各个环节之间的关系，提出了生产决定分配的重要论断。据此马克思和恩格斯认为公平观是社会发展的必然产物，与社会生产关系的发展有着必然联系。

马克思唯物史观的问世推动了马克思的革命思想形成和发展，成为人类文明史的重大壮举。马克思在《〈政治经济学批判〉导言》中强调社会生产是一种历史性活动，也是一定的历史形式，"说到生产，总是指在一定社会发展阶段上的生产"。恩格斯也指出，"平等的观念"实质上"都是一种历史的产物"。因此，马克思的公平思想在这一时期可以说是实现了质的飞跃，对公平问题的研究开始着眼于公平问题实现的前提条件和实质性的内容。在《资本论》中，马克思研究了资本的直接生产过程，指出生产社会化与资本主义生产资料私人占有之间的基本矛盾。他还系统地阐述了剩余价值的理论，论述了资本主义生产方式下资本家对工人的残酷剥削，从而得出结论，资产阶

---

① 《马克思恩格斯选集》第 1 卷，人民出版社 1995 年版，第 73 页。

级所谓的公平都只是形式上和表面上的虚伪公平。1848 年《共产党宣言》正式发表了，宣言中，马克思和恩格斯以唯物史观阐明了社会发展的一般规律，揭示出生产力和生产关系之间、经济基础与上层建筑之间的辩证关系以及阶级斗争在社会历史发展中的重要作用，阐明了物质生产在人类历史进步发展中的决定性作用。《共产党宣言》分析了资本主义产生和发展的过程，指出资本主义社会虽然创造了巨大的生产力，但实质上"从封建社会的灭亡中产生出来的现代资产阶级社会并没有消灭阶级对立。它只是用新的阶级、新的压迫条件、新的斗争形式代替了旧的"①，《共产党宣言》认为资本主义社会是一个极端不公平的社会，提出了实现社会公平的有效路径，即必须进行无产阶级革命，《共产党宣言》指出："资产阶级时代有一个特点：它使阶级对立简单化了。整个社会日益分裂为两大敌对的阵营，分裂为两大相互直接对立的阶级：资产阶级和无产阶级"②，随着社会各种矛盾的不断激化，"资产阶级再不能做社会的统治阶级了，再不能把自己阶级的生存条件当作支配一切的规律强加于社会了。资产阶级不能统治下去了，因为它甚至不能保证自己的奴隶维持奴隶的生活，因为它不得不让自己的奴隶落到不能养活它反而要它来养活的地位"，"资产阶级无意中造成而又无力抵抗的工业进步，使工人通过结社而达到的革命联合代替了他们由于竞争而造成的分散状态。于是，资产阶级赖以生产和占有产品的基础本身也就从它的脚下被挖掉了。它首先生产的是它自身的掘墓人。资产阶级的灭亡和无产阶级的胜利是同样不可避免的"，《共产党宣言》号召"全世界无产者，联合起来"③，"用暴力推翻全部现存的社会制度"④，为建立一个公平社会而斗争。《共产党宣言》的发表标志着马克思主义公平观的初步形成。

3. 理论形成阶段：该阶段由 1875 年《哥达纲领批判》的发表直

---

① 《马克思恩格斯选集》第 1 卷，人民出版社 1995 年版，第 273 页。
② 同上。
③ 同上书，第 284 页。
④ 同上书，第 307 页。

至马克思、恩格斯相继离世

　　该时期马克思重点抨击了拉萨尔对于公平理论的错误认知，为共产主义理想的实现指明了途径，同时提出了社会公平必然是思想观念与社会现实相结合的统一体。这一时期的马克思将共产主义的实现分为两个有序的阶段，每个阶段都有不同的社会分配制度，只有实现了共产主义社会，按需分配才能真正具备可能性。社会主义制度下实行按劳分配制度，该制度仅仅是一种概念化的公平，并不是真正的公平。马克思在 1875 年发表了《哥达纲领批判》一文，该著作基于前期的理论研究成果，提出了社会主义制度下公平的具体要求以及必要条件，将公平观的目标与现实统一起来。"生产者的权利是同他们提供的劳动成正比例的，平等就在于以同一尺度——劳动来计量。"①马克思认为这是"从资本主义社会产生出来的共产主义第一阶段"不可避免的弊病，认为只有在共产主义高级阶段，在"在迫使个人奴隶般地服从分工地情形已经消失，而脑力劳动和体力劳动的对立也随之消失后；在劳动已经不仅是谋生的手段，而且本身成了生活的第一需要之后；在随着个人的全面发展，社会才能在自己的旗帜上写：各尽所能，按需分配"②。

　　他认为，无产阶级所要实现的公平是指各个阶级之间的平等，由此可见，无产阶级所要建立的公平本质上是要消除阶级的存在。一切脱离该思想观念的平等主张都是不科学的。但就社会发展阶段的历史性来看，无产阶级所提出的公平要求也是千差万别的。依据马克思对社会公平的研究，要想彻底弄懂公平的本质，必须将其放置在具体的社会历史背景下。但就具体的社会发展进程而言，随着社会不断前进，公平的具体要求也会不断发生改变，因此，社会公平不存在永恒的要求。1883 年 3 月 14 日，马克思逝世。恩格斯担负起了发展马克思主义公平观的重担。1886 年，在《路德维希·费尔巴哈和德国古典哲学的终结》中，恩格斯再一次阐述了唯物史观的基本思想，高度

---

① 《马克思恩格斯选集》第 3 卷，人民出版社 1995 年版，第 304 页。
② 同上书，第 506 页。

评价了黑格尔和费尔巴哈的伟大功绩，也对黑格尔和费尔巴哈的德国古典哲学的公平思想进行了批判，重点阐述了马克思公平观与德国古典哲学公平思想之间的批判、继承关系。

总之，马克思对公平观的理解和判断对人类公平发展史有着十分重要的作用，它解决了公平理论研究过程中的诸多难题，同时促进了公平理论与社会实践的有效结合，体现了其强大的科学性。

（四）马克思主义公平观的基本内涵

马克思、恩格斯在借鉴和吸收三大主要思想来源科学观点的基础上，进一步批判和揭露了资本主义社会的不公平现象，分析资本主义社会各种不公平现象的历史根源，阐述了未来社会公平实现的历史条件，形成了公平观思想。

1. 公平是一个与社会生产发展现实相适应并具有阶段性和暂时性的概念范畴

马克思主义公平观指出，社会公平是个历史范畴，具有历史性，并不是一个永恒的范畴。而其中公平的历史性主要体现在两个方面，第一个方面是因为公平是历史的产物；第二个方面是因为在不同的时期对于公平存在不同的理解。公平这种意识形态，所反映出来的是处于不同社会经济地位的人们对现实经济关系的一种价值判断和价值评价。当人们把现存经济关系和所需及利益挂钩，对人与人相互之间利益关系进行思考的时候，自然会对这种经济关系进行价值判断，从而产生了公平问题。时期不同，经济地位存在差异，隶属的社会利益集团不同，都会对公平有不同的理解，会有存在差异的判断标准，从而也会产生不同的公平判断，人们会从自身的角度出发，采用自身的尺度进行判断去衡量。马克思指出："难道资产者不是断言今天的分配是'公平的'吗？难道它事实上不是现今的生产方式基础上唯一的'公平的'分配吗？难道经济关系是由法的概念来调节，而不是相反，从经济关系中产生出法的关系吗？难道各种社会主义宗派分子关于'公平的'分配不是也有各种极不相同的观念吗?"① 此外，社会公平的历史性还在于，不同的社会形态中所产生的公平理念并不是没有联系的，这些公平理念是存在历史承接性的，要能够较好地把握当前时期的公平实质，就要能够较好地把握过去的理念，并且对于未来的公平理念发展方向有所预见。

而公平的暂时性也主要通过两个方面来体现，第一个方面是社会存在方面。马克思就此曾经指出："这些分配关系的历史性质就是生产关系的历史性质，分配关系不过表示生产关系的一个方面，……每一种分配形式，都会同它由以产生并且与之相适应的一定的生产形式一道消失。"② 也就是说，不存在一种永恒公平。第二个方面是社会意识方面。辩证唯物主义认为，物质先于意识居于第一性，意识是由物质所决定的，仅仅是物质世界不断发展的必然产物，是客观现实在人的精神世界的反映。公平作为一种社会意识，同样是物质世界发展的产物，是某一发展时期人脑对社会现实的思想反馈。辩证唯物主义也指出，一切的事物都处在永不停息的运动、变化和发展之中，因此不同的事情，对于公平起着决定作用的事物发展变化，必然会对于公平产生影响，从而引起反映这个时期特点的公平发生变化。

恩格斯指出："平等的观念，无论以资产阶级的形式出现，还是以无产阶级的形式出现，本身都是一种历史的产物，这一观念的形成，需要一定的历史关系，而这种历史关系本身又以长期的以往的历史为前提。"③ 还指出："公平始终只是现存经济关系的或者反映其保守方面，或者反映其革命方面的观念化、神圣化的表现。希腊人和罗马人的公平观认为奴隶制度是公平的；1789 年资产者的公平观要求废除封建制度，因为据说它不公平。在普鲁士的容克看来，甚至可怜的专区法也是破坏永恒公平的。所以关于永恒公平的观念不仅因时因地而变，甚至也因人而异。"④ 因此，要想正确理解和把握公平这一

---

① 《马克思恩格斯选集》第 3 卷，人民出版社 1995 年版，第 302 页。
② 《马克思恩格斯选集》第 2 卷，人民出版社 1995 年版，第 586 页。
③ 《马克思恩格斯选集》第 3 卷，人民出版社 1995 年版，第 448 页。
④ 《马克思恩格斯全集》第 18 卷，人民出版社 1964 年版，第 310 页。

概念范畴，必须将公平与具体的社会发展阶段相结合，在历史环境下重新思考和定义公平的相关理论。如果将公平搁置于社会现实之上，所形成的公平观必然是不合理的。可见，公平具有历史性，带有明显的社会烙印，同样具有相对性和阶级性。无论是奴隶社会、封建社会甚至共产主义社会都建有服务于本阶级利益的公平观，每个阶级对公平的利益诉求和价值标准都不尽相同。不单单如此，即使是同一个阶级内部不同个体对公平范畴的认知也存在一定的差异。只有将公平与其所在的历史背景和阶级利益相结合，才能对公平这一概念的含义有个科学的认知，进而在社会实践中做到正确运用。

恩格斯指出："公平不是先验的、决定经济关系的东西，恰恰相反，它是由经济关系决定的，人们关于公平的标准是随着经济关系的变化而变化的。"[①] 也就是说，现实的经济基础对于公平有着决定性的作用。唯物史观指出，生产力的发展对于社会发展发挥着决定性的作用。这意味着，无论是社会现象还是历史现象，都能够在物质关系领域找到其依据。不管社会现象如何复杂，都不可能没有经济根源。也就是，公平这一概念与具体的历史生产力发展水平相关，具有相对性和暂时性。

2. 生产资料公有制决定了未来社会公平分配质的规定性

马克思主义公平观认为，未来社会生产资料公有制这一性质直接决定了公平分配质的规定性。单纯从该论断的字面意思看，其观点与空想社会主义所提出的公平观几近相似，但是进一步探讨发现，马克思主义同空想社会主义在该方面还是存在着较大的方法论上的差异。这种差异主要可以从两个方面来展现：第一个方面，空想社会主义者在对于未来社会公平分配质的规定性方面，更多的是偏向于纯伦理道义，马克思和恩格斯在分析探讨公平分配的问题的时候，完全脱离了这一点，更多的是从客观的角度出发，具有更好的科学性；第二个方面，两者的公有制思想的理论基础存在差异。空想社会主义者是基于人文主义以及理性原则，而马克思主义则是在唯物史观思想指导下建

---

① 《马克思恩格斯全集》第18卷，人民出版社1964年版，第310页。

立的。空想社会主义者将理性原则作为思考问题的出发点，将未来社会公平分配所处的社会性质界定为生产资料公有制。尽管他们所得的结论是正确的，但得出该结论的前提思想是历史唯心主义，因此在具体的实施过程中缺乏现实可行性，带有明显的空想性。

而马克思和恩格斯在分析探讨中，还基于政治经济学的角度，对该观点进行了分析。社会生产力水平决定了社会生产关系，社会生产关系又对社会公平产生制约，并且对社会生产力的发展起到巨大的能动作用。作为一种社会意识形态，公平是由经济关系决定的。马克思指出，社会分配是社会生产方式和社会生产关系共同作用的结果，社会生产方式理应成为社会公平的基础。谈及生产与分配的关系，马克思着眼于消费资料的分配，认为："消费资料的任何一种分配，都不过是生产条件本身分配的结果。而生产条件的分配，则表现生产方式本身的性质。"① 另外，他们还指出，对于生产关系来说，生产力起着决定性的作用，也就是说，对于分配来说，其最核心的决定性影响是来自生产力。对于分配方式来说，本质在于分配产品的数量，社会可供分配劳动成果的增加意味着生产力水平的改善和提高，随着生产力和生产关系的进一步发展必将引发分配乃至各个环节的重大变革。但在未来社会发展的初期阶段，生产力水平难以满足真正公平所需的按需分配方式，只能实行按劳分配制度体现相对公平；当生产力到了全面发展时期，社会公共财富将涌向劳动人民，这个时期的社会公平才能真正实现分配在内容和形式上的绝对公平。

马克思提出的按劳分配原则具有很强的优越性，马克思认为，在生产资料的社会公有制条件下，劳动者占有生产资料，劳动者共同占有的社会财产提供社会物质生产条件，便可产生与资本主义分配方式迥然不同的新的分配方式，即按劳分配方式。恩格斯指出："按照资产阶级经济学的规律，产品的绝大部分不是属于生产这些产品的工人。如果我们说这是不公平的，不应该这样，那这句话同经济学没有

---

① 《马克思恩格斯选集》第 3 卷，人民出版社 1995 年版，第 306 页。

什么直接的关系。我们不过是说，这些经济事实同我们的道德感有矛盾。"① 马克思说："小孩子同样知道，要想得到和各种不同的需要量相适应的产品量，就要付出各种不同的和一定量的社会总劳动量。这种按一定比例分配社会劳动的必要性，绝不可能被社会生产的一定形式所取消，而可能改变的只是它的表现方式，这是不言而喻的。而在社会劳动的联系体现为个人劳动产品的私人交换的社会制度下，这种按比例分配劳动所借以实现的形式，正是这些产品的交换价值。"②

3. 未来社会公平实现的方式具有多变性和多样性

在生产资料公有制的社会背景下，采用何种方式进行公平分配，一直都是众多学者研究探讨的问题。马克思和恩格斯，基于唯物史观以及政治经济学的角度，在理论上对于公平分配的本质展开了详尽分析，并且就未来社会公平分配实现的前提条件和基本原则进行了充分的论证。所提出的相关观点，很多方面在当前看来仍旧是科学的并且具有较好的预见性。然而，受制于历史条件的原因，马克思和恩格斯不可能完整全面地提出公平分配的具体形式。对于这个问题，马克思和恩格斯也意识到了，也进行了相关的探讨，在研究中指出，未来社会公平实现形式不是一成不变的，而是不断发展变化的。社会公平是一个社会性的范畴，在现实生活中，公平应该是一种具体的，在不同的社会领域应有不同的内涵。恩格斯认为，无论采取何种具体的实现形式，按劳分配是一个不能够偏离的总趋势，因为其代表着公平分配未来发展方向，该分配方式应用于社会主义的历史阶段较好地发挥对于生产的促进作用，物质决定意识，意识对于物质具有反作用，由生产方式决定的分配，能够对于生产方式产生反作用，可以推动生产不断向前，也能够阻碍生产的前进。而按劳分配能够较好地促进生产的发展。在坚持按劳分配总的趋势的情况下，可以采用不同的具体实现形式，因为社会主义生产关系，能够充分地塑造一个有利于生产力发展的环境，在推动生产力发展的基础上，能够进一步让社会组织以及

---

① 《马克思恩格斯选集》第 2 卷，人民出版社 1995 年版，第 209 页。
② 《马克思恩格斯选集》第 4 卷，人民出版社 1995 年版，第 580 页。

生产取得发展，这两个方面的发展，必然会对公平分配的具体实现形式产生影响，让其不断变化发展。

4. 实现人的全面自由发展是人类公平所追求的最高境界

全人类的全面解放，不断为实现人的全面自由发展而奋斗是马克思以及其追随者终生奋斗的目标，也是将这一目标应用于社会实践，寄托于无产阶级以及广大劳动人民不懈努力、发展社会生产力的希望所在。马克思主义公平观将人的全面发展设定为最终目标，是制度美德和人的美德的完美统一。在《反杜林论》中，恩格斯这样描述："无产阶级所追求的最高价值目标是实现全人类的全面自由发展，是个体全面发展和集体发展的有机统一。"[①]

《共产党宣言》的问世正式向全世界宣告马克思主义的诞生。马克思、恩格斯在该著作中，以唯物史观为基本指导思想，重点研究和分析资本主义制度下两个对立阶级产生和斗争的具体过程，从而揭示出资本主义社会矛盾产生的根源及发展规律，最终提出了资本主义必将被社会主义替代的科学理论。马克思主义的科学思想为无产阶级和广大劳动人民的抗衡与斗争提供了坚实的盾牌，为斗争目标的实现做好了理论铺垫："代替那存在着阶级和阶级对立的资产阶级旧社会的，将是这样一个联合体，在那里，每个人的自由发展是一切人自由发展的条件。"[②] 建立一个共同的自由社会，让每个社会公民都能享受到自由全面的发展机会，这也是人类社会向前发展的内在要求，是无产阶级为之奋斗的最高目标，只有在这样的社会共同体中，人们才能真正拥有具有实质意义的公平。

马克思、恩格斯重点指出，社会之所以存在诸多不公平现象的根本原因在于没有彻底消灭私有制，因此消灭剥削、打破阶级统治成为真正实现公平的必要条件。"随着阶级差别的消灭，一切由这些差别产生的社会的和政治的不平等也自行消失。"[③] 马克思在其所著的

---

① 《反杜林论》，人民出版社 2005 年版，第 107—108 页。
② 《马克思主义经典著作选读》，人民出版社 2006 年版，第 55 页。
③ 《马克思恩格斯选集》第 3 卷，人民出版社 1995 年版，第 311 页。

《1857—1858 年经济学手稿》中，将人类历史发展历程划分为三种有序化的发展形态，但是，"无论哪一个社会形态，在它所能容纳的全部生产力发挥出来以前，是绝不会灭亡的；而更新更高的生产关系，在它的物质存在条件在旧的社会胎胞里成熟以前，是绝不会出现的"①。《资本论》中也曾出现共产主义的身影，马克思将其认定为一种高级的社会组织命题，该命题成立的基本原则是每个个体的全面自由发展。"作为资本增值的狂热追求者，资本家肆无忌惮地迫使人类去为生产而生产，从而去发展社会生产力，去创造生产的物质条件；而只有这样的条件，才能为一个更高级的、以每一个个人的全面而自由的发展为基本原则的社会形式建立现实基础。"② 马克思在《资本论》中进一步指出："未来社会以每一个个人的全面而自由的发展为基本原则。"③ 在《资本论》和它的手稿中，马克思阐述了每个人的全面发展不仅仅是社会主义和共产主义的重要特征，也是其主要内容，并把能否实现人的全面发展作为衡量是资本主义还是社会主义、共产主义的一个重要评判标准。马克思指出："资本主义对人、对活劳动的浪费，都大大超过了任何别的生产方式，它不仅浪费血和肉，而且也浪费神经和大脑。在这个直接处于人类社会实行自觉改造以前的历史时期，人类本身的发展实际上只是通过极大地浪费个人发展的办法来保证和实现的"④；与此相反，未来社会应该是"使各种关系适应于这个规律的正常实现"的社会，"是以每一个个人的全面而自由的发展为基本原则的社会形式"⑤。在《哥达纲领批判》中，马克思也指出："在共产主义社会高级阶段，在迫使个人奴隶般地服从分工的情形已经消失，从而脑力劳动和体力劳动的对立也随之消失后；在劳动已经不仅仅是谋生的手段，而且成了生活的第一需要之后；在随着个人的全面发展，他们的生产力也增长起来，而集体财富的一切

---

① 《马克思恩格斯选集》第 1 卷，人民出版社 1995 年版，第 33 页。
② 《资本论》上卷，上海三联书店 2009 年版，第 302 页。
③ 《资本论》第 1 卷，人民出版社 2004 年版，第 683 页。
④ 同上书，第 103 页。
⑤ 同上书，第 561 页。

源泉都充分涌流之后，——只有在那个时候，才能完全超出资产阶级权利的狭隘时间，社会才能在自己的旗帜上写上：各尽所能，按需分配！"①

从马克思文中所提到的实现"每一个个人的全面而自由的发展"这一命题到发展"人的自由天性"，直至最后提出了人的全面自由发展理论并作为社会组织形式建立的基本原则，我们可以发现，马克思主义及其追随者将这一原则作为解放全人类的最高理想，是将社会公平与人自身的诉求相统一的本质体现。

三 中国共产党人的社会主义公平观

公平作为社会主义社会的本质要求和中国特色社会主义的题中应有之义，一直受到中国共产党的高度关注。建立和践行科学的公平观成为中国共产党对广大人民群众的庄严承诺。坚持马克思主义公平观的科学指导，历届领导人结合中国革命和建设发展的实践，对社会公平问题作了深刻探索，深入理解和发展马克思主义公平观，并努力实现马克思主义公平观的中国化，形成了符合我国国情的马克思主义公平观。

（一）毛泽东对马克思主义公平观的继承和发展

以毛泽东为核心的党的第一代领导集体，从中国当时的国情出发，坚持实现理论同实践的结合，拉开了马克思主义公平观中国化的时代大幕，深入广泛地研究和探讨公平正义，并得出了诸多有价值的思想观点，对我国社会进步以及民族发展具有重大意义。主要表现在：

1. 实现社会公平的制度保障是建立社会主义制度

1840 年鸦片战争后中国社会制度发生了重大改变，逐步成为西方列强的殖民地，中华民族与西方列强、封建主义与穷苦大众之间的

---

① 《马克思恩格斯选集》第 3 卷，人民出版社 1995 年版，第 305—306 页。

矛盾突出，尤其是前者成为各种矛盾中最主要的矛盾。在整个新民主主义革命时期，毛泽东领导中国人民推翻了三座大山，实现了国家独立和民族解放。在中共二大上，又明确提出民主革命纲领，党的最高纲领是消灭私有制，实现共产主义。在抗日战争期间，以毛泽东为代表的共产党人提出了坚定不移的新民主主义革命总路线，即"无产阶级领导的，人民大众的，反对帝国主义、封建主义和官僚资本主义的革命"①。中国革命的发展趋势是建立新民主主义国家，然后走上向社会主义制度过渡的革命时期。正是始终坚定不移地坚持走新民主主义革命路线，新民主主义革命取得了前所未有的胜利，为我国由新民主主义制度向社会主义制度转变奠定了良好的基础。历经二十八年的不懈奋斗，迎来了伟大的胜利，最终成立了中华人民共和国。新中国成立以来，党中央不失时机地提出了过渡时期总路线，通过三大改造，逐步建立起了社会主义制度，兑现了中国共产党所坚持的劳动人民真正当家作主的承诺，为广大劳动人民公平权的实现奠定了坚实的制度基础，我国自此开启了践行公平的新历程。因此，我国现代化建设过程中所取得的伟大成绩，始终离不开社会主义制度这个最基本的前提条件。

2. 社会主义公平正义得以实现的根源在于生产资料公有制

剥削与阶级的消除是社会主义公平正义的必然要求和根本方向。新中国成立初期，相继在农村地区开展了声势浩大的土地改革，毛泽东基于劳动人民的利益出发，带领人民开展了土地改革群众运动，实现了地主土地所有制向农民土地所有制的改变，让百姓实现了拥有自己田地的愿望。实行耕者有其田，这对于劳动人民占据绝大多数人口的中国是实现社会公平正义的必要举措。毛泽东曾经指出，产生分配不公的本源在于生产资料的私有制，要想改变现状必须消除私有制建立公有制，才能让社会公平具备实现的可能性。因此新中国成立后，国家通过三大改造，确立了社会主义的生产资料公有制，也初步确立了社会主义的基本经济制度。在农业合作化问题上，毛泽东认为，

---

① 《毛泽东选集》第 4 卷，人民出版社 1991 年版，第 1313 页。

"许多贫农，则因为生产资料不足，仍然处于贫困的地位，有些人欠了债，有些人出卖土地，或者出租土地。这种情况如果让它发展下去，农村中间向两极分化的现象必然一天一天地严重起来"①。毛泽东认为，要想彻底解决贫富差距过大的问题，必须坚定不移地走合作化发展道路。

3. 实现社会公平的分配必须实行按劳分配的基本原则

这一基本原则是马克思主义对社会主义制度提出的基本分配制度，按照劳动者付出的劳动多少计算报酬，与公平正义的要求基本相符，按劳分配成为我国社会主义现代化建设一直坚持的分配准则。据此，毛泽东曾在1962年批阅当年的中央政府工作报告时表明："按劳分配和等价交换这样两个原则，是在建设社会主义阶段内人们绝不能不严格遵守的马克思列宁主义的两个基本原则。"② 毛泽东在此批判了平均主义思想下的平均分配原则，并将按劳分配与平均分配根本对立起来，平均主义的错误根源在于一刀切，忽视了差异性的存在，这与按劳分配的本质相矛盾。同时，他提醒我们在践行按劳分配的过程中避免出现贫富差距过大，因此最终形成的态度是杜绝平均主义和差距过大。在马克思所著的《哥达纲领批判》中曾提到，"每一个生产者，在作了各项扣除之后，从社会方面正好领回他给予社会的一切"。③ 这说明，马克思主义公平观的核心内容之一就是按劳分配。对于其中的分配原理，毛泽东也是相当重视的。而且，他们有意识地创新马克思主义的分配观，更加适合中国的实际。这种分配理论，一方面抨击了平均主义分配思想，同时极大提升了劳动者的积极性，从而让其能够更好地发挥出自身的主观能动性。然而，由于毛泽东认为按劳分配很可能会在不同的行业、领域产生新的不公平，因此对于该政策并没有做到彻底的执行。"反对平均主义，是正确的；反对过头了，会发生个人主义。过分悬殊也是不对的。我们的提法是既反对平

① 《毛泽东文集》第6卷，人民出版社1999年版，第437页。
② 《建国以来毛泽东文稿》第10册，中央文献出版社1996年版，第8页。
③ 《马克思恩格斯选集》第3卷，人民出版社1995年版，第306页。

均主义，也反对过分悬殊。"① 在后期，毛泽东出于尽快实现共产主义等超越实际的设想，限制个人收入差距，并且在"文化大革命"期间又被加以利用，对于支持人民公社运动，推动"大锅饭"的快速发展，加上"左"的政策的不断推出，人民的劳动积极性极大地受到伤害，出现普遍贫困的局面，对于中国经济的发展也产生了消极影响。

4. 实现社会公平正义，必须坚持人民民主专政

人民民主专政是社会生产资料公有制的基础。在新中国成立初期，中国共产党始终坚持马克思主义思想的指导，充分结合我国的具体国情，逐步提出并走向了人民当家作主的发展道路。恩格斯曾在其著作中指出，平等应当要能够让一个国家的所有公民都拥有同等的社会政治及其他权利地位。而人民民主专政，在本质上即为了能够让广大人民拥有平等的政治地位以及社会地位，能够让人们在生活中当家作主，让其能够获得主人翁地位。

总的来说，以毛泽东为核心的党的第一代领导集体继续坚持马克思主义公平思想的指导，并认真分析我国当前面临的各类环境，为构建具有中国特色的社会公平制度奠定了良好的理论基础。让人民实现了当家作主，实现耕者有其田，在政治地位以及社会地位方面实现了平等，可以说实现了社会主义最根本意义上的公平，但就中国发展的现实困境看，第一代领导集体在追求社会公平过程中也产生了一定的思想偏差和行为失误：其一，没有真正意识到生产力的基础性作用。尤其是在 20 世纪六七十年代，生产力的发展一度处于停滞状态，严重阻碍了公平正义的践行。其二，过于重视国家和集体的利益诉求，极大挫伤了广大人民群众的劳动积极性，压抑了个体个性的发挥，这与社会公平正义的基本诉求相矛盾。

（二）邓小平对马克思主义公平观的丰富和发展

以邓小平为核心的党的第二代领导集体对于新中国成立后在建设

---

① 《毛泽东文集》第 8 卷，人民出版社 1999 年版，第 130 页。

发展实践上进行了总结，吸取该过程中取得的成果，总结不足和缺陷，逐步勾画出独特的社会主义公平观，并积极探求如何在中国化环境下实现这种公平观，丰富了中国特色社会主义公平思想体系。主要观点体现在三个方面：

1. 明确指出要将发展生产力作为第一要务，逐步解决温饱问题，为社会公平的实现创造良好的物质环境

邓小平指出，社会公平作为社会主义制度存在的根本所在，社会主义制度能否得到实现，起着关键作用的就是社会公平，因此对于社会主义建设来说，社会公平就是其核心问题。[①] 某一个事物之所以存在，其根据就是其本质，这也是该事物同其他事物能够区别的基础。马克思主义认为，生产力与生产关系、经济基础与上层建筑各个矛盾运动过程的不断变化，对社会形态的变化发挥重要的推动作用。邓小平在该认识上，从生产力以及生产关系两个方面分析和论证了社会主义的本质，由此提出了"社会主义的本质，是解放生产力，发展生产力，消灭剥削，消除两极分化，最终达到共同富裕"[②]，其中的后半句论断成为社会主义公平理论的核心组成部分。而对于社会主义来说，同资本主义最大的区别就在于"共同富裕"，这是其本质，是其重要的标志之一。社会主义必须突出生产力高度发达这一独特的优越性。邓小平指出："我们是社会主义国家，社会主义制度优越性的根本表现，就是能够允许社会生产力以旧社会没有的速度迅速发展，使人民不断增长的物质文化生活需要能够逐步得到满足。按照历史唯物主义的观点来讲，正确的政治领导的成果，归根结底要表现在社会生产力的发展上，人民物质生活的改善上。如果在一个很长的历史时期内，社会主义国家生产力发展的速度比资本主义国家慢，还谈什么优越性。"[③]

与资本主义制度相比，社会主义制度独特的优越性在于生产力发

① 王春梅：《邓小平社会和谐思想论》，海天出版社 2008 年版，第 98 页。
② 《邓小平文选》第 3 卷，人民出版社 1993 年版，第 373 页。
③ 《邓小平文选》第 2 卷，人民出版社 1994 年版，第 128 页。

展速度更快，更好地满足人民生活需要，最终实现共同富裕的伟大目标。可以说，邓小平将社会公平放到了一个极为重要的地位，在随后的改革中，对社会公平给予了格外的重视，指出伴随着改革的不断进行，社会公平将成为一个重大问题，是一个需要思考的问题，我国拥有众多的人口，在实现了脱贫以后，财富的合理分配，关系到每一个人的切身利益，分配是一个重大的问题。基于此，可以说，对于社会主义来说，其是否成功，一个重要的指标就是能否实践社会公平，也就意味着，社会主义建设的核心就是实现社会公平。"在一个社会中，如果少数人掌握着大部分的财富，而大部分人依旧在贫困中挣扎，那么这个社会的发展将会遇到极大的问题，会因为这种分化，而产生各种矛盾，这些矛盾进一步会成为社会动荡的根源，必然会影响到社会主义的建设。"① 邓小平创造性的基于社会公平同社会主义两者的关系角度出发，阐述了社会公平的重要地位，在很大程度上丰富和发展了马克思主义公平观。

2. 将社会公平的目标具体化为共同富裕

邓小平在马克思主义公平观的基础上，具体化了社会主义社会制度下的公平目标为"达到全社会的共同富裕"。"我们坚持走社会主义道路，根本目标是实现共同富裕，然而平均发展是不可能的。"② 而这个共同富裕，并不是平均主义，邓小平承认社会成员之间存在利益差距，但是对于差距要能够保持合理均衡。在这种情况下，在改革中，邓小平对于过去的平均主义的分配原则进行改变，主张要努力地实行推进按劳分配，通过部分地区和部分人依靠自己的多劳多得来先富裕之后，通过"先富带动后富"的方式促使之前没有富裕起来的民众，也逐步达到富裕的生活水平，最后进而达到整个社会的共同富裕。

邓小平认为，在我们达到共同富裕的历史进程中必须坚决果断地反对贫富分化的问题，否则也就无法实现共同富裕的最终目标。他在

---

① 《邓小平文选》第3卷，人民出版社1993年版，第364页。
② 《邓小平文选》第2卷，人民出版社1994年版，第155页。

各种场合中多次反复强调必须在建设社会主义实现共同富裕的过程中避免贫富差距的扩大。"坚持社会主义制度，始终要注意避免两极分化，不要让两极分化在中国变成现实。要逐步增加人民收入，不允许产生剥削阶级，也不赞成平均主义。"① 1985 年，我国居民收入差距开始拉大，邓小平又再次强调，"改革中我们坚持两条最重要的原则：第一，公有制经济始终占主体地位；第二，坚持走共同富裕的道路，始终避免两极分化"②。随后，又指出："社会主义的目的就是要全国人民共同富裕，不是两极分化。如果我们的政策导致两极分化，我们就失败了；如果产生了什么新的资产阶级，那我们就真是走了邪路了。"③ 1992 年邓小平视察南方，发表讲话时又郑重提出："社会主义的本质是解放生产力，发展生产力，消灭剥削，消除两极分化，最终达到共同富裕。"④

按照邓小平的观点，在社会主义国家中整个社会的财富均属于全体人民，而非某个阶层或某个团体，因而必须坚持避免贫富分化的政策，避免贫困的人民越来越贫困和富裕的人民越来越富裕。坚持避免贫富分化的政策效果可能在某些时候并不尽如人意，因而邓小平还对如果真的出现了贫富分化之时的情形进行了估量，并提出绝不能搞资本主义，直接指出如果我国实行资本主义制度，即便有部分人、少数人能够达到富裕的生活水平，然而除了这些部分人和少数人之外的大部分的人民群众必定会长时间无法达到富裕的生活水平，而处于贫困的生活境地，如果是这样的话我国就会 "发生闹革命的问题"⑤。邓小平的这些观点，给社会主义改革和建设提供了警示。在让一部分地区和一部分人达到了富裕生活水平之后，还必须集中力量实现社会的公平，邓小平直接提出，在 20 世纪末期达到了小康社会程度的时候就必须着力解决社会公平的问题，让全国各地的人民群众逐步朝着共

---

① 《邓小平年谱》，中央文献出版社 2004 年版，第 790—791 页。

② 同上书，第 149 页。

③ 《邓小平文选》第 3 卷，人民出版社 1993 年版，第 111 页。

④ 同上书，第 373 页。

⑤ 同上书，第 229 页。

同富裕的目标迈进。①

　　3. 指出了实现社会公平的重要保障措施

　　邓小平还强调社会主义社会制度下进行分配的重要原则是"按劳分配"，还充分总结了"大锅饭""平均主义"给我们的深刻教训，认为如果不按照"按劳分配"的原则进行分配而是搞所谓的"平均主义"和"大锅饭"，那么必定导致"共同落后"而非"共同富裕"②。邓小平进而对此问题进行分析，如果不按照"按劳分配"的原则进行分配而是坚持吃"大锅饭"的平均主义，那么我国各族人民的积极性就永远无法提高，改善生活水平实现共同富裕的伟大愿望和远大理想就无从实现。③ 正是由于如此，我国进入改革开放的新时代之后也就必须始终将"按劳分配"原则作为社会财富分配的基本原则，也就是按照劳动者的劳动质量以及劳动数量对其进行财富方面的分配，同时还必须强调允许其他分配方式的存在；邓小平对生产力相关问题有着十分精准独到的论述，指出我国作为社会主义社会必须不断采取措施发展社会生产力，因为发展社会生产力乃是社会主义社会的根本任务，也只有如此，才能够较好地让社会的公平得到实现和达成，发展生产力也就成为实现社会公平的基石。邓小平还指出社会制度的极端重要性，认为要实现社会的公平必须构建良好的社会制度，好的制度能够有效地对于坏人进行约束，坏的制度会让好人不能够充分地做好事，在一定程度上还会让其做坏事，只有健全各项制度，才能够较好地处理各种利益关系以及问题，才能够最终实现社会公平；指出法制对于社会公平有着重要的作用，还从经济、社会以及政治等方面对于实现社会公平制定了相关的制度，并且主张通过先富示范带动后富等一系列的调剂手段来推动社会公平的实现，主张通过鼓励人才流动等一系列社会政策来推动社会公平的实现。

　　总之，邓小平共同富裕思想是对马克思主义公平观的延续和继

　　① 《邓小平文选》第 3 卷，人民出版社 1993 年版，第 374 页。
　　② 同上书，第 155 页。
　　③ 同上书，第 157 页。

承，在这个基础上进行创新，对于我国的社会主义建设发挥了重要的作用，是中国化马克思主义公平观的进一步完善。在中国改革开放的背景下重新塑造和维系社会公平的过程中，邓小平所提出的上述公平观念作为邓小平理论的重要组成部分对推动社会公平具有非常重要的作用，促使党和国家从平均主义的理念及其政策逐步实现了科学合理的公平价值观念和政策理念的转化，这对于我国现代化进程的推动发挥了十分重要的作用、产生了深远的影响。

（三）江泽民对马克思主义公平观的丰富和发展

该时期所处的是一个全新的时期，全球化快速发展，中国加入了WTO，同世界保持更为紧密的联系，但是，苏联解体、东欧剧变，社会主义阵营问题迭出。在改革的不断推进中，整个国家的社会主义市场经济获得了长足发展，广大人民群众的生活水平得到了较大的提高，但与此同时各种社会思潮暗流涌动，在一定程度上阻碍改革的顺利进行，人民群众的收入差距也在不断地拉大，社会利益主体呈现出多样化，并且不同的阶层、不同的利益主体之间的矛盾不时爆发。在这种社会历史背景下，中国共产党面临着新的挑战，江泽民作为党的第三代领导集体的核心，顺应形势的发展，在推进社会主义市场经济和改革开放的进程中适时提出一系列新观点、新论断。虽然没有专门地系统论述公平问题，但也继往开来，与时俱进，表达出了社会公平思想，进一步推进了马克思主义公平观的中国化。主要表现在：

1. 从生产力发展角度提出衡量社会公平的标准

江泽民指出："从理论上讲，以平等权利为基础的社会公平要受到社会经济文化发展的制约。在不同的发展阶段，社会公平内涵也不同。"[1] 他在此基础上，进一步指出："衡量社会公平的标准，必须看是否有利于社会生产力发展和社会进步。"[2] 在我国当前的国情下，对于社会主义公平进行判断，只能够依靠先进生产力标准助推社会主

---

[1] 《江泽民文选》第 1 卷，人民出版社 2006 年版，第 48 页。

[2] 同上。

义公平的发展；反之，则会产生更多的负面影响不利于更好地实现社会的公平正义。从另一方面来看，对于邓小平所提出的一系列实现共同富裕的思想观点主张，江泽民予以继承和发扬。江泽民指出，要实现邓小平所提出的共同富裕，就必须继续大力发展社会生产力，使一切经济元素和指标都纳入正轨。在此基础上，想方设法为民众增加收入，提高收入水平，同时指出推动先进生产力的发展，能从根本上促进或者保障社会公平，推动人们收入不断增加，推动小康范围的不断扩大，才能够更好地保障有更大的公平。此外，江泽民强调分配的公平，指出无论是平均主义还是两极分化，都不是社会主义，指出要能够对于利益分配进行合理化，要能够让人民普遍认同；指出我们必须长期坚持按劳分配为主体、多种分配方式并存。① 另外，江泽民在其公平思想论述中梳理了效率与公平的关系，江泽民在党的十四大报告中明确提出了我国必须长期坚持"以按劳分配为主，按需分配为辅"的分配制度与原则。② 而形成和长期保持此种分配格局，一项最基本的要求就是处理好效率与公平的关系，二者要同时兼顾，不得偏废其一。关于效率与公平问题，党的十四届三中全会给予了明确的规定，即始终坚持"效率优先、兼顾公平"。在党的十五大报告里也强调要"坚持效率优先、兼顾公平"。对于上述分配制度，党的十六大报告进行了重申，报告中指出，我们在进行初次分配之时必须注重效率，由此更好地发挥市场在促进经济社会发展中的作用和再分配中的作用，同时必须通过税收等多种渠道进行再分配，在此过程中，一定要做到公平公正，防止产生各类不良的影响。③

2. 实现社会公平过程中应承认和允许合理差距

一个国家实行何种分配方式，完全是由这个国家的生产资料所有制形式决定的。具体到我国，采用"按劳分配为主体、多种分配方式并存"的分配制度，是由其"公有制为主体、多种所有制形式并存"

① 《江泽民文选》第3卷，人民出版社2006年版，第550页。
② 《十四大以来重要文献汇编》（上），中央文献出版社2006年版，第534页。
③ 江泽民：《全面建设小康社会，开创中国特色社会主义事业新局面——在党的第十六次全国人民代表大会上的报告》，《人民日报》2002年11月18日。

的所有制形式决定的。江泽民指出："一般来说由于个人的能力和贡献的差别是有限的，实行按劳分配不可能导致贫富悬殊。"① 但是，各种生产要素参与分配容易导致收入差距拉大，江泽民十分重视这一问题，指出："平均主义的分配不公和收入差距过大的分配不公相互影响、互为依存，两者必须引起我们足够的重视。"② 既要强调分配公平，但是也必须承认和允许合理的差距，因为绝对的公平是不存在的。而且，在我国，党和政府注重对广大民众收入的保障，只要其收入是合法的，党和政府就会给予必要的保护。关于这一点，党的十五大报告中给予了明确规定，"允许一部分人、一部分地区通过诚实劳动和合法经营先富起来，先富带动后富"③。除此之外，党的十六大又做出了新规定，明确"既要提倡奉献精神，又要落实分配政策，既要反对平均主义，又要反对过分悬殊。初次分配注重效率，再分配注重公平，调节过大收入"④。

3. 把依法治国基本方略作为社会公平的根本保障

依法治国基本方略是我们实现社会公平正义并长期予以保证的重要途径。江泽民在党的十五大报告中就首次提出了我们要实施依法治国基本方略，认为依法治国是实现国家长治久安的重要保障。⑤ "依法治国就是使国家各项工作逐步走上法制化轨道，实现国家政治生活、经济生活、社会生活的法制化、规范化；就是广大人民群众在党的领导下，依照宪法和法律规定，通过各种途径和形式，管理国家事务，管理经济和文化事业，管理社会事务。"⑥ 坚持依法治国要充分保障公共权力透明公正行使，依法治国的目标就是在全社会实现公平正义，江泽民在党的十六大报告中明确指出："社会主义司法制度必

---

① 《江泽民文选》第 1 卷，人民出版社 2006 年版，第 48 页。
② 同上书，第 50 页。
③ 《江泽民文选》第 2 卷，人民出版社 2006 年版，第 22 页。
④ 《江泽民文选》第 3 卷，人民出版社 2006 年版，第 550 页。
⑤ 《江泽民论有中国特色的社会主义（专题摘编）》，中央文献出版社 2002 年版，第 326—327 页。
⑥ 《江泽民文选》第 1 卷，人民出版社 2006 年版，第 511 页。

须保障在全社会实现公平和正义。"① 依法治国是实现公平的根本保障，坚持依法治国，防止领导干部滥用职权，坚决惩治腐败有利于维护社会公平。江泽民认为："现实生活中的消极腐败现象和收入分配悬殊问题，是人民群众强烈不满的焦点。"② "必须坚持集中力量，坚决查处贪污受贿、敲诈勒索等各种以权谋私、将权力转化为金钱的违法行为。"③

另外，江泽民还提出了很多保证和实现社会公平的具体措施，制定了相应的政策法律规定以更好地促进社会公平正义能够得到实现。江泽民等当时的党中央领导同志还发现当时已经逐步产生了一些贫富差距拉大、两极分化较为明显的问题，针对这些问题提出必须对按劳分配为主体、多种分配方式并存的分配制度进一步地进行完善和健全。针对收入分配中出现差距，采取不同的对策加以解决，保护合法收入，取缔非法收入，调节过高收入。还提出必须妥善处理好公平与效率之间的关系问题，并且明确首先要做到的是"效率优先"，然后是"兼顾公平"。也就是说，如果做不到效率优先，那么兼顾公平也将无从谈起。为了更好地处理两者间的关系，我们通常将此问题与初次分配制度、再次分配制度关系的处理结合起来。

江泽民认为，我国是一个社会主义民主国家，中国共产党的关键目标是为人民服务，政府的职能是为了让人民的权利有保障，从而让人民能够获得全面自由的发展。在这种情况下，一方面，江泽民指出，必须要坚持依法治国，无论是什么组织，无论是什么人，都不能够拥有超越宪法和法律的特权；另一方面，江泽民指出权利是平等的。伴随着我国经济社会的不断发展，必然推动产生利益主体的多样化，不同的主体因为所拥有的资源不同，很可能导致在权利方面的不平等，对于困难群体来说，让其拥有平等的权利就显得特别重要，因此，江泽民积极采取措施保障各种困难群体拥有平等的权利。特别

---

① 江泽民：《全面建设小康社会，开创中国特色社会主义事业新局面——在党的第十六次全国人民代表大会上的报告》，《人民日报》2002 年 11 月 18 日。

② 《江泽民文选》第 1 卷，人民出版社 2006 年版，第 51 页。

③ 同上。

是高度重视"三农"问题，提出了解决城乡之间发展不公平的对策。他指出，农业、农村和农民问题，是一个根本性问题，其关系到中国共产党的执政问题，同时关系到整个国家的全局问题。① 国民经济的发展必须以农业作为基础，整个社会的和谐稳定又必须以农村稳定作为基础，作为社会主义国家的我国在革命时期、社会主义建设时期和改革推动时期的农民问题始终是最为根本性的问题。② 能不能更为充分有效地调动广大民众的积极性，进而检验各项相关政策的优劣，如果对农民的物质利益和民主权利产生了负面影响乃至直接侵害，自然表明农村政策出现了问题。如果农村政策能够发挥积极作用，就是好的应该长期坚持下去的政策。江泽民还鉴于当时城乡发展不平衡等问题，提出了要促进城乡公平发展的设想，加快农村的税费改革，切实减轻农民负担。要切实开展好脱贫攻坚工作，将扶贫开发作为各级党委政府的重要任务抓紧抓好、抓出成效，通过党和政府以及全社会的共同努力逐步让贫困山区群众脱贫致富奔小康。改革开放之前，党和国家的扶贫工作主要是救济式的扶贫，而改革开放之后实现了向开发式扶贫的"升级"。另外，还要通过实施积极的就业政策，促进农民增加收入。为此，要大力发展农村的乡镇企业，要千方百计增加农民群众的收入。

4. 全社会要增强社会公平意识

江泽民认为先进的文化观念是评判公平的合理尺度。我们必须健全完善相关的法律法规体系以不断促进社会主义市场经济的发展，与此同时必须加强道德建设，构建和社会主义市场经济体系相适应的道德思想体系。基于此，所要开展的公平观教育活动，能够不断提升人民群众的公平意识观念，从而让人们的思想观念和社会主义市场经济的基本要求之间相互匹配，同时还能和马克思主义政党领导下的社会主义社会的本质文化相适应。也就是说，对于社会主义的公平进行评

---

① 《江泽民论有中国特色社会主义（专题摘编）》，中央文献出版社 2002 年版，第 119 页。

② 同上书，第 120 页。

判，所依靠的评判尺度，要能够获得人民的普遍认同，要能够同社会主义的基本道德相符合。无论开展什么样的工作，要对于全局整体的利益进行考虑，而不能够只看重个人或者局部的利益，不能够只注重追求自身的短期的利益，而是要能够做到当前和未来共同兼顾，不仅要对当代人的需要进行充分的考虑，同时还必须对后代人的利益予以充分的考虑，谋求当代人利益不能以牺牲后代人的利益作为代价。此外，江泽民还认为，先进的文化包含了对文化权利公平的价值追求。每一个中国公民，都应该能够拥有平等的享受各种文化事业发展的权利。

（四）胡锦涛对马克思主义公平观的发展和深化

以胡锦涛同志为总书记的党中央提出了科学发展观的理念和建设社会主义和谐社会的理念，由此把社会公平问题提高到了一个新的高度，是马克思主义公平观中国化进程中的又一次大发展。

1. 进一步强调社会公平的重要地位，提高全党全社会对社会公平的认识

胡锦涛认为，我国施行的是社会主义制度，必然要求我们维护和实现社会公平，这是此项制度的一项本质要求。当实现社会公平时，几乎所有的民众都会从中受益，合法权益得到维护。① 维护和实现社会公平，需要彻底铲除那些造成不公平的根源，而这种铲除过程，恰好是社会主义制度优越性的体现。只有在社会主义制度中，人们才可能实现自由发展和全面发展的目标。党的十七大报告中，明确提出"实现社会公平正义是中国共产党人的一贯主张，是发展中国特色社会主义的重大任务"。② 2007 年，温家宝又提出了巩固和发展社会主义中必须认真完成的两大任务，一是解放和发展生产力的任务，二是维护和实现社会公平正义的任务，前者更多的是从物质层面的内容，

---

① 胡锦涛：《在省部级主要领导干部提高构建社会主义和谐社会能力专题研讨班上的讲话》，人民出版社 2005 年版，第 14 页。

② 胡锦涛：《高举中国特色社会主义伟大旗帜　为夺取全面建设小康社会新胜利而奋斗——在中国共产党第十七次全国代表大会上的报告》，人民出版社 2007 年版，第 17 页。

而后者则是精神层面的内容。① 除此之外，实现社会公平，被上升为
国家执政理念的层面，表达了党和政府实现这一目标的决心和信心。
要求党和政府妥善解决各类利益关系，尤其是国家与民众间的利益冲
突，只有维护好和实现好社会公平，处理好人民内部关系，才能立于
不败之地。

2. 科学发展观是马克思主义中国化发展的又一次飞跃，是新时
期实现社会公平的指导思想

科学发展观是在新的时期对新的实践总结基础上的创新性成果，
对于"为谁发展"等一系列对执政党和广大人民群众产生思想困扰
的重大问题做出了答复，在理论的层面和实践的层面均有着十分重要
的价值。胡锦涛在党的十七大报告中指出："科学发展观，第一要义
是发展，核心是以人为本，基本要求是全面协调可持续，根本方法是
统筹兼顾。"② 党的十八大报告中指出"科学发展观是中国特色社会
主义理论体系最新成果，是中国共产党集体智慧的结晶，是党必须长
期坚持的指导思想"③。科学发展观中体现着党对社会公平的不懈追
求，也是我国社会公平建设的指导思想。

胡锦涛强调必须坚持科学发展观推动我国各项社会主义事业的建
设，第一，坚持发展是党执政兴国的第一要务，同时也是实现和促进
社会公平的基础。据统计，在党的十七大报告中"发展"二字出现
300 余次，在党的十八大报告中出现 290 余次，由此可见，胡锦涛对
发展的重视程度。改革开放以来，我国坚持一心一意谋发展，聚精会
神搞建设，坚持以发展来解决发展中存在的问题，经济发展迅速，取
得了举世瞩目的成绩，人民生活水平显著提高，实现了从温饱到总体
小康。但是，我国经济发展中也存在着不少问题，城乡、地区、行业

①《在十届全国人大五次会议记者招待会上温家宝总理答中外记者问》，《人民日报》
2007 年 3 月 14 日。

② 胡锦涛：《高举中国特色社会主义伟大旗帜　为夺取全面建设小康社会新胜利而奋
斗——在中国共产党第十七次全国代表大会上的报告》，人民出版社 2007 年版，第 15 页。

③ 胡锦涛：《坚定不移沿着中国特色社会主义道路前进　为全面建成小康社会而奋
斗——在中国共产党第十八次全国代表大会上的报告》，人民出版社 2012 年版，第 8 页。

发展不平衡，资源环境代价大等，我们必须正视发展中存在的这些问题，继续坚持做到以经济建设为中心不动摇，只有经济发展了，才能实现更高程度的社会公平。胡锦涛在党的十八大报告中指出："以经济建设为中心是兴国之要，发展仍是解决我国所有问题的关键。"①第二，"以人为本"是社会主义公平观的一种道德层面的伦理取向，同时也是我们进行社会主义各项事业建设必须遵循的根本的价值准则所在，而要求实现"人的全面发展"正是马克思主义发展观的当代诠释；"全面发展"则体现了必须在社会各个领域能够做到公平；"协调发展"则体现了要能够在人与人，人与自然等各个层次注重社会公平；"可持续发展"则体现了要能够在现在同未来，当代人同后代之间实现公平。科学发展观强调以人为本，而公平则是以人为本的直接体现，这两者相辅相成，只有将公平作为执政的基础，科学发展观的各项措施才能够真正的得到贯彻，而一旦忽视公平，那么科学发展观也仅仅只是一个口号；只有将科学发展观作为指导，才能够有效地在经济等各个方面实现公平，只有依靠其才能够更好地理解公平，为什么要实现公平，怎样才能够实现公平。可以说科学发展观，一方面不仅丰富了公平的内涵，还扩大了其外延，将公平从经济领域延伸至文化、社会等更多的领域，另一方面扩展了公平主体的范围，例如当代人和后代人等。第三，社会公平是实现全面协调可持续统筹发展的必备条件。胡锦涛在党的十八大报告中指出："全面落实经济建设、政治建设、文化建设、社会建设、生态文明建设五位一体总体布局，促进现代化建设各方面相协调，促进生产关系与生产力、上层建筑与经济基础相协调，不断开拓生产发展、生活富裕、生态良好的文明发展道路。"②要实现社会公平，不仅要全面协调可持续发展，还要统筹发展。胡锦涛指出，始终做到五个统筹"统筹城乡发展、区域发展、经济社会发展、人与自然和谐发展、国内外发展和对外开放"，

---

① 胡锦涛：《坚定不移沿着中国特色社会主义道路前进　为全面建成小康社会而奋斗——在中国共产党第十八次全国代表大会上的报告》，人民出版社 2012 年版，第 19 页。

② 同上书，第 9 页。

只有做到统筹发展，才能充分调动各方面积极性，共同建设有中国特色社会主义，最终形成全体各尽所能、各得其所、和谐相处的局面。

3. 提出构建和谐社会是实现社会公平的重要基石

以胡锦涛为总书记的党中央着力构建和谐社会，并将其作为实现社会公平的重要途径。关于两者间的关系，许多重要会议上都予以诠释，如党的十六届四中全会提出的"构建和谐社会，促进社会公平正义"的要求；再如省部级主要领导干部研讨班中提出构建和谐社会有六项具体的目标，公平正义是其第二项目标。① 除此之外，胡锦涛还对和谐社会的内涵以及社会公平正义的内涵进行了科学准确地分析与界定，认为它有三种具体的表现形式：一是能够妥善处理好各类矛盾，尤其是人民内部矛盾；二是能够有效协调好各种利益关系；三是能够维护和实现好社会公平正义。② 胡锦涛的界定和表述科学地涵盖了公平正义所涉及的各个方面，明确其实现条件和努力方向。2006年，在党的十六届六中全会通过的《中共中央关于构建社会主义和谐社会若干重大问题的决定》中，胡锦涛进一步提出了"社会公平正义是社会和谐的基本条件"③的重要论断。建设社会主义和谐社会，是以胡锦涛为核心的党的领导集体对公平观的进一步深刻诠释和创新完善，提出一系列的观点主张有利于更好地实现社会公平，对中国共产党的公平观做了进一步的阐释分析，回应了社会的现实需要。

4. 在科学发展观和社会主义和谐社会理论中，深化了公平与效率间关系的认识

效率与公平的关系有过多种论述，胡锦涛在中国共产党人对于两者关系的认识基础上，使得公平与效率关系的认识进一步科学化，认为要通过处理好初次分配和再次分配的关系以更好地处理好公平和效率之间的关系，也就是初次分配的过程中要更加注重效率，而在再分

---

① 胡锦涛：《在省部级主要领导干部提高构建社会主义和谐社会能力专题研讨班上的讲话》，人民出版社2005年版，第14页。

② 同上。

③ 《中共中央关于构建社会主义和谐社会若干重大问题的决定》，人民出版社2006年版，第16页。

配的过程中应对公平予以充分足够重视，防止两极分化。2006 年，在党的十六届六中全会报告中指出，"坚持按劳分配为主体、多种分配方式并存的分配制度，加强收入分配宏观调节，在经济发展的基础上，更加注重社会公平"。① 2007 年，党的十七大报告中指出，"初次分配和再分配都要处理好效率和公平的关系，再分配更加注重公平"②。2012 年在党的十八大报告中指出，"初次分配和再分配都要兼顾效率和公平，再分配更加注重公平"③。由此可见，在公平与效率关系问题上，我们党实现了从原来的重视效率转向效率与公平并重或者说更注重公平。我们规范收入分配秩序，进行分配制度改革，目的是让广大人民群众能够共享改革发展的成果，最终实现共同富裕。

　　除此之外，胡锦涛还提出了社会公平保障体系观念。对于社会主义公平正义的内涵，胡锦涛认为，只有人民内部矛盾以及社会主义各项事业建设过程中各种各样的矛盾得到妥善的化解处理，整个社会的各种利益关系也达到妥善的协调处理，才是真正实现了社会的公平正义。④ 为了实现社会的公平正义就必须完善保障体系。因而，提出要采取切实有效措施让改革发展的成果为全体人民共享。2005 年，提出要建立完善的社会保障体系，进一步扩大保障面和覆盖范围，使更多人民群众的根本利益得到维护和保障。⑤ 党的十七大报告明确提出："社会保障是社会安定的重要保证。要以社会保险、社会救助、社会福利为基础，以基本养老、基本医疗、最低生活保障制度为重点，以慈善事业、商业保险为补充，加快完善社会保障体系。"⑥ 在社会各

①　《中共中央关于构建社会主义和谐社会若干重大问题的决定》，人民出版社 2006 年版，第 19 页。

②　胡锦涛：《高举中国特色社会主义伟大旗帜　为夺取全面建设小康社会新胜利而奋斗——在中国共产党第十七次全国代表大会上的报告》，人民出版社 2007 年版，第 38 页。

③　胡锦涛：《坚定不移沿着中国特色社会主义道路前进　为全面建成小康社会而奋斗——在中国共产党第十八次全国代表大会上的报告》，人民出版社 2012 年版，第 36 页。

④　《十六大以来重要文献选编》（中），中央文献出版社 2006 年版，第 706 页。

⑤　胡锦涛：《在省部级主要领导干部提高构建社会主义和谐社会能力专题研讨班上的讲话》，人民出版社 2005 年版，第 21 页。

⑥　胡锦涛：《高举中国特色社会主义伟大旗帜　为夺取全面建设小康社会新胜利而奋斗——在中国共产党第十七次全国代表大会上的报告》，人民出版社 2007 年版，第 39 页。

方的大力努力下，如今我国社会保障水平又提升了一个台阶。在新的社会保障环境下，公平正义感自然而然会得到提升。

5. 进一步丰富和完善了以民生为重点的实现社会公平的具体路径

在实现社会公平的路径方面，进一步提出了收入分配制度改革，促进收入分配实现公平；提出了教育公平是实现社会公平的基础，制定了一系列促进教育公平的措施；提出了反腐倡廉是实现社会公平的一种十分重要的措施。鉴于我国广大城市和农村之间存在的差距较大的实际，提出必须切实加强社会保障制度建设并且让其覆盖城乡全体居民，用好这个"安全网"和"稳定器"的作用更好地促进社会公平的实现。弘扬公平理念，营造良好的社会环境，促进公平正义的实现。胡锦涛在党的十七大报告中指出："加强公民意识教育，树立社会主义公平正义理念。"①

（五）习近平对马克思主义公平观的创新和升华

中国共产党第十八届中央委员会高度重视公平正义在整个社会的实现问题，十八大之后我国的民生建设被摆在了更加突出的位置，民生建设和"中国梦"的实现与全面建成小康社会有机地结合起来，与实现"两个一百年"的奋斗目标结合起来，更加注重改革开放的成果与全体人民共享，让党和国家的各种惠民措施更加有力和更加深入人心，切实着眼于顶层设计进行规划和努力，加大对民生的保障力度。习近平总书记关于公平的论述尤其是民生思想中对公平的一系列论述，构成了习近平新时代中国特色社会主义思想的重要组成部分，成为马克思主义公平观中国化进程中与中国现实社会公平发展现状联系最密切，在目前最富有重大现实价值的有关公平的论述。习近平总书记更加鲜明地揭示了公平的本质内涵，提出了实现社会公平的路径，形成了关于公平的一系列重要论述的基本框架和内在逻辑，是对

---

① 胡锦涛：《高举中国特色社会主义伟大旗帜　为夺取全面建设小康社会新胜利而奋斗——在中国共产党第十七次全国代表大会上的报告》，人民出版社2007年版，第30页。

马克思主义公平观的继承和发展，对历代中国共产党人公平观和社会公平实践的升华与创新，为指导中国民生发展提供了强大的理论指引。

1. 更加鲜明地揭示了公平正义的本质内涵和核心价值理念，丰富和发展了马克思主义公平观

第一，进一步阐释公平正义是中国特色社会主义的内在要求，并强调促进社会公平的重要性。关于社会公平正义的本质内涵，习近平总书记明确指出，"公平正义是中国特色社会主义的内在要求"①，这明确表明了中国特色社会主义对公平正义的价值追求。习近平总书记指出，"改革开放以来，中国经济社会发展取得巨大成就，为促进社会公平正义提供了坚实物质基础和有利条件。同时，在中国现有发展水平上，社会上还存在大量有违公平正义的现象。特别是随着中国经济社会发展水平和人民生活水平不断提高，人民群众的公平意识、民主意识、权利意识不断增强，对社会不公问题反应越来越强烈。这个问题不抓紧解决，不仅会影响人民群众对改革开放的信心，而且会影响社会和谐稳定"②。这进一步强调了实现社会公平的重要性和迫切性。另外，习近平总书记运用唯物史观和辩证的观点论述了社会公平是一个具有历史性、相对性和具体性的范畴，指出："在不同发展水平上，在不同历史时期，不同思想认识，不同阶层的人，对社会公平正义的认识和诉求也会不同。"③，为新时代认识社会公平问题提供了科学的方法论，对于结合我国国情，逐步实现社会公平具有重大的理论意义。

第二，实现公平正义，是实现"四个全面"战略布局，引领经济社会发展的核心价值理念。习近平总书记强调，全面建成小康社会是建成全民的小康；全面深化改革要坚持促进社会公平正义、增进人民福祉，努力增强人民获得感；全面依法治国要切实保障和促进公平正

---

① 《习近平谈治国理政》，外文出版社 2014 年版，第 13 页。
② 《习近平总书记重要讲话文章选编》，中央文献出版社、党建读物出版社 2016 年版，第 404 页。
③ 《十八大以来重要文献选编》（上），中央文献出版社 2014 年版，第 553 页。

义；全面从严治党要以零容忍态度惩治腐败。① 这些重要论断是以习近平同志为核心的党中央治国理政核心价值的重要体现，是对社会现实问题和人民群众对美好生活向往需要的回应。党的十八届五中全会提出了创新、协调、绿色、开放、共享五大新发展理念。共享发展理念是邓小平"共同富裕"思想在新时期的体现，发展为了人民最为直接和最为现实的表现就是人民群众共享社会发展的成果。古人云："大道之行也，天下为公。"习近平总书记也多次提到孔子的大同社会论，中国历史上从未有任何一个时期像今天这样如此接近"大同"的理想社会状态。共享发展理念是中国特色社会主义的本质要求，从根本上说，共享发展和共同富裕的道路是一脉相承的，但又具备了新的时代内涵，共享发展是全民共享、全面共享、共建共享和渐进共享，是共建共享共商共治的共同富裕之路。因此，共享既内在地包含和诠释了公平正义的价值理念，又指明了促进和实现社会公平正义的具体途径。党的十九大报告将"坚持新发展理念"纳入新时代中国特色社会主义基本方略，更加坚定了共享发展、公平正义的核心价值理念。

2. 更加科学地阐释了实现社会公平的路径，为中国民生实践发展提供了强大的理论指引

第一，全面深化改革，推动经济持续健康发展是实现社会公平的动力源泉。改革是社会发展的根本动力。党的十八大以来，以习近平同志为核心的党中央高举改革开放旗帜，以更大的政治勇气和政治智慧推进改革，推动新一轮改革大潮。党的十八届三中全会对全面深化改革进行总体部署，对推动我国经济社会的全面发展长足发展实现新跨越做出了一系列重大的战略安排部署，内容涉及政治、经济、文化、社会、生态、党建等诸多领域。习近平总书记强调："改革开放是决定当代中国命运的关键一招，也是决定实现两个百年奋斗目标、

① 《习近平总书记系列重要讲话读本》，学习出版社、人民出版社 2016 年版，第122 页。

实现中华民族伟大复兴的关键一招。"① 同时，提出公平正义的实现和让人民福祉不断得到增进是我党在新的历史时期全面深化改革的落脚点和出发点。习近平总书记强调要在经济发展的更高水平上维护公平正义，他指出："实现社会公平正义是由多种因素决定的，最主要的还是经济社会发展水平。在不同发展水平上，在不同历史时期，不同思想认识的人，不同阶层的人，对社会公平正义的认识和诉求也会不同。我们讲促进社会公平正义，就要从最广大人民根本利益出发，多从社会发展水平、从社会大局、从全体人民的角度看待和处理这个问题。我们现阶段存在的有违公平正义的现象，许多是发展中的问题，是能够经过不断发展，通过制度安排、法律规范、政策支持加以解决的。我们必须紧紧抓住经济建设这个中心，推动经济持续健康发展，进一步把'蛋糕'做大，为保障社会公平正义奠定更加坚实物质基础。"② 2016 年 7 月 1 日，在庆祝中国共产党成立 95 周年大会上，习近平总书记指出，改革开放是当代中国最鲜明的特色，是我们党在新的历史时期最鲜明的旗帜。改革开放是决定当代中国命运的关键抉择，是党和人民事业大踏步赶上时代的重要法宝。我们要把完善和发展中国特色社会主义制度、推进国家治理体系和治理能力现代化作为全面深化改革的总目标，勇于推进理论创新、实践创新、制度创新以及其他各方面创新，让制度更加成熟定型，让发展更有质量，让治理更有水平，让人民更有获得感。③ 2016 年 9 月习近平总书记在 G20 峰会上也强调，要"更加注重公平公正，在做大发展蛋糕的同时分好蛋糕，从人民最关心最直接最现实的利益问题出发，让老百姓有更多成就感和获得感"。④

　　第二，大力发展生产力，提高经济发展水平，是促进社会公平

---

①　《习近平总书记系列重要讲话读本》，学习出版社、人民出版社 2016 年版，第 68 页。

②　《习近平关于全面深化改革论述摘编》，中央文献出版社 2014 年版，第 72 页。

③　习近平：《在庆祝中国共产党成立 95 周年大会上的讲话》，2016 年 7 月 1 日，新华网（www. xinhuanet. com/politics/2016 – 07 – 01/c_ 1119150660. htm）。

④　习近平：《中国发展新起点　全球增长新蓝图》（http://jhsjk. people . cn/article/28690521）。

正义的物质基础。习近平总书记强调："实现社会公平正义是由多种因素决定的，最主要的还是经济社会发展水平。"① 改革开放四十年以来，我国经济社会发展突飞猛进，取得了一些显著的成就，经济总量不断增长，与发达国家之间的差距逐渐缩小，已经处于世界第二大经济体的地位，人民生活水平日益提高，人民群众物质文化需要得到满足，民生事业发展到新的水平，为社会公平的实现打下了比较坚实的物质基础。党的十九大报告指出："中国特色社会主义进入新时代，与此相适应我国社会主要矛盾转化为人民日益增长的美好生活需要和不平衡不充分的发展之间的矛盾，但我国仍处于并将长期处于社会主义初级阶段的基本国情没有变，我国是世界最大发展中国家的国际地位没有变。"②随着社会的发展进步，人民群众对美好生活的需求也日益多样化，增强了对民主、法治、公平、正义等方面的需求，这些需求对党和政府提出了更多的挑战。这也同时说明民生领域还有不少短板，如城乡二元经济结构影响依旧存在，收入分配差距仍然较大，群众尤其是农民在教育、医疗、养老等方面还面临很多难题。同时，由于我国还处于并将长期处于社会主义初级阶段的基本国情没有变，实现社会公平正义任重而道远。发展仍然是解决中国所有问题的关键，只有坚持以经济建设为中心，大力发展生产力，才能切实维护社会公平正义，使全体人民能够在经济社会发展中更多更好地平等参与、平等竞争、平等发展、平等享有，才能真正促进和实现社会公平。

第三，守住底线，突出重点是保障民生建设的基本思路。古语云，"君子以思患而预防之"，意思是凡事要有备才能无患。党的十八大以来，习近平总书记多次强调底线思维，运用底线思维的方法科学处理问题。坚持底线思维，是以习近平同志为核心的党中央应对复杂形势、保持战略定力的科学方法，也是推动新一轮改革顺利

① 习近平：《切实把思想统一到党的十八届三中全会精神上来》，《求是》2014 年第 1 期，第 3 页。

② 习近平：《决胜全面建成小康社会　夺取新时代中国特色社会主义伟大胜利》，《人民日报》2017 年 10 月 18 日。

进行的治理智慧。习近平总书记指出，把人民群众对美好生活的向往变为现实不容易，需要长期的努力奋斗和全国各族人民的共同参与，同时还需要党和政府制定实施良好的符合当前我国国情实际的社会制度和政策。习近平总书记于 2013 年 4 月 25 日主持召开的一次中共中央政治局常委会上，对我国所面临的新形势、新问题尤其是经济发展方面所面临的机遇与挑战进行了分析研判，他强调，面对新形势，我们对于已经采取的有效措施和已经取得的成绩应该给予充分肯定认可，同时我们也必须保持清醒的头脑准确认识到我国经济工作中面临的各种挑战，对于存在的问题及早看清和及早采取切实有效的措施予以积极应对，总体要求就是必须加强研究判断，稳住宏观上的政策和放活微观上的政策，同时要对社会政策予以托底。"社会政策要托底"的提出，显示了新一代领导集体的决心和信心。面对各类复杂局面时，要坚决守住民生的底线，这就是"社会政策要托底"。为了夯实这一政策思路，需要我们在完善救助制度、完善低保，完善城乡居民养老保险制度等。2013 年 4 月，中央政治局常委会会议首次提出"社会政策要托底"的政策思路时，就特别强调，要大力保障和改善民生，完善城乡居民养老保险制度，推进基本医疗保险城乡统筹，完善低保、重特大疾病保障和救助制度等。① 很显然，这些方面的民生工作都是需要社会政策坚决托住的"底"。党中央提出的"社会政策要托底"是从宏观的层面进行决策的，在民生领域牵涉的政策内容繁多，也表明了以习近平同志为核心的党中央狠抓民生工程、惠民工程的坚强决心。"社会政策要托底"是就整个宏观政策思路说的，具体到民生建设领域，习近平总书记又提出"守住底线、突出重点、完善制度、引导舆论"的民生工作思路。这就为如何贯彻落实"社会政策要托底"、更好地保障和改善民生，提供了抓手和实现路径，将宏观政策基本思路特别是"社会政策要托底"的要求，落到了实处。随后，在党的十八届二中、三中、四中全会和中央经济工作会议等多个重要场合，习近平总书记对这一工

---

① 潘盛洲：《在新常态下促进经济平稳健康发展》，《人民日报》2014 年 12 月 18 日。

作思路又作了进一步的阐述，强调要坚持这个基本工作思路，统筹教育、就业、收入分配、社会保障、医药卫生等各方面民生工作，更加注重保障基本民生，更加关注低收入群众生活，更加重视社会大局稳定。十八届五中全会提出的"开放、共享的原则，共享是指加强扶贫，让经济增长惠及每个人，对三农有利"，还提出"要建立更加公平可持续的社会保障制度，实施全民参保计划，实现城乡居民大病保险制度"。① 在安徽凤阳县小岗村主持召开农村改革座谈会时强调指出，不管怎么改，都不能把农村土地集体所有制改垮了，不能把耕地改少了，不能把粮食生产能力改弱了，不能把农民利益损害了。2017 年 7 月 26 日，习近平总书记在省部级主要干部专题研讨班开班式发表重要讲话时强调，要按照全面建成小康社会各项要求，突出抓重点、补短板、强弱项。② 抓重点、补短板、强弱项也体现出了底线思维，在民生保障中，必须多谋民生之利、多解民生之忧，在发展中补齐民生短板、促进社会公平正义。党的十九大报告进一步强调"加强社会保障体系建设"，并且进一步明确提出"按照兜底线、织密网、建机制的要求，全面建成覆盖全民、城乡统筹、权责清晰、保障适度、可持续的多层次社会保障体系"。③

不难看出，"守住底线、突出重点、完善制度、引导舆论"工作思路的提出，有着很强的现实针对性，是党中央面对经济社会发展的新情况、新问题，在民生工作方面做出的一个重要理论和实践创新。它的最大特点在于，将保障和改善民生的着眼点更多地放在保基本和"雪中送炭"上，强调紧紧抓住民生的"底线"和"短板"，更多关注基本民生保障制度的薄弱环节，将"社会政策要托底"的宏观政策具体化为可操作的政策措施。

---

① 《中国共产党第十八届中央委员会第五次全体会议公报》，《人民日报》2015 年 10 月 30 日。

② 《抓重点 补短板 强弱项——六论学习贯彻习近平总书记在省部级专题研讨班上重要讲话精神》，《光明日报》2017 年 8 月 5 日。

③ 习近平：《决胜全面建成小康社会 夺取新时代中国特色社会主义伟大胜利》，《人民日报》2017 年 10 月 18 日。

第四，对于社会主义市场经济改革方向的坚持，是保障社会公平正义的基础。习近平总书记指出，在我国经济社会发展过程中出现了一些难以避免的不公平的问题，这些问题是发展过程中产生的，同时也是能够通过发展的方式予以解决克服的，我们也只有将精力用在发展上做大经济的"蛋糕"，才能为更大程度和更高水平上实现社会公平正义打好物质基础条件。只有坚持这一点，才能够有效地为人民谋福利，才能够不断激发社会的活力。党的十八大报告明确指出："以科学发展为主题，以加快经济发展方式转变为主线，是关系我国发展全局的战略选择。"① "我国实行的是社会主义市场经济体制，除了发挥市场的基础调节作用外，还应积极发挥党和政府的积极作用，即加强宏观调控。"② 同时，会中还提出了几个重大的理论观点，如在资源配置中，起决定性作用的是市场。再如，积极发挥政府作用，有利于资源的优化配置。这样，市场与政府在经济改革中的重要作用得到了充分体现。③ 习近平总书记在 2015 年 12 月召开的中央经济工作会议上又强调："要坚持中国特色社会主义政治经济学的重大原则，坚持解放和发展社会生产力，坚持社会主义市场经济改革方向，使市场在资源配置中起决定性作用，是深化经济体制改革的主线。"④ 党的十九大报告再一次鲜明指出："坚持社会主义市场经济改革方向，加快完善社会主义市场经济体制。"⑤ 这是在党的十八届三中全会上提出的使市场在资源配置中起决定性作用和更好发挥政府作用的新实践基础上，进一步坚定了社会主义市场经济改革方向。

---

① 胡锦涛：《坚定不移沿着中国特色社会主义道路前进　为全面建成小康社会而奋斗——在中国共产党第十八次全国代表大会上的报告》，《人民日报》2012 年 11 月 18 日。

② 《关于〈中共中央关于全面深化改革若干重大问题的决定〉的说明》，《人民日报》2013 年 11 月 16 日。

③ 同上。

④ 《习近平在中央经济工作会议上发表重要讲话》，2015 年 12 月 21 日，中国政府网（www. gov. cn）。

⑤ 习近平：《决胜全面建成小康社会　夺取新时代中国特色社会主义伟大胜利》，《人民日报》2017 年 10 月 18 日。

　　第五，全面推进依法治国，维护司法正义，是实现社会公平的有力保障。党的十八大和十八届历次全会均十分强调依法治国的问题，十八大报告中对"全面推进依法治国"进行了宏观部署安排，明确指出："法治是治国理政的基本方式。要推进科学立法、严格执法、公正司法、全民守法，坚持法律面前人人平等，保证有法必依、执法必严、违法必究。"① 十八届四中全会审议通过《中共中央关于全面推进依法治国若干重大问题的决定》，为法治中国的建设绘就了新的蓝图，对我国在新的历史时期全面推进依法治国进一步做出了部署和安排。十八届四中全会公报中强调，依法治国，是坚持和发展中国特色社会主义的本质要求和重要保障，是实现国家治理体系和治理能力现代化的必然要求，事关我们党执政兴国，事关人民幸福安康，事关党和国家长治久安。全面依法治国就必须维护宪法法律权威和保护人民权益，同时要通过法律途径维护国家安全和稳定，只有如此社会公平正义才有保障，全面依法治国是实现"中国梦"和社会公平正义的重要保障。② 十八届五中全会也强调："厉行法治是发展社会主义市场经济的内在要求"，"法治是发展的可靠保障"，"要运用法治思维和法治方式推动发展"。③ 围绕共享发展理念的贯彻落实，习近平总书记曾对法治工作者提出明确要求："要深入分析共享发展理念对法治建设提出的新要求，深入分析贯彻落实共享发展理念在法治领域遇到的突出问题，有针对性地采取对策措施，运用法治思维和法治方式贯彻落实共享发展理念。"在党的十九大报告中，习近平总书记提出，"全面依法治国是中国特色社会主义的本质要求和重要保障。要坚持全面依法治国，打造共建共治共享的社会治理格局"④。

---

　　①　胡锦涛：《坚定不移沿着中国特色社会主义道路前进　为全面建成小康社会而奋斗——在中国共产党第十八次全国代表大会上的报告》，《人民日报》2012 年 11 月 18 日。

　　②　《十八届四中全会公报全文》，《人民日报》2014 年 10 月 24 日。

　　③　《中共中央关于制定国民经济和社会发展第十三个五年规划的建议》，《人民日报》2014 年 10 月 29 日。

　　④　习近平：《决胜全面建成小康社会　夺取新时代中国特色社会主义伟大胜利》，《人民日报》2017 年 10 月 18 日。

3. 突出彰显了人民性，把广大人民群众对美好生活的向往作为全党的奋斗目标

全心全意为人民服务是中国共产党的宗旨，是从毛泽东思想到习近平新时代中国特色社会主义思想的真谛。习近平总书记在马克思主义公平观的基础上，提出了"中国梦"，指出"中国梦"是全体中国人民的共同理想，体现了人们的共同期望，也体现了党领导人们未来的前进方向。实现"中国梦"，从根本上来说，就是要能够较好地让人民的根本利益得到实现，能够较好地维护人民的根本利益并且让其不断地得到发展，而维护社会公平正义，是实现"中国梦"的基础，也是基本要求。习近平总书记强调必须切实维护广大人民群众的利益，防止群众利益受到侵害，而在此过程中必须将对人民安居乐业的保障作为根本的目标和将促进公平正义作为党和国家开展一切工作的核心价值追求，保障"中国梦"的实现。

第一，坚持发展为了人民，让人民群众更有获得感。习近平总书记提出的"获得感"体现了以人民为中心的发展理念，是准确把握新时代中国特色社会主义主要矛盾、推进全面深化改革的新颖工具，更是新时代国家治理的良政基准和善治标尺。[1] 习近平总书记率领新一届中央政治局常委集体于 2012 年 11 月 15 日和中外记者见面之时提出，人民群众对稳定的工作、良好的教育、可靠的社保和医疗服务有着极强的期待和要求，对居住条件的改善和优美生活环境的营造有着强烈的渴求。[2] 他谈到的许多内容均涉及人民群众最关心的最现实的利益问题。让人民生活得更美好，是以习近平同志为核心的党中央的核心理念。在第十二届全国人民大会第一次会议上，习近平总书记对维护社会公平正义进行了强调："要使发展成果更多更公平惠及全体人民"[3]。这一阐述展现了党和政府对于维护社会公平的承诺，体现了总书记对于维护人民未来幸福生活的承诺。习近平总书记在各种场

---

① 王浦劬、季程远：《新时代国家治理的良政基准与善治标尺》，《中国行政管理》2018 年第 1 期。

② 《十八大以来重要文献选编》（上），中央文献出版社 2014 年版，第 70 页。

③ 同上书，第 234—235 页。

合多次强调："人民对美好生活的向往，就是我们的奋斗目标"，这是一句十分朴素却感人至深的话语，这句朴实的话将党和国家的奋斗目标与广大人民群众的期待要求结合起来，与毛泽东"全心全意为人民服务"①、邓小平"拥护不拥护、赞成不赞成、高兴不高兴、答应不答应"②、江泽民"我们党要始终代表中国最广大人民根本利益"③、胡锦涛"把实现好、维护好、发展好最广大人民根本利益作为一切工作根本出发点和落脚点"④ 等所强调指出的上述内容具有一脉相承的特点，并且和当前的新形势和新任务紧密结合起来，将社会主义公平观推向新的历史征程，将中国共产党的宗旨和性质更好地、更为鲜明地体现和表达出来，成为党的十八大以来党中央执政为民的一面鲜明旗帜。正如习近平总书记在接受俄罗斯电视台专访时指出的："中国共产党坚持执政为民，人民对美好生活的向往就是我们的奋斗目标。我的执政理念，概括起来就是：为人民服务，担当起该担当的责任。"⑤ 2013 年 12 月 26 日，在纪念毛泽东同志诞辰 120 周年座谈会上，习近平总书记指出，"人民是我们党的工作的最高裁判者和最终裁判者"⑥。在党的十九大报告中，习近平总书记指出："中国特色社会主义进入了新时代，我国社会主要矛盾已经转化为人民日益增长的美好生活需要和不平衡不充分的发展之间的矛盾"⑦，解决好这个社会主要矛盾，就"必须始终把人民利益摆在至高无上的地位，让改革发展成果更多更公平惠及全体人民，抓住人民最关心最直接最现实的利益问题，不断满足人民日益增长的美好生活需要，不断促进社会公

---

① 《毛泽东文集》第 7 卷，人民出版社 1999 年版，第 285 页。

② 《十六大以来重要文献选编》（中），中央文献出版社 2006 年版，第 152—153 页。

③ 《江泽民文选》第 3 卷，人民出版社 2006 年版，第 1 页。

④ 《十七大以来重要文献选编》（上），中央文献出版社 2009 年版，第 799 页。

⑤ 《习近平在俄罗斯索契接受俄罗斯电视台专访时的讲话》，《人民日报》2014 年 2 月 9 日。

⑥ 《习近平谈治国理政》，外文出版社 2014 年版，第 189 页。

⑦ 习近平：《决胜全面建成小康社会　夺取新时代中国特色社会主义伟大胜利》，《人民日报》2017 年 10 月 18 日。

平正义，使人民获得感更加充实、更有保障、更可持续"①。习近平总书记又进一步指出，"必须坚持在发展中保障和改善民生。多谋民生之利、多解民生之忧，在发展中补齐民生短板、促进社会公平正义"②。2018 年 5 月 4 日，在纪念马克思诞辰 200 周年大会上的讲话中，习近平总书记指出，"人民性是马克思主义最鲜明的品格"。"我们要始终把人民立场作为根本立场，把为人民谋幸福作为根本使命，坚持全心全意为人民服务的根本宗旨，贯彻群众路线，尊重人民主体地位和首创精神，始终保持同人民群众的血肉联系，凝聚起众志成城的磅礴力量，团结带领人民共同创造历史伟业。"③

　　第二，坚持发展成果由人民共享，逐步实现共同富裕。共同富裕，是马克思主义的一个基本目标，是社会主义的根本原则和本质特征，是社会主义的优越性，也是中国共产党始终坚持的价值取向。习近平总书记明确指出："要坚持以人民为中心的发展思想，这是马克思主义政治经济学的根本立场。要坚持把增进人民福祉、促进人的全面发展、朝着共同富裕方向稳步前进作为经济发展的出发点和落脚点，部署经济工作、制定经济政策、推动经济发展都要牢牢坚持这个根本立场。"④2013 年 11 月 12 日，党的十八届三中全会通过的《中共中央关于全面深化改革若干重大问题的决定》明确提出，"要把促进社会公平正义、增进人民福祉作为一面镜子，审视各方面体制机制和政策规定，哪里有不符合促进社会公平正义的问题，哪里就需要改革；哪个领域哪个环节问题突出，哪个领域哪个环节就是改革的重点"⑤。《中共中央关于制定国民经济和社会发展第十三个五年规划的建议》首次提出："必须坚持以人民为中心的发展思想"，习近平总

---

①　习近平：《决胜全面建成小康社会　夺取新时代中国特色社会主义伟大胜利》，《人民日报》2017 年 10 月 18 日。

②　同上。

③　习近平：《在纪念马克思诞辰 200 周年大会上的讲话》，人民出版社 2018 年版，第17 页。

④　《习近平主持中共中央政治局第二十八次集体学习》，2015 年 11 月 24 日，新华网（www. xinhuanet. com/politics/leaders/2018 - 09/22/c_ 1123470956. htm）。

⑤　《习近平总书记系列重要讲话读本》，学习出版社、人民出版社 2016 年版，第 77 页。

书记强调:"坚持共享发展,必须坚持发展为了人民、发展依靠人民、发展成果由人民共享,作出更有效的制度安排,使全体人民在共建共享发展中有更多获得感,增强发展动力,增进人民团结,朝着共同富裕方向稳步前进。"① 2016 年 1 月,习近平总书记在对食品安全工作作出重要指示中强调:"要牢固树立以人民为中心的发展理念"。以人民为中心的发展理念,体现了全心全意为人民服务的根本宗旨,体现了人民群众是推动发展的根本动力的唯物史观,体现了共同富裕的目标要求。"共享"发展理念,是对共同富裕思想的坚持和丰富。2016 年 1 月 18 日,习近平总书记在省部级主要领导干部学习贯彻党的十八届五中全会精神专题研讨班上的讲话中阐明了共享的基本内涵:一是全民共享。共享发展是人人享有、各得其所。二是全面共享。共享国家政治、经济、文化、社会、生态各方面建设成果。三是共建共享。四是渐进共享。共享发展是一个从低级到高级、从不均衡到均衡的过程,即使达到很高水平也会有所差别。② 2016 年 9 月 3 日,习近平总书记在二十国集团工商峰会开幕式上发表主旨演讲,指出:"我们将坚定不移推进公平共享,增进更多民众福祉。民唯邦本,本固邦宁。坚持以人民为中心,就要扎扎实实体现在经济社会发展各方面各环节。"③ 正如党的十九大报告中指出的,党的十八大以来,以习近平同志为核心的党中央深入贯彻以人民为中心的发展思想,贯彻共享发展理念,落地实施惠民举措,人民获得感显著增强。

习近平总书记认为,坚持发展成果由人民共享,逐步实现共同富裕,归结起来就是两个层面的内涵。一是充分调动广大人民群众的积极性、主动性、创造性,举全民之力推进中国特色社会主义事业,不断把"蛋糕"做大。二是不断把做大的"蛋糕"分好,让社会主义

---

① 《中共中央关于制定国民经济和社会发展第十三个五年规划的建议》,《人民日报》2014 年 10 月 29 日。

② 《习近平在省部级主要领导干部学习贯彻党的十八届五中全会精神专题研讨班上的讲话》,《人民日报》2016 年 5 月 10 日。

③ 习近平:《坚定不移推进公平共享　增进更多民众福祉》,2016 年 9 月 3 日,新华网(http://www.xinhuanet.com/world/2016 - 09/03/c_ 129268288. htm)。

制度优越性更好地体现，让人民群众有更多获得感。为此，他强调建立健全更加公平的社会保障制度，保障人民群众的基本生活。

以习近平同志为核心的党中央关于社会公平的重要论述，是同这个时代中国的具体国情紧密联系的，是马克思主义公平观在新时期的新的创新，继承和发展了马克思主义公平观，也是对中国特色社会主义理论体系中的关于社会公平论述的发展与创新。

这种发展与创新具有鲜明的中国特色与时代性，理念更加自觉，明确了社会公平的价值定位；目标更加明确，确立了增进人民福祉的奋斗目标；思路更加清晰，构建了"权利公平、机会公平、规则公平"的内容体系，体现了中国共产党人坚持与时俱进的理论品质，使得民生目标得到进一步确立，民生地位得到新提升，民生内容进一步丰富，民生动力得到新阐发。因此，不仅完成了 21 世纪马克思主义公平思想的建构，而且为解决中国新时代的民生问题，实现更高层次的社会公平正义，全面建成小康社会，带领全体人民步入中国特色社会主义福利社会提供了强大的理论武器。

四　马克思主义公平观与我国农村养老保障制度研究的逻辑关系

马克思主义公平观是迄今为止人类历史上最科学的公平理论，是无产阶级追求社会公平正义目标实现的强大理论武器和行动指南。中国共产党人结合中国革命和建设实际，把马克思主义公平理论中国化，进一步揭示了社会主义公平正义的本质内涵和价值追求。进入21 世纪，在全面深化改革、构建社会主义和谐社会，推进中国特色社会主义建设的伟大实践中，经济快速发展，社会全面进步，但同时社会公平问题尤其是社会保障中的公平问题凸显，中国共产党和政府不断完善社会保障发展的新思路。在人口老龄化快速发展的今天，政府尤其关注农村养老保障制度。习近平特别指出，针对老年人，要增加养老服务供给、增强医疗服务的便利性；针对在城镇务工的农民工，要让他们逐步公平享受当地基本公共服务。全面建成小康社会不仅要实现人口全覆盖和群体间的协调、平衡，而且要实现区域全覆盖尤其是城乡之间的协调和平衡发展。努力缩小城乡区域发展差距，是全面建成小康社会的一项重要任务。① 党的十九大报告提出，构建养老、孝老、敬老政策体系和社会环境的发展思路，是应对我国人口老龄化快速发展的良方。他还阐述了社会保障发展的核心思路，是"按照兜底线、织密网、建机制的要求，全面建成覆盖全民、城乡统筹、权责清晰、保障适度、可持续的多层次社会保障体系"②。

因此探讨农村养老保障制度的发展和完善十分必要，马克思主义公平理论为当代中国农村养老保障制度的发展提供了理论基础和指导；为我们认识、理解农村养老保障制度中的公平问题及探究实现公平的科学的方法论指导，为我们阐明了农村养老保障制度发展的价值理念、政府责任和路径选择；当代中国农村养老保障制度的建立、发展和完善是在中国特色社会主义建设中对马克思主义公平观的践行，它从实现人的全面自由发展、保障人的基本权利、缩小城乡差距等方面践行了马克思主义公平观。

（一）马克思主义公平观对我国农村养老保障制度建设具有深刻的理论价值

1. 马克思主义公平观是中国共产党人公平观的理论来源，在农村养老保障制度建设中具有重要指导意义

哲学、政治经济学、科学社会主义是马克思主义的三个组成部分，但对社会公平的追求是贯穿马克思主义这三大部分的一条红线，公平理论是马克思主义理论的重要组成部分。

马克思主义公平观带有强烈的阶级性。马克思主义有着一个十分鲜明的特点和立场，也就是能够代表广大无产阶级劳动人民最为根本的利益。按照马克思主义的观点立场，历史上最为先进的生产方式的

---

① 《习近平总书记重要讲话文章选编》，中央文献出版社、党建读物出版社 2016 年版，第 272—275 页。

② 习近平：《决胜全面建成小康社会　夺取新时代中国特色社会主义伟大胜利——在中国共产党第十九次全国代表大会上的报告》，《人民日报》2017 年 10 月 18 日。

代表就是无产阶级，无产阶级的最终目的就是解放全人类并将其作为己任，因而无产阶级的"己任"和人类的解放是一致的，和其他的一切剥削阶级的狭隘性不同，马克思主义以鲜明的无产阶级政治立场、鲜明的人民性、鲜明的阶级性、鲜明的真理性对人类社会发展的历史规律予以揭示，认为人类社会实现共产主义是历史的必然，因而走向公平也就成为必然的发展趋势。一切人的自由发展的条件是"每个人的自由发展"，也只有实现这样的社会才能促使人类社会走向自由，真正实现人类群体事实上的平等。中国共产党人带领贫苦民众从"打土豪、分田地"进行革命和一系列的土地制度改革，就是为了实现公平。后来处于发展社会生产力而提出了注重效率、兼顾公平的公平观，并且要求在两次收入分配过程中要分别注重效率和公平的问题，所有这些探索均表明无产阶级的最终愿望是实现社会公平，实现社会公平的最高境界就是共产主义社会。但是，在此过程中必然面临各种各样的困难和问题，要实现共产主义远大理想从而达到社会公平并非易事，而是必须通过党带领广大人民群众不断努力奋斗才能达到。就我国的情形而言，我们要始终坚持中国共产党的正确领导，只有如此才能满足广大人民群众提出的新期待、新要求，最后实现社会公平，维护好广大人民群众的切身利益。

马克思主义公平观中关于城乡关系的论述为目前我们努力缩小城乡差距，实现城乡公平提供理论依据。在马克思恩格斯看来，私有制是造成城乡对立的根本原因，公平制度的缺失使农业人口基本生活、福利待遇毫无保障。马克思批判现实的制度，把缩小城乡差距作为对未来社会公平的首要目标。另外，马克思主义公平观中实现人的自由全面发展的目标，充分体现了人文关怀，并且把实现人的发展与生产力发展水平结合起来。这些真知灼见都为我们关注农民切身利益，保障农民基本权利，提高农民收入，缩小城乡差距，健全农村社会保障制度提供了理论基础。

2. 中国共产党人公平观是对马克思主义公平观的继承和发展，是我国农村养老保障制度的理论指导

中国共产党人把建立在唯物史观基础上的科学正确的马克思主义

公平观同中国革命和建设的实际相结合，提出了一系列社会公平的观点、思想和方法，形成了符合我国国情的社会主义公平观，是与马克思主义公平观一脉相承的、具有中国特色的公平观。

（1）生产力是社会发展的最终决定力量，生产力的高度发展是为实现社会公平的物质基础

马克思恩格斯坚持历史唯物主义的观点，提出生产力和生产关系的辩证关系，生产力决定生产关系。公平是一种制度安排或者调节社会利益的工具，更多的是体现为生产关系，因此社会公平的实现程度，本质上是由社会生产力的发展水平所决定的，生产力的高度发展是实现社会公平的物质基础。当代中国共产党人都提出要大力发展生产力作为社会发展的根本任务，作为实现社会公平的物质基础。毛泽东十分重视生产力的发展，在领导新民主主义革命、社会主义革命和建设的过程中，都非常重视生产力的问题。他提出，近代中国经济发展不平衡且水平比较低，只有首先解放生产力，才能谈得上发展生产力。但是，由于种种原因在执行的过程中出现了偏差。改革开放后，邓小平提出把经济建设作为社会主义建设的首要任务，大力发展生产力是社会主义社会的本质要求。以江泽民为核心的第三代领导集体提出"三个代表"重要思想，共产党"要始终代表先进生产力的发展要求"。以胡锦涛为核心的领导集体，提出了科学发展观，指出"发展是党执政兴国的第一要务"。习近平更加注重以经济建设为中心、立足提高质量和效益，坚持稳中求进，强调要促进经济持续健康的发展。

（2）坚持以人为本，把维护人民群众的根本利益作为党和国家一切工作的出发点和落脚点

马克思主义的价值追求是实现人的全面自由发展，以"个人自由而全面的发展"为最终目标，正是这份实现人的自由全面发展、实现人民幸福的追求使马克思坚守一生，成为马克思主义具有整体性的一条主线，也是马克思主义具有强大召唤力和不竭生命力的关键所在。当代中国共产党人在中国革命和建设过程中，深刻理解和全面把握马克思主义关于人的全面自由发展的思想和追求。毛泽东确立了"全心

全意为人民服务"作为中国共产党的根本宗旨，是中国共产党区别于其他一切政党的显著标志之一。邓小平对此做了进一步阐述，"中国共产党员的任务概括起来，就只有两句话：全心全意为人民服务，一切以人民利益作为每个党员的最高准绳"①。江泽民提出"立党为公，执政为民"的理念，把最广大人民的根本利益作为一切工作的出发点和落脚点。胡锦涛提出科学发展观，把"以人为本"作为科学发展观的核心，提出"权为民所用、情为民所系、利为民所谋"，充分体现了执政为民的理念。以习近平为核心的新一届中央领导集体，坚持党的群众路线，把人民利益放在至高无上的地位，进行了一系列治国理政理论创新，但其核心价值就在于始终心系人民，坚持中国共产党的宗旨，追求人民幸福，努力保障和改善民生，正如习近平所说："让老百姓过上好日子是我们一切工作的出发点和落脚点。"

（3）坚持公有制的主体地位，是实现社会公平的重要前提

马克思恩格斯揭露了资本主义制度的本质，认为生产资料私有制是导致资本主义制度不公平的根源，因此实现社会公平，就必须消灭剥削，消灭生产资料私有制，推翻资本主义制度。坚持公有制的主体地位，是社会主义的本质特征之一。我国社会主义初级阶段的基本经济制度就是坚持以公有制为主体、多种所有制经济共同发展。以毛泽东、邓小平、江泽民、胡锦涛、习近平为代表的中国共产党人都毫不动摇地坚持巩固公有制的主体地位，从根本上保证生产资料归劳动者共同占有，为实现社会公平提供了重要前提。

（4）人民当家作主，发展社会主义民主政治，是实现社会公平的制度保障

马克思认为，民主政治是一切国家形式的最终归宿。民主制是代表一切国家形式的最典型意义，因此民主制也是国家制度的最高形式。只有实现真正的民主，才能真正实现每个人真正自由全面发展，进而才能实现人类的彻底解放。人民当家作主是中国共产党始终高举的一面旗帜，发展社会主义民主政治，建设社会主义政治文明是中国

---

① 《邓小平文选》第 1 卷，人民出版社 1994 年版，第 257 页。

共产党始终不渝的追求。毛泽东从中国革命实际出发，创造性地运用和发展了马克思主义无产阶级专政学说，开创性地建立了具有中国特色的人民民主专政制度。邓小平结合中国建设和发展实际，一方面继承了毛泽东人民民主专政的思想，另一方面又将其进一步发展，解决了在建设中国特色社会主义新的历史条件下坚持人民民主专政的问题。江泽民坚持把马克思主义基本原理同中国具体实际相结合，总结我国社会主义民主政治建设的经验，进一步深化了什么是中国特色社会主义民主政治，如何建设中国特色社会主义民主政治的问题。他指出，建设有中国特色社会主义的政治，就是在中国共产党领导下，在人民当家作主的基础上，依法治国，发展社会主义民主政治。胡锦涛指出，人民民主是我们党的光辉旗帜。改革开放以来，我们坚持国家一切权力属于人民，不断推进政治体制改革，社会主义民主政治建设取得重大进展，成功开辟和坚持了中国特色社会主义政治发展道路，为实现最广泛的人民民主确立了正确方向。习近平坚持继承和发展人民民主思想，指出，在中国社会主义制度下，找到全社会意愿和要求的最大公约数，是人民民主的真谛。当代中国共产党人坚持人民当家作主，把人民利益作为工作的出发点和落脚点，把维护社会稳定作为重要任务，不断推进有中国特色社会主义民主政治文明的进步，为实现社会公平提供了制度保障。

中国共产党人的公平观是对马克思主义公平观的继承和发展，是把马克思主义公平观与我国的发展实际相结合的产物，是马克思主义公平观中国化过程中的深化和升华。他们关于社会公平的论述以及在此基础上出台的关于社会保障尤其是农村社会养老保障制度的政策，是我国农村养老保障制度的重要理论基础和指导。

（二）马克思主义公平观为农村养老保障制度的发展提供了科学的方法论

1. 马克思主义公平观中提出了对待公平问题的科学视角

马克思、恩格斯提出要站在唯物史观的立场上，从历史的、具体的角度看待公平，公平并不是永恒不变的。就像马克思曾经说过的，权利是永远也无法超出社会经济结构而存在和得到实现的，同时，由于社会文化也是受到经济结构制约的，因而权利也无法超出社会文化而存在和发展。恩格斯曾经论述过，平等的观念是一种历史的产物。从上述论述中可知，公平是具有历史性特征的，是历史的产物，任何社会的公平也必须具有该时期的经济结构的制约，公平并不会超过其所处的时代而存在和得到发展。共产党人的终极目的是消灭私有制，实现共产主义社会，共产主义社会实行的"按需分配"的原则，因而每个人均能够满足自己的分配需要是物质和精神高度发达的社会状态，完全实现了社会公平。中国共产党始终奉行着"为人民服务"的宗旨，所开展的任何工作都是围绕广大民众的合法利益展开的。公平具有时代性或者阶段性特征。在不同的历史时代或者同一时代的不同阶段，公平的内涵与外延、本质、特征等都会发生不同程度的变化。所以，在实际中，我们应以发展的眼光来认识和理解公平。人们对公平的理解与愿望随着时代的发展变化而不断得到提高。所以，当前我国存在的农村社会保障问题，我们必须结合时代的发展从历史的角度进行分析探究，目前我国农村养老保障方面问题尤为突出，例如城乡收入差距过大，民主和法制不够健全，长期的城乡二元体制带来的权利不平等、规则、机会不平等等问题在一定程度上存在，这些问题对人民群众的心理产生了不利影响，引起了党和国家的高度重视，广大人民群众更是对这方面的问题给予极大的关注。我们在理解这些问题的时候，必须以马克思主义的公平观为指导进行深入细致的思考研究，结合我国当前处于社会主义初级阶段的国情实际进行探析。

2. 马克思主义公平观为农村养老保障制度建设提供了科学的方法论

任何公平问题都要放在特定的历史时期和社会关系中辩证考察。马克思主义公平观有利于实现社会的稳定、和谐发展。作为社会主义国家，必须切实维护社会公平，也只有做到了社会的公平才能保障国家的长治久安、社会的和谐稳定。马克思主义公平观并不仅仅是一种理论概括或价值认知，中国共产党始终秉持公平观开展革命斗争和社会建设，把马克思主义公平观贯彻到革命实践、改革实践以及现代化建设实践中，形成了我国的基本政治经济和文化制度，并且体现尊重人民群众的利益，将公平思想贯穿其中。当前的情形是，虽然我国改革开放取得了令人瞩目的伟大成就，但是和全面的社会公平之间还有着较大的差距，尤其目前，在农村，城乡收入差距还比较大，农民养老问题亟待解决的形势下，深入研究马克思主义公平观，对推进社会主义和谐建设、全面建成小康社会具有重要的指导意义。

中国共产党人的公平观具有继承性、创新性和时代性，从辩证唯物主义和历史唯物主义的原则出发，制定了一系列符合中国发展需要的方针政策。是建设社会主义和谐社会、全面深化综合改革、实现全面建成小康社会的重要指导。党的十八大以来，我国的发展站在一个新的历史起点上，正处于全面深化改革和社会转型期，更需要有效解决中国社会公平问题，这关系到我国经济社会发展和安定团结大局。以习近平同志为核心的党中央把保障和改善民生摆在更加突出的位置，做出了一系列重大决策，采取了一系列重大措施，推动民生保障工作取得了显著成效。党的十九大做出了"中国特色社会主义进入了新时代"的重大政治判断，围绕新时代坚持和发展什么样的中国特色社会主义、怎样坚持和发展中国特色社会主义这个重大时代课题，以全新的视野深化对共产党执政规律、社会主义建设规律、人类社会发展规律的认识进行艰辛理论探索，创立了习近平新时代中国特色社会主义思想。在民生建设和社会公平方面，十九大报告着眼于实现我们党的初心使命和根本宗旨，深刻阐述保障和改善民生的重大意义，着眼于推进"五位一体"总体布局、协调推进"四个全面"战略布局，全面部署保障和改善民生的具体任务，凸显了保障和改善民生、提高人民生活水平的迫切要求和重大意义，这是对我们党执政理念的丰富与发展。①

发展和完善农村养老保障制度必须坚持以马克思主义公平观为指导，坚持和发展有中国特色的社会主义公平观，理念更加自觉，思路

---

① 郑剑：《十九大报告的民生"三度"》，2018 年 1 月 11 日，人民网（http://theory. people. com. cn/n1/2018/0111/c40531 - 29757779. html）。

更加清晰，目标更加明确，用公平的原则解决改革中的问题，开创国家发展新局面。

（三）当代中国农村养老保障制度的建立和逐步完善是对马克思主义公平观的践行

1. 农村养老保障制度的建立和逐步发展完善蕴含着马克思主义公平正义的价值理念

马克思主义公平观阐明了社会保障制度中社会公平的价值取向，即以人为本，把实现每个人的全面自由发展作为公平正义的最终目标，体现着对人的关怀。农村养老保障制度作为社会保障制度的重要组成部分，必然以公平正义作为其核心价值理念。新中国成立以来，农村养老保障从依靠家庭养老保障和土地养老保障为主，到集体养老保障和传统农村社会养老保险制度，再到新型农村社会养老保险制度和城乡居民养老保险制度的变迁，目前形成了家庭、社会、集体、国家等多元主体的农村养老保障制度体系，这一变迁过程在不断促进和推动公平正义价值目标的实现。

2. 农村养老保障制度的建立和逐步发展完善是马克思主义公平观在实践层面的展开

马克思主义公平观以实现"每一个人的自由而全面的发展"为最终目标，强调保障人的基本权利。建立和发展完善农村养老保障制度有利于保障农民的基本生存权和发展权，缩小社会保障水平的城乡二元差距，进而逐步实现全体中国人民的"自由而全面的发展"，这是马克思主义公平观在当代中国现实层面的具体展开。

第二章 当代中国农村养老保障制度发展历程及现状

我国是个农业大国，农村人口占总人口的80%。农业是我国国民经济发展的重要基础。为了进一步改善我国农村发展的落后现状，我国自建国以来就在农村地区实行一定的社会保障制度，以期能与我国城镇职工社会保障制度同步。改革开放后，我国更是将解决好农村发展相关问题作为工作重点。如何解决好我国大多数人口发展相关问题，尤其是随着我国农村地区老龄化问题日益严重的前提下，有效地解决农村老年人的养老问题已经成为我国农村发展，乃至于我国整个社会发展的重中之重。考察建国以来我国农村养老保障制度的变迁对于我们认识农村养老保障制度发展历史和现状，探索影响社会公平实现的制约因素，清晰把握我国农村养老的发展趋势，并依据现实条件寻求完善农村社会养老保障制度，更好地实现社会保障领域公平的路径具有重要的现实意义。

一 建国以来中国农村养老保障制度的变迁

（一）以家庭养老为主的时期（1949—1956年）

1949年至1956年间，家庭养老是我国农村养老保障的主要内容。其原因在于，这段时期内，我国政府着力解决各类历史遗留问题。而且，当时社会经济萧条，使得政府无力全面解决各类农村养老问题。再者，当时农村土地改革是农村工作的重中之重。而当时的农民对土地的迫切程度更高，无暇顾及自身的养老保障问题。从 1950年《中华人民共和国土地改革法》的颁布实施，到 1952 年土地改革运动基本完成，封建土地私有制逐步被废除，实现了耕者有其田，农民拥有了土地，通过自己的劳动获得必需的基本生活资料，农村阶级结构也随之发生了变化。[①] 农民获得土地后，生活有了基本保障，广大农民的生产积极性被激发，农业生产的恢复为农村人生活提供了坚强的后盾，但是农村中的鳏、寡、孤、独以及贫困户的经济困难和养老问题没有得到解决。而在当时，我国广大农村地区仍未摆脱自然经济状态。从经济形态上看，占据农村主导地位的依然是小农经济。而众所周知，小农经济具有农民私有、分散经济等显著经济特征。在这种情况下，几乎很难提及农村老年人的养老问题。这样，农村老年人的养老负担就必然落在家庭上。尽管如此，当时的政府从社会救济的角度，来保障部分特殊对象的养老保障问题。如家庭确实无力承担其老年人的养老负担，这时政府会提供一定的救济，以保障其基本生活需求。但总体而言，当时尚未建立针对全体老年人口的养老保障政策，家庭养老依然处于支配地位。

（二）家庭养老与集体养老结合时期（1957—1978 年）

自 1957 年建立人民公社制度以来，我国始终将建设社会主义工业化国家作为国民经济发展的目标。1953 年，我国开始了农业社会主义改造，依据典型示范以及自愿互利的原则，在我国农村引进农业合作社，并于 1956 年年底建成了高级农业生产合作社。这是我国农村经济发展的重要里程碑，预示着我国农村集体经济制度的建成。我国于 1956 年颁布的《高级农业生产合作示范章程》更是规定了对于农村丧失劳动能力、生活没有保障的人群给予生活上的安排和照顾，为年幼人群的教育和年老人群的生养死葬提供依靠与保障。

1958 年，我国农村实行农业生产合作社合并为人民公社的制度，

---

① 陈婷、马晓慧、刘伟忠：《新型农村养老保险的问题与对策》，《经济研究导刊》2014 年第 6 期。

人民公社是一种以农民为主体的集体所有制经济模式。人民公社拥有农村的土地和生产资料，此时，生产队代替家庭成为新的经济模式下的基本生产单位，几乎所有具有劳动能力的农民都参与到人民公社中。人民公社成员的子女具有劳动能力后，就可以参加人民公社。由人民公社为广大农民群众制定分配任务，广大农民进行统一劳动，并且统一领取货币以及粮食。同时，具有部分劳动能力的老年人群体可以参与人民公社分配的简单任务，并且领取相应的粮食，直至老年人不具备劳动能力为止。1962 年，我国颁布《农村人民公社工作条例》，该条例规定，人民公社的生产队可以将其收入的一部分作为公益金，用于社会保险和集体福利。对于没有生活保障的困难群体则给予相应的补助。该项规定执行至 1978 年，人民公社的公益金已经占其总收入的17.59%，为18.12 亿元，人均为2.26 元。由此可见，虽然该阶段我国的农村保障已经有了一定的发展，但其水平还是相对低下的。

这一时期，集体经济在一定程度上破坏了农村传统的家庭保障功能。集体拥有了生产资料的经营权和所有权，在分配方式上，实行先交够国家的，留够集体的，最后农民个人获得的仅仅能够应付日常消费，很难形成积蓄，削弱了家庭的经济保障功能，并且农村集体养老也是呈现出低保障水平、低福利的保障态势。

（三）农村多种养老方式并存及传统社会养老保险探索时期（1978—2001 年）

1. 家庭养老和集体养老开始弱化（1978—1985 年）

1978 年党的十一届三中全会之后，我国农村发展发生了翻天覆地的变化。其中，最主要的一个变化就是中央开始尝试推行"家庭联产承包责任制"，与此同时，逐渐废除"人民公社制度"。这种改变扭转了农村生产经营方式，人民公社的地位逐步被取消，家庭成为社会最基本的生产经营单位。家庭联产承包责任制赋予农民土地经营权，为农村的生活和生产提供了双重保障，农村丧失劳动能力的老年人能够通过家庭实现居家养老。由此，人民公社时期的集体养老模式逐步消失，但是新的制度并没有建立起来，在这种情况下，农村的养老保障再次从集体养老保障转向家庭养老保障。

然而，受到社会经济因素的影响，家庭结构的"小型化"趋势愈发显著。农村人口向城镇转移的现象日益普遍，而且转移的人数规模不断增大。再者，受到国家计划生育政策的影响，农村人口数量发展速度明显减慢。此时，如果再单纯依赖家庭来养老，那么显然不切实际。而且，受到农村养老抚养比例的增加、土地保障功能的减弱、传统孝道观念弱化等因素影响，家庭养老功能不再那样突出。面对新形势，必然转变先前的养老模式。为此，我国政府从20世纪80年代中期开始，积极探索并实施新的养老模式。

2. 传统农村社会养老保险制度实施（1986—2001年）

1986年，党中央召开专门的工作会议，对新时期的农村社会养老问题进行了分析、强调与部署。会议提出，搞好农村社会养老问题，应始终坚持因地制宜的原则，对不同区域、不同条件下的农村地区采取不同的工作措施。如在经济不发达或欠发达的农村地区，核心工作只能放在扶贫救济上；而在经济中等发达的农村地区，重中之重则是残疾老人和孤寡老人的养老问题，这时可充分发挥福利工厂、养老院等在养老方面的价值；而在经济高度发达的农村地区，社区将成为农村养老的主要载体。正因为如此，此时的农村养老保险制度具有鲜明的层次性特征。而且，我国政府强化试点工作，全面贯彻落实中央的各项政策。通过试点，可及时发现相关问题，并着力解决。在此阶段，主要由民政部门来领导或主持各地的试点工作。

1991年，我国仍以试点的方式，选择部分条件成熟的地区，推行县级农村养老保险制度，取得不错的试点效果。通过试点活动，不断修补或完善预先制定的《县级农村社会养老保险实施方案》。新方案的一大变化就在于突出与农村发展实践的紧密结合，将其与农村养老保险有机结合起来，提出农村养老保障制度的根本目的在于为老年人提供基本生活保障，并且将社会与家庭两种养老保险有效结合起来，在资金的来源方面，主要来自个人自身的缴费，来自集体的补助金作为有效补充。随着农村养老保险制度的积极推进，1993年国家正式成立了专门服务于农村社会养老保险的管理机构，并制定了配套管理措施及阶段性发展政策。[①] 1995 年，民政部颁布了有关继续推进农村社会养老保险工作的相关意见，提出了构建农村社会养老保险体系的初步设想，这对于保障农民利益、解除他们的后顾之忧、落实计划生育政策、促进农村稳定具有重要意义。1998 年，为适应形势发展的需要，劳动与社会保障部门代替民政部，成为处理农村社会养老保险问题的主管部门。因为财力不足等原因，很多地区的农民参保人数呈现出减少的状态，该保险制度的推广面临着困境。由于我国农村经济水平具有明显的差异性，所以我国政府采取优先推行的方式，在那些条件成熟的农村优先试点社会养老保险制度。这样，随着各地农村社会经济水平的不断提高，推行此项制度的条件也将具备，最终营造全国普及此项制度的局面。同样地，在农村地区，商业保险制度也是逐步渗透和发展的。通过一系列有效调整，农村社会养老保险的改革之路已成必然。

（四）新型农村社会养老保险实施及城乡居民养老保险并轨探索时期（2002—2017 年）

1. 新型农村社会养老保险制度探索实施（2002—2013 年）

进入新世纪，我国社会经济发展明显提速，呈现出欣欣向荣的发展局面。然而，在快速发展过程中，一些问题也日益凸显，如收入差距拉大、区域差距拉大、城乡差距拉大等。而与之相重叠的是，农村人口的"三化"问题，即空巢化、高龄化、老龄化，而这无形中增大了农村养老问题的解决难度。从宏观角度看，我国农村老年人的数量不断攀升，而物质基础的发展速度明显滞后于此。这样，因物质基础薄弱而加剧了农村养老问题。只有不断夯实现有的物质基础，才能为解决农村养老问题创造前提条件。因经济条件的差异，我国农村的老龄化问题要明显严重于城镇，而这也是解决相关问题时必须认清的

① 崔璨:《基于底线公平的基础性保障体系建构》，硕士学位论文，沈阳师范大学，2013 年。

一种客观事实。农村养老问题难，一方面是由经济因素引起的，而另一方面也与体制、机制因素有关。就当时情况看，农村社会保障体系与农村社会公共服务体系都不够完善。面对这一瓶颈问题，我国政府采取了推行新农保等一些针对性措施，取得了显著成效。但是，这些只能算是一些治标性的措施，要想根本解决问题，应同时注重对农村老年人的物质保障与精神保障，对两方面的需求进行统筹考虑。

　　解决农村养老问题，还需建立完善的社会养老服务体系。在党和政府的正确领导下，我国的老龄事业正在有条不紊地发展之中，并获得了诸多发展成绩。例如，2000 年，中央提出社会福利社会化的发展目标，为我国社会福利事业的发展提供了崭新的契机。2002 年，中央将农村社会养老保险制度由理论推向实践，在全国范围内开展试点工作。2005 年，中央又将焦点放在老年福利服务上，通过各类社会化的示范活动，适度普惠型的老年福利服务逐渐发展为主流。养老服务作为一种产业，毕竟处于发展的初级阶段，所以产业水平并不高。但是，随着社会形势的变迁，这一产业的发展环境不断优化。因此，如何抓住新的发展机遇，也就成为此类产业发展重点解决的难题。对此，中共中央专门发布了《关于加快发展养老服务业意见的通知》，该《通知》强调，养老服务业的发展，既离不开国家有关政策的引导，也离不开政府的大力扶持，既需要社会力量来兴办，也需要各类市场来推动，而这些都是此类产业发展中必须坚持的原则。同时，该《通知》还强调，兴办养老服务业，不能单纯地依赖于某种形式，而是要将各种形式综合起来应用。如服务购买、补贴发放、民办公助、公建民营等，都是比较有效的。2008 年，中央多部门又联合发布了《关于全面推进居家养老服务工作的意见》。该《意见》对相关工作进行了规范，也提出了一些明确的目标。如进一步提高广大城市社区及农村地区的养老服务的普及率、进一步提升老年人文化活动和服务站点在农村普及率、进一步发挥综合性老年福利中心的价值。近些年，养老服务业向农村延伸的速度在明显加快。在全国范围内，许多农村地区都在加紧养老服务业建设，使此项产业朝着城乡均衡的方向发展。

2009 年，中央开始推行新型农村社会养老保险试点工作，为规范此项工作，还专门制定了《关于开展新型农村社会养老保险试点的指导意见》。在该《意见》中，不仅提出了新型农村社会养老保险的发展目标，也提出了现阶段所应采用的试点模式以及推进方式。新型农村社会养老保险开始尝试实行"基础养老金＋个人账户＋养老金"的缴纳模式，坚持政府补贴、集体补助与个人支付三方相结合的实施原则。同年，中央还颁行了《社会养老服务体系建设规划（2011—2015）》。该《规划》中强调，在此项建设过程中，政府应当积极发挥好主导作用，给予政策与资金方面的支持，同时要充分调动各方参与的积极性，对各项工作做出全面统筹安排。该《规划》中提出，通过五年的努力，以期建立一套协调于我国社会经济发展水平，适应于我国人口老龄化进程的社会养老服务体系。2013 年，中央结合养老服务业的发展现状，制定了《关于加快发展养老服务业的若干意见》。该《意见》的核心内容就是如何进一步加快此项产业的发展，并提出了到 2020 年的发展目标，即覆盖城乡、规模适度以及功能完善。而且，到那时，养老服务市场将步入成熟的阶段，养老服务产品也将更加丰富与完善。

2. 城乡居民养老保险开始并轨（2014—2017 年）

一直以来，我国社会保障制度采用的是"二元思路"，导致城乡差距不断拉大。为此，党和政府及时调整发展思路，提出"城乡统筹发展"的新思路。我国的城乡居民养老保险，长期采用独立实施的模式，使其呈现出明显的分轨状态。直到 2014 年，这一状况才有所好转，政府适应新形势发展的需要，转变实施模式，坚持合并实施的新模式，使得并轨步伐在加快。其中，最具代表性的措施就是提出《关于建立统一的城乡居民基本养老保险制度的意见》，明确如何实现并轨的顺利过渡，并按照公平正义的原则，规范并轨后的制度模式、资金筹措、待遇支付等各项相关内容。人社部、财政部联合印发了《城乡养老保险制度衔接暂行办法》，并于 2014 年 7 月 1 日正式实施。该政策作为城乡统一养老保险制度出台实施后的又一重大突破，力争解决城镇参保职工与城乡居民两种养老保险制度的衔接难题。该《暂行办法》重点阐释了两种保险制度有效衔接的时点、衔接模式、资金划转方式、待遇支取、办理流程等多个细节问题。该《暂行办法》的贯彻落实，有助于维护进城务工人员应当享有的参保待遇，有助于推动城乡社会保障一体化建设，加快城镇化建设的步伐。

二　建国以来中国农村养老保障制度变迁的主要成效

回顾建国以来我国农村养老保障制度的发展历程，可以概括为三次大的制度变迁，总体上表现出以家庭保障为主逐步转变为家庭、集体、社会、国家等多元的养老保障制度。第一次变迁是新中国成立以后，逐步建立起以家庭养老保障为主、社会救济为补充的互助式养老保障制度。第二次变迁是1956年，随着农业合作化运动的推行，建立起集体养老保障制度。第三次变迁是2009年以来，新型农村社会养老保险制度全面推行。这三次制度变迁，宗旨在于建立一个能够覆盖全体农民的正式的养老保障制度，使农民养老纳入法制化、规范化的轨道。经历三次变迁，我国农村养老保障制度从无到有，并且随着社会经济发展进步不断完善，保障水平不断提高，在实现养老保障的社会公平方面取得了一定的成效。

（一）农村养老保障制度的变迁是对社会公平价值理念的践行

马克思主义公平理论阐明了社会保障制度中社会公平的价值取向，即以人为本。马克思主义公平理论把实现每个人的全面自由发展作为公平正义的最终目标，体现着对人的关怀。农村养老保障制度作为社会保障制度的重要组成部分，必然以公平正义作为核心价值理念。建国以来，农村养老保障从依靠家庭养老保障和土地养老保障为主，到集体养老保障和传统农村社会养老保险制度，再到新型农村社会养老保险制度和城乡居民养老保险制度的变迁，目前形成了家庭、社会、集体、国家等多元主体的农村养老保障制度体系，这一变迁过程在不断促进和推动公平正义价值目标的实现。

新中国成立后很长一段时期，受城乡二元经济体制和城市优先发展战略的影响，城市居民享受的养老保障程度相对于农村高很多，长期以来，农村没有正式的养老保障制度，主要依靠家庭养老，即便后来实行了一段时间的传统农村社会养老保险（即老农保）也因覆盖面窄，资金筹集困难而被叫停，五保救济和低保制度作为社会救济形式只能为很少一部分老年人提供养老补助。社会保障制度作为社会发展的安全网，理应优先保障困难群体和低收入人群的基本生活。随着社会主义市场经济的发展，国家越来越重视"三农"问题，尤其是农民问题，提倡以人为本，农民是根本。尤其是进入新世纪以来，经过四十年的改革开放，我国的经济社会发展步入了一个新的历史阶段，农村经济持续发展，农村居民收入增加较快，农村社会和谐稳定。我国总体上已经进入了以工促农、以城带乡的发展新阶段，经济社会的发展也已经进入了更加注重民生的时代，一系列针对农民的改善民生的保障措施纷纷出台。把保障和改善民生作为保增长的出发点和落脚点。我国农村养老保障制度披荆斩棘，经历了一个个的突破，从而获得了如今的发展成绩。如 2009 年提出的"新型农村社会养老保险"，就是此方面的最好例证。对比新农保政策实施前后，总体保障水平有了显著提升，社会各方力量的参与积极性也不断提高。近些年，我国在社会保障制度建设方面更加强调公平性，目的是让农民与城镇居民一样，享受到基本的养老保障。为此，党和政府决定在全国建立统一的城乡居民基本养老保险制度。当然，这种统一并不能抹灭城乡差距较大的事实。但共享社会保障目标的提出，预示着我国社会保障制度又向前迈出了坚实的一步。

另外，还有农村新型合作医疗制度，虽然不是专门针对农村老年人设立的，但是在农村老年人的养老保障方面也发挥了重要作用。新型农村合作医疗制度，是指由政府组织、引导、支持，农民自愿参加，个人、集体和政府多方筹资，以大病统筹为主的农民医疗互助共济制度。这一制度能够有效解决农民尤其是农村老年人的因病致贫和因病返贫的现象，2008 年就基本实现了全面覆盖的目标。目前，新型农村合作医疗制度已经成为我国参保人数最多的社会保障制度之一。

"实现社会公平正义是中国共产党人的一贯主张，是发展中国特色社会主义的重大任务。"① 新型农村社会养老保险制度和新型农村合作医疗制度，实现了农民养老保障制度从无到有的突破，是前所未有的历史进步，标志着我国在不断健全社会保障制度尤其是针对农民的社会保障制度上迈出了重要的一步。而这种制度变迁和进步，源于中国共产党对公平正义这一价值目标始终不渝的追求，也表明了中国共产党在着力保障和改善民生，促进社会公平正义方面的坚定决心。

（二）农村养老保障制度的变迁不断凸显社会公平的成效

1. 注重共享，养老保障制度的覆盖面和保障水平大大提高

公平是社会主义社会的本质要求，平等共享社会改革发展成果是每一个农民应有的权利。"老有所依、老有所养"是每个人的朴素愿望。过去，受限于社会发展水平，社会养老保障体系覆盖面窄，保障水平较低，在农村保障水平更是极其有限，"养儿防老"成了亿万农民长期依赖的主要养老方式。2009 年新农保的推出，改变了农民单纯依靠个人家庭养老的模式，把除在校学生外的年满 16 周岁（没有参加城镇职工基本养老保险）的农村居民列为参保对象，使农民像城市居民一样拥有了养老权利，享受到了公平的机会。2014 年 2 月，国务院决定合并新型农村社会养老保险和城镇居民社会养老保险，这是我国首次在社会保障和福利问题上消除城乡二元体制，在承认差距的情况下缩小城乡差距，共享社会保障，标志着我国农村养老保障制度的改革和发展迈出了具有里程碑意义的一步，更标志着农村养老保障制度朝着公平正义迈出了重要的步伐。

2. 注重平等，养老保障制度规则日益公平

目前，农村养老保险制度是农村养老保障制度中最重要的一种制度形式。现行的新型农村社会养老保险制度相比于以前的"老农保"，越来越注重规则公平、过程公平。"老农保"基金县级统筹，统筹层次低，保障水平也很低。"新农保"实行养老保障基金省级统筹，统筹层次提高，也在一定程度上降低了风险，保证了养老金的充

---

① 《十七大以来重要文献选编》（上），中央文献出版社 2009 年版，第 13 页。

分给付。2014 年之后实施的城乡居民社会养老保险正在逐步实现由省级统筹向中央统筹的转变，进一步提高统筹层次，提高筹集力度，完善农村养老保障制度，使农村养老保障的制度规则更加公平。另外，"老农保"缺乏社会的监督和约束，一般是县级自身监督，容易产生一些基金使用不规范的问题。而"新农保"，国家成立了专门的养老保障基金的审计部门，负责对基金的监督，使资金使用更加规范，促进农村养老保障金的公平性实现。

3. 注重结果，农民享受到的养老保障水平渐趋提升

农村养老保障制度实施的结果是衡量其公平性的一个重要指标，而农民享受到的养老保障水平是实施结果的重要标志。国家财政社会保障支出逐年上升，1999—2009 年，财政社会保障支出从 1197 亿元增加到 7606 亿元。2010—2016 年，财政社会保障支出由 9130.62 亿元提高到 21591.45 亿元。自新型农村社会养老保险制度实施以来，我国用于农村社会养老保险的支出数额也迅速增长，由 2009 年的 76 亿元上升至 2015 年的 1543 亿元，农村养老保障的水平逐年提高。另外，"老农保"的缴费标准是每年 20 元，"新农保"缴费档次最低是 100 元每年，从 100 元到 500 元五档标准，养老保障水平较从前有了很大的提高。城镇居民交费 10 档标准，每年从 100 元到 1000 元，两项制度合并后，保留原来 100—1000 元的缴费标准，同时又增加了 1500 元和 2000 元两档标准。这样农村居民如果有经济能力可以按更高的标准交费，以后可以获得更多的养老金。

（三）农村养老保障制度的改革方向是对社会公平目标的追求

长期以来，"城乡分治"是我国社会的基本格局，在很长一段时间内，城市以剪刀差的形式积累了工业资本，城镇人口享有高福利、高待遇、高补贴等相对完善的社会保障。而在农村，只有合作医疗、社会救济等低层次的社会保障。在养老保障制度方面，城乡差异更加明显，与城市相比，农村长期处于正规养老保障制度的真空地带，一直到 2009 年，新型农村社会养老保险制度推行，农村养老保障制度的建立和发展进入了一个新时期，经历了试点、全面推行、全面覆

盖，目前又实现了与城镇居民养老保险制度的并轨，形成了家庭、集体、社会等多层次的、多元主体的农村养老保障制度。维护社会公平，是养老保障制度安排的基本出发点，也是目前及未来养老保障政策实践的基本归宿，农村养老保障制度的保障范围不断扩大，保障待遇不断提高，保障程序逐步公正等，都是对社会公平目标的不断追求。

党的十八大以来，以习近平同志为核心的党中央以保基本、兜底线、促公平、可持续为准则，做好民生保障制度改革工作，努力让基本公共服务阳光照亮 13 亿人，满足人民群众最基本的生活需求。农村养老保障制度改革目前成为国家十分关注的领域，建立统一的城乡居民养老保险制度，逐步完善职工和城乡居民制度转移接续的工作流程、制度安排和政策衔接是新时期迈出的重要一步，也是实现养老保障制度社会公平目标的重要战略举措。《中华人民共和国国民经济和社会发展第十三个五年规划纲要》中指出，按照人人参与、人人尽力、人人享有的要求，坚守底线、突出重点、完善制度、引导预期，注重机会公平，保障基本民生，不断提高人民生活水平，实现全体人民共同迈入全面小康社会。坚持全民覆盖、保障适度、权责清晰、运行高效，稳步提高社会保障统筹层次和水平，建立健全更加公平、更可持续的社会保障制度，实现全民参保，健全社会救助体系，提高社会福利等。因此，农村养老保障制度的改革和完善，近期目标可以是低水平的、多层次，但应无漏洞、无缺位，能够保障农民的基本生活，中期目标应是覆盖全民，水平适度，以不断增进国民福利；长期的目标应该是制度统一，覆盖全民，全面实现社会公平，整个社会和谐发展。

三　建国以来中国农村养老保障制度变迁的主要经验

(一) 农村养老保障制度必须有坚定的理念与科学的定位

梳理历史发展的脉络，我国农村养老保障事业自新中国成立后总体上呈现不断发展的趋势。但是，目前养老保障制度的城乡差距依然非常明显，导致其应有的经济支持价值无从发挥。而且，在现实情况下，要想建成统一的社会保障制度体系绝非易事。无论是计划经济时期还是实行市场经济以来，我国农村社会养老保障制度都出现了一些脱离实际的做法，比如计划经济时期过分强调公平，搞平均主义，实现的是低水平的集体保障，没有效率，或者是将已经实施的保障方案停止，又或者对应当加强的保障制度重视力度不够，这些缺乏连贯性政策的做法都反映了在农村社会养老保障制度建设方面的理念不明确、定位不准确的问题。长期以来，我国往往把社会养老保障制度作为政治或经济目标的附属物，却经常忽视其原有的制度属性。对于社会保障制度，其所处的经济体制不同，定位方式也有所不同。这样，我国经济体制实现了"计划经济体制"到"市场经济体制"的转变，而与之相应的是，社会保障制度的定位也实现了由"政治运动的副产品"到"经济体制改革的服务者"的转变。按照制度独立性的要求，社会保障制度应具备一定的独立性。然而，现实情况是，受各方因素的干扰或干涉，其独立性特征并非十分突出。社会保障制度的发展速度与质量之所以不甚理想，与此方面的因素有着直接关系。

另外，社会养老保障制度缺乏独立性，也是由于缺乏相关具有权威性的社会养老保障法律法规做支撑。一直以来，全国各省区市的农村社会养老保险方案或者办法基本上都是在国家出台的基本方案的基础上稍作修改形成的，因此地方具体的实施制度各种各样，呈现出明显的"碎片化"状态。由此可见，农村养老保障制度建设要想有所成效，前提是准确定位此项建设的目标和方向。

（二）经济发展水平是农村养老保障制度建设和发展的决定性因素

马克思主义告诉我们，生产力决定生产关系，生产力的发展是社会发展的最终决定力量。一个国家社会发展水平的高低，起决定性作用的应为生产力发展状况。同样地，任何制度的发展，也应建立在生产力发展的基础之上。对于农村社会保障制度而言，同样也是如此。

改革开放以后，我国逐步建立起"家庭联产承包责任制"，而不是再搞大锅饭。究其根源，是市场经济取代计划经济，为此项制度改革创造了条件。当然，那时的社会保障制度尚不具备现代意义，土地在当时承担着双重功能，即社会保障功能与生产资料功能。而就在当时条件下，这种土地保障功能体现出较强的低层次性与不确定性。在这种情况下，新农村建设的主题理应放在"摆脱农民对土地的过分依赖"上。为此，国家开始大力发展农村社会保障事业，推动着农村社会保障制度的不断完善，并成功实现了制度的新旧更替。而在日益强大的经济力的推动下，我国新型农村养老保险的覆盖面也逐步增大，目前已基本囊括全国。但是，在现有环境下，若依然保持农村养老保险制度的单轨运行，则其后果难以想象。将其与城镇居民养老保险制度并轨，是现实所需，更是社会保障事业发展之需。

（三）政府在农村养老保障制度安排中发挥主导作用

在 1949 年至 1978 年间，我国政府的工作重心放在恢复和发展国民经济上。城市经济与工业发展受到政府的高度重视，而与之形成鲜明对比的是，农村经济与农业则长期被忽视。这种主次地位的差异，严重限制了农村养老保障制度的发展。在当时条件下，农村养老保障制度只能维系集体保障模式。而改革开放以后，这种状况得到了根本性的改观，各项工作正朝着稳定、有序的方向发展。但是，上述影响已根深蒂固。在养老保障制度方面，城乡差距不仅没有消除，反而越拉越大。这种不平衡的发展局面，俨然已成为农村养老保障制度的瓶颈。在此形势下，政府必须充分发挥自身主导作用，强势参与其中。党的十八大以来，国家比以往任何时候都更加重视民生建设和社会公平，党的十八届三中、四中、五中全会都聚焦社会保障体制的完善，关注养老问题，逐步推进城乡居民养老保险并轨。这种转变是适应时代发展的新举措，是触及养老保障深层次矛盾的开端，但是表明了政府建立城乡统筹的养老保障制度的理念和决心。党的十九大报告指出，"必须始终把人民利益摆在至高无上的地位，让改革发展成果更多更公平惠及全体人民，朝着实现全体人民共同富裕不断迈进"，

"加强社会保障体系建设。全面建成覆盖全民、城乡统筹、权责清晰、保障适度、可持续的多层次社会保障体系"。大量的实践证明，农村养老保障制度的建立、完善与发展，离不开政府。若政府能够充分发挥自身的主导作用，则会极大促进此项制度建设。当然，这种作用也存在一定的有限性，并不能万能地解决任何问题。对此，在此项制度建设过程中，政府首先准确定位自身的角色。除了政府主导作用以外，市场的推动作用、社会各方力量的促进作用也是不可或缺的。

（四）维护农村养老保障制度中的底线公平

实现社会公平是社会主义制度的本质要求。社会主义的分配制度必然体现社会公平，这是由生产资料的社会主义公有制决定的。坚持以公有制为主体的经济制度，是实现底线公平理论的制度基础和保证。马克思认为，"在人类全部经济活动中，生产、分配、交换、消费构成一个完整的链条，一个相互依存相互统一的内部整体"，"生产力发展水平决定了各个环节以及各个要素相互作用的关系"[1]。在马克思主义看来，公平是相对的、历史的，也是具体的，不存在任何超越特定历史条件的永恒的抽象的公平，"不同国家、不同地区都会存在经济发展的不平衡性，并且只能将这种不平衡性缩小到最小范围，但无法真正消除"[2]。只有在个人公平的基础之上才能真正建立起社会的公平，社会公平是社会价值的一种判断。借助于该判断，在反映人与人之间的利益联系的时候，存在着较大的主观性，基于此，无论是在政策的制定还是在实施方面，其在客观的标准的提供方面都存在着较大的问题。[3] 在解决这个问题的过程中我们所提出的底线公平显然具有十分重要的价值，最大限度地提取全部个体拥有的共同部分让渡给全体成员同等享有。换句话说，底线公平要维护基本权利一致性这条底线，底线以下的部分要保障绝对公平，这条线以上允许适

---

[1] 《马克思恩格斯选集》第2卷，人民出版社1995年版，第17页。

[2] 《马克思恩格斯全集》第19卷，人民出版社1963年版，第8页。

[3] ［英］米尔恩：《人的权利与人的多样性：人权哲学》，夏勇等译，中国大百科全书出版社2005年版，第125页。

当差异存在。

当前，我国农村社会经济水平总体上要低于城镇，不平衡成为两者对比的最突出表现。现阶段，国家反复强调"底线公平"，并将其作为一种基本的理论框架，来指导和规范农村养老保障体系建设。而其主要内容集中体现在两种制度上：一是大病统筹的合作医疗制度；二是农村老年人的最低生活保障制度。其中，与社会保险或社会福利不同，最低生活保障制度的基本功能是满足特定人群的基本生存需求。而农村合作医疗制度的基本原则在于保障人的生命健康权，尤其是面对因病致贫的现象，这项制度的功能更加突出。另外，农村社会养老保险在一定程度上也应是基于底线公平的农村社会养老保障制度的重要内容。

四　当前农村养老保障制度实施中存在的问题

（一）政府养老保障意识和制度存在城市偏向，农村养老保障制度规则缺乏公平

长期以来，我国政府在制度设计、政策制定等方面存在着重工轻农的偏好，主要原因在于新中国成立以后，我国政府迫于当时的经济社会发展现状，采取了优先发展重工业的战略，重视工业化和城市化的推进。因此，在较长一段时间内，我国改革发展的重心都在城市，社会保障制度的建设和发展也是如此，长期以来，社会保障制度建设主要以城市人口为主，而农村人口被排斥在外。

就养老保障制度而言，新中国成立后较长一段时期内，农村的养老保障没有比较正规的制度体系，而是以政府救济和集体福利为主。政府专门针对农村养老保障的制度规定数量非常有限，而且多种规定都因缺乏实施细则和可行性而被叫停。不可否认，进入新世纪以来，尤其是党的十六大以来，国家针对农民的社会保障日益重视，对农村民生事业的发展关注度日益加强，也出台了一些政策。2009 年，国务院出台了《关于开展新型农村社会养老保险试点工作的指导意见》，2012 年基本实现了新型农村社会养老保险制度的全面覆盖，这

是我国历史上农村养老保障制度的重大突破，但是目前来看实际实施效果距离制度目标还存在差距。农村养老保障制度的建立和完善起步晚，与城市保障水平相比还存在较大差距。

（二）家庭养老和土地保障发挥重要作用，但保障能力有限，阻碍社会公平的实现

在我国，家庭养老习惯由来已久。而且，作为一项制度，它也有着悠久的历史。俗话说，"养儿防老"，这正是家庭养老思维的体现。而作为一种传统的养老模式，它对我国养老事业的发展带来了深远的影响。在相当长一段时期内，在家养老与子女养老是一体的。而且，家庭养老模式并不是社会的选择，而是自然的抉择。当家庭成员遇到生命危急时，其他家庭成员会为其提供基本生活的保障，而这种保障即所谓的家庭保障。众所周知，家庭具有多项功能。而对比发现，其经济功能体现得最为突出，而社会保障功能则要弱得多。在农村社会保障制度建设过程中，家庭的主导作用不会改变。此外，从现实的角度讲，家庭养老的根基是较为牢固的。另外，在我国家庭养老也有着深厚的现实法律、经济和文化基础，比如国家颁布实施了《中华人民共和国继承法》《中华人民共和国老年人权益保障法》等对家庭养老予以规范强制，但这并不意味着我国农村家庭养老已经达到了一个很高的水平。对我国农村发展情况进行分析后发现，我国的农村家庭之所以会成为农民人群基本生活保障的主体，不是因为农村家庭具有一定的经济实力，从而具有自我保障能力，而是因为我国的农村公共保障水平远远低于城市水平，有些地区的农村甚至不具有公共保障。农村家庭的生产和经营是农民进行自我保障的经济来源，其经济实力决定了保障功能的强弱。随着社会的变迁与发展，传统家庭养老模式的弊端逐渐凸显，并面临如下几种挑战：

第一，农村家庭的小型化倾向日益显著。其中，核心家庭呈现增长态势，而家庭户的平均规模却呈现降低态势。据专家预测，未来的家庭规模仍将以小型化发展为主流。受此影响，我国老年人口也在大幅增长。依据最新一期人口普查数据，60 岁及以上的人数比重为

13.26%，而其为单身户或一代户的人数比重则为37.6%。① 在二胎政策放开之前，我国实行计划生育政策，严格控制人口的数量。因此，自从此项政策实施以来，我国独生子女的家庭比重不断攀升，这无形中增加了养老的难度。再者，目前许多家庭都采用的是代际分离的居住模式，老人和子女分居两地，有的家庭甚至相距甚远。在这种情况下，老年人的生活起居只能自己来负责，养老的需求往往无法得到满足。此外，在现实中，有些独生子女收入并不高，无力承担起养老的重任。以上这些原因，直接或间接地导致了养老难的现状。

第二，传统的家庭养老功能不断减弱。如今的家庭独生子女居多，他们要将大部分精力放在生活与工作上，经常无暇顾及年迈父母的身心健康。这是造成养老难问题主要的客观因素。而在主观方面，他们大多秉承传统思想观念，重幼轻老，照顾子女与赡养父母的时间严重失衡。情况更为糟糕的是，部分青年人存在不养老的问题，没有认真履行应尽的赡养义务。为了进一步维护老年人的合法权益，解决养老难的问题，我国立法机关制定和修改部分法律。其中最具代表性的就是2012年审议通过的《老年人权益保障法修订草案》，从法的角度来确保老年人安享晚年。当然，该草案实施起来，仍会遇到许多阻碍。如其明确规定要"常回家看看"，而这对迫于生计外出打工的农民工来说是很难办到的。部分法条可操作性差，是该草案的最大弊端。2013年，修订后的《老年人权益保障法》实施以后，有一项网上社会调查——不能"常回家看看"难在哪儿？有90%以上的网民认为"常回家看看写入法律"有利于老人的身心健康，也有利于中华民族传统的孝道精神。但是人们不质疑"常回家看看"入法的合法性，质疑的是其合理性，因为在实际生活中，我们很多人并不是不想做到，而是不能做到"常回家看看"，那么"常回家看看"难在哪儿？在调查中，有86.2%的人认为："漂泊使得无法顾及空巢老人"。由于城市化进程加快以及人才流动加速，农村中许多年轻人远离家乡到城市打工或赴异地、异国生活，造成大量空巢家庭。数据显示，

---

① 《全国第六次人口普查汇总数据》，中华人民共和国统计局。

2017 年年末，全国农民工总量达到 28652 万人，比上年增加 481 万人，而且就目前情况看，这一数据还有不断增长的趋势。因此即使"常回家看看"，一年也不过一两次，对排解老年人的精神寂寞作用十分有限。

第三，农村老龄化程度不断提高，家庭养老负担不断加重。通常情况下，人的患病概率会随着年龄的增大而不断增高。而且，年龄越大的人，康复的难度越大。而且，治病既需要人力来照顾，也需要耗费大量的资金。再者，老年人的自理能力随年龄增长而不断减弱，在很多情况下，他们必须依赖于家人的照料。因此，很显然，农村老龄化问题越严重，则养老的难度就越大。而且，在现实中，养老难会滋生出诸多的问题，如经济供养方面的问题、生活照料方面的问题、精神慰藉方面的问题等。而这些问题，都是养老过程中必须认清的客观事实。

第四，家庭养老存在着区域性差异，地区之间发展不均衡。不同地区家庭养老在农村养老中的地位和内部功能的倾向性等都存在着比较明显的地区差异。在经济比较发达的东部沿海地区，家庭养老的地位逐渐减弱，很多农村老年人愿意参加集体养老或者能够实现自我养老，也有一定的经济能力自愿参加农村社会养老保险。另外，在经济比较发达的地区，家庭养老的主要要求不再是经济支持，而对精神慰藉和生活照顾提出了更高的需求。而在经济欠发达地区，很多农村老年人没有经济能力实现自我养老或者参加社会养老保险，还主要依靠家庭养老，并且获得经济支持是首要任务，而对于精神慰藉要求还比较低。

我国农村要想长期存在与发展，必须依赖于土地保障。而且，农民的任何生产经营活动，也必须依赖于土地保障。一直以来，我国农民与土地之间形成了一种完全依赖关系。而随着时代的变迁与发展，依赖程度逐渐减弱，两者的关系也发生了微妙变化。此时，农民的基本生活需求，单纯依靠土地保障根本无法满足。具体而言，首先，随着农业科技的发展，农业生产过程中的技术含量逐渐提高，如良种、良肥、良法，是对农民生产的基本要求。如若不然，则很难增加产量和收益。但是，市场供求关系状况，往往决定着农产品的价格。在经济全球化的背景下，我国农产品所面临的竞争形势更加严峻。而这必然会增加农业生产的风险，导致出现投入高而收益低的窘况。这时，土地收益很难满足农民基本的医疗、养老需求。而农民对土地的认识也会发生新的变化，对其依赖程度逐渐降低。其次，我国农村耕地面积不断减少，这是一种客观事实。而且，近些年的递减速度，呈不断加快的趋势，如今已经达到 500 万亩/年的递减程度。而受此影响，农村的剩余劳动力会不断增长。而且，科技因素影响农业生产，又会导致部分劳动力闲置。在这种情况下，农民对土地的依赖度也必然受到影响。最后，土地要想发挥自身的保障作用，需要建立在与劳动者密切结合这个前提之上。此时，若劳动者出现年迈、生病等情况时，两者的密切程度会不断减弱。受此影响，土地的保障功能不断减弱乃至消失。此外，在现实中，大量的农村土地用于非农业生产，如农村集体非农利用、开发商圈地、国家征地等都会导致土地面积的缩小与土地保障功能的减弱。现阶段，农田耕种不再是农民赚钱的最佳途径，这也显现出农村土地的保障功能可持续性不足的困境。农民从土地中能够获得的生活和发展保障逐渐缩小，两者之间不再是早期的过度依赖关系。因此，农民生活保障单纯依靠土地获取收入已经不再贴合实际。

（三）最低生活保障制度城乡二元分治，有悖于社会公平理念

最低生活保障是社会保障体系的核心组成，目的在于为公民提供最基本的生活保障，稳定社会发展进程。随着经济的发展，我国农村最低生活保障的覆盖范围和保障力度不断扩大，制度本身及配套政策也逐渐得到完善。然而，经实地调查研究发现，我国农村低保政策在实际落实过程中凸显出诸多潜在性问题，并且这些问题的存在严重影响了我国农村最低生活保障制度的健康发展。

首先，按照相关规定，当农民生活水平低于最低生活保障标准时，就会从国家获得相应的补助。然而，在此标准的制定方面，其科学性与统一性都比较欠缺。当然，在此过程中，也要充分结合我国地

区差异大的基本国情。根据各区域的实际情况，制定出相应的最低生活保障标准。而在标准质量方面，各区域差异也比较大。那些经济发达地区所制定的标准要明显规范于其他地区。而且，其标准的完善程度也要高得多。举例说明，有些经济发达的地区制定最低生活保障标准，主要依据的是预先整理出的各类基本生活必需品的市场价格。[①]从实际实施效果看，这些标准切合当地实际，具有较强的可操作性，总体效果较佳。然而，那些经济欠发达或者不发达地区，制定最低生活保障标准完全依赖于国家每年公布标准，导致制定标准与实际严重不符，无法具体操作。此外，有些地区制定此类标准，未能认真结合与民众息息相关的就业、物价等各类需求，极大地削弱了标准的保障功能。

其次，我国最低生活保障标准存在明显的城乡差异，呈现出的是一种城乡二元结构，这与标准制定时所倡导的公平公正原则相背离。在最低生活保障方面，"厚城薄农"的现象长期存在，产生了极坏的社会影响。而从实际情况看，农村贫困人口的数量远多于城市。相比于城市，农村更需要进行最低生活保障。而且，城市与农村的最低生活保障对象也有所区别。对于城市来说，那些传统的贫困群体、城市失业人员、农民工群体才是保障的对象。而对于农村来说，对象较为单一，主要针对失去劳动能力的贫困人群。可见，城市受到最低生活保障的人数要远多于农村。而且，城市的最低生活标准也要高于农村。很显然，这有失公平，长此以往不利于和谐社会的发展。依据权威部门统计资料，2013 年，我国城市最低生活保障人数为 2078 万户，最低生活保障支出达到 508.50 亿元，最低生活保障支出水平为 241.34 元/月；而农村最低生活保障人数为 5356 万户，最低生活保障支出为 566.3 亿元，但最低生活保障支出水平仅有 106.43 元/月。截至 2014 年年底，全国共有城市最低生活保障人数 1026.1 万户、1877.0 万人，全年各级财政共支出城市低保资金 721.7 亿元，其中中

---

① 何惠珍：《农村社会保障制度建设难题及其破解》，《湖南社会科学》2013 年第3 期。

央财政补助资金 518. 88 亿元，占总支出的 71. 9%。2014 年全国城市低保平均标准 411 元/人·月，而全国农村低保平均标准 129 元/人·月。①2015 年，全年各级财政共支出城市低保资金 719. 3 亿元，平均标准 451. 1 元/人·月。全年各级财政共支出农村低保资金 931. 5 亿元，平均标准 264. 8 元/人·月。② 截至 2016 年年底，全国有城市低保对象 855. 3 万户、1480. 2 万人。全年各级财政共支出城市低保资金 687. 9 亿元。2016 年全国城市低保平均标准 494. 6 元/人·月。全国有农村低保对象 2635. 3 万户、4586. 5 万人。全年各级财政共支出农村低保资金 1014. 5 亿元，全国农村低保平均标准 3744. 0 元/人·年。③ 在低保标准方面，城乡差距越拉越大，而这必然会限制底线公平的发展。与此同时，在实物救助方面，城乡差距也非常明显。究其原因，主要在于城乡配套设施的差异。此时，最低生活保障管理部门在执行过程中会遇到两种截然不同的状况，即农村执行困难而城市执行容易。此外，在实际执行方面，城乡差距仍然较为突出。在农村，指导执行的文件是《关于建立农村最低生活保障制度的通知》，其内容笼统、单一，不便于实际操作。

最后，在确定享受最低生活保障的对象范围上显失公平。依据标准，享受最低生活保障的家庭全部年平均收入在当地最低生活保障线以下的贫困居民。但是，该标准忽视了家庭总收入水平。家庭作为社会的基本组成，各个成员之间不仅存在血缘关系，在经济上也存在较大的依靠性和互助性。当前以家庭人均收入水平来判定是否应该享有最低生活保障显失公平，无法反映家庭的真实收入情况，也就无法确保这一制度帮助真正有需要的贫困家庭。并且，人们获取收入的方式和渠道不同，因此各级地方政府及主管部门在落实最低生活保障执行标准时，必须充分考虑不同收入类型及居民收入总额等现实条件。这就给主管部门的工作提出了更高的要求，一方面要充分完善收入评价

---

① 《2014 年社会服务发展统计公报》，中华人民共和国民政部。
② 《2015 年社会服务发展统计公报》，中华人民共和国民政部。
③ 《2016 年社会服务发展统计公报》，中华人民共和国民政部。

和考察体系，另一方面又要求能够确保在审核标准方面具有统一性。但各级地方政府及主管部门在政策执行时，往往采取一刀切的粗放式工作方法，甚至有些地区将居民资格审查流于形式。因此，在农村地区很多真正贫困的家庭没有享受到这一惠民政策，相反，一些家庭收入尚可的居民却在最低保障范围内。此外，部分地区没有做好最低生活保障的后续调查和跟进工作。

（四）社会养老保险存在较多问题，一定程度上影响社会公平的实现

农村养老保险是国家和社会为满足农民的养老需求而提供的基本生活保障方式之一。目前，我国绝大多数农民依旧主要靠传统的家庭养老度过晚年。近年来我国农村家庭结构的重大变化和家庭负担中老年系数的攀升，养老逐渐成为传统家庭无法担负的重任。这一难题的解决最终需要的国家和社会的力量，社会化养老必将替代家庭养老，这也是农村养老模式发展的必然方向。2009 年以来，新型农村养老保险试点工作正在有条不紊的推进之中，取得了较好的试点效果。然而，在试点过程中，仍反映出许多问题，如农民参保积极性不足、保险覆盖率不高等。而且，随着实践的不断发展，各类新矛盾、新问题仍将不断涌现。

1. 新型农村社会养老保险制度存在较多问题，在一定程度上影响了社会公平的实现程度

相较于传统农村养老保障制度，新型农村社会养老保险制度做出了许多改进，尤其是制定理念与制度设计两方面。而且，养老保障模式也发生了新的变化，以普惠式为主导。再者，由于政府积极作为，在养老保障方面划拨了大量财政资金，使得总体保障水平有了显著提高。

（1）覆盖面有所增大，参保人数不断增加。面对社会发展的新形势，农村社会养老保险制度也逐步完成了由传统到新型的过渡。而新型农村社会养老保险制度，保障范围已超出了五保户、贫困户的限制，更多的老年人因此而获益。这说明，新制度的保障性更强，同时

还兼具了社会互济性、福利性等特征。因此，综合评定，新制度更加切合农村实际，也更加有利于保障农村老年人的基本生活。在 20 世纪末，我国政府有关部门就明确了"农村社会养老保险的对象"。只有那些无须国家供应商品粮的农村人口，才是所需保障的对象。当今社会，广大农民的投保意识并不强。而且，多数情况下，他们的投保行为都是在村委会的统一组织下完成的。农民是否具有投保资格，也多是由村里具体判断。当然，由于各区域实际情况不尽相同，所以调整也在所难免。例如，有的农村地区严格限制参保年限，规定只有20—60 周岁的人才能购买养老保险。很显然，这样的规定直接否定了老年人的参保权利。为此，他们的"老农保"的资格也将丧失。在此政策的"打压"下，整个地区的参保率非常低，这引起了当地民众的严重不满。针对这种情况，我国政府重新调整养老保险政策，施行新的农村社会养老保险制度。按照有关规定，只要年满 16 周岁，就有资格购买养老保险，参保年限明显放宽。而且，在参保方面，采取自愿的原则，有参保需求的人可在户籍地办理参保事项。① 此外，在养老金方面，也重新调整了领取的条件，对于同时满足"年满 60周岁"和"未享受城镇职工基本养老保险待遇"两项条件的农民，可不再缴纳参保费用。而同时，他们还会以定期的形式获取相应的基础养老金。针对保险资金获取渠道不够畅通的问题，我国政府做了及时疏通，逐渐形成三渠道同时补给的局面，即个人所缴纳费用、集体补助、国家补贴。② 根据事先确定的参保档次，参保人要缴纳一定的保费。为减轻参保人的经济负担，国家可能会给予一定的补贴，有些村集体也可能给予部分补助。现如今，农村居民的收入在不断增加，参保意识也在逐渐增强。在这种情况下，我国农村参保人数也呈现出不断上升的趋势。到 2013 年年末，已经接近 5 亿人参加，覆盖面和参保人数相对于"老农保"来说大大增加。

① 《国务院关于开展新型农村社会养老保险试点的指导意见》（国发〔2009〕32 号），2009 年 9 月 4 日，中国政府网（http://www.mohrss.gov.cn/gkml/xxgk/201407/t20140717_136099.htm？keywords＝新型农村）。

② 同上。

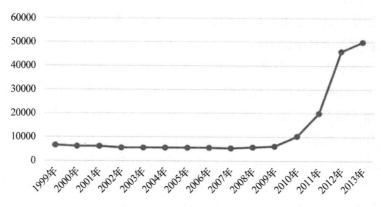

图 2 - 1　1999—2013 年农村养老保险参保人数（单位：万人）

由上图可明显看出，在 1999 年至 2008 年的近十年间，我国农村参加社会养老保险的人数基本处于零增长甚至负增长的状态，直至 2009 年我国开始在农村地区广泛推广养老保险试运行工作后参保人数才开始直线上升。

（2）政府责任明确，保障水平提高。较之老农保，新农保的一大亮点就在于明确了政府和集体的相关责任。在老农保当中，虽然也存在个人、集体、政府三种资金获取渠道。但是，集体和政府所供给的资金十分有限，大部分保费由个人来承担。很显然，参保人的经济压力比较大。在新农保当中，政府责任与集体责任也给予了明确的界定。就政府而言，它要对基础养老金部分进行全额补贴，对其他部分通过财政转移支付的方式给予适当补贴。而从补贴来源的角度看，地域差距非常明显。如在中西部地区，所有补贴全部来源于中央财政；而在东部地区，一般的补贴来源于中央财政，而另一半补贴则来源于地方财政。① 地方政府对补贴标准设置了 30 元/年的最低限制。在实际中，各地政府会根据自身实际情况，在国家统一标准的基础上，进

①《国务院关于开展新型农村社会养老保险试点的指导意见》（国发〔2009〕32 号），2009 年 9 月 4 日，中国政府网（http：//www. mohrss. gov. cn/gkml/xxgk/201407/t20140717_136099. htm？keywords＝新型农村）。

行适当调整。[1]

如今，我国已建立起相对完善的社会保障制度体系。而社会养老保险制度作为其中的一环，也在不断完善和发展之中，为广大民众的基本生活需求提供了坚实的保障。尤其是面对劳动能力丧失、遭受自然灾害等特殊情境时，此项制度的保障功能更加突出。农村社会养老保险缴费标准，在新、旧农保环境下完全不同。如在老农保环境下，缴费标准最低为 2 元，共设置 10 个不同档次，每高一档，则缴费标准要高 2 元。尽管缴费金额并不高，但大部分农民最终还是选择了最低缴纳标准。究其原因，一方面是由经济收入总体偏低的客观因素导致的，另一方面则是由对相关制度的不信任的主观因素引起的。一般而言，农民获得定期领取养老金的资格，前提条件是已经缴纳 10 年或 10 年以上的保费。当然，实际中，每位农民所领取的养老金的数额有所不同。这主要取决于他们所缴纳保费的年限。一般情况下，两者之间呈正比例关系。举例说明，若某地农民缴纳的是以 2 元/年的最低保费，则他们在 10—15 年期间会每月定期领取 4.7 元养老金，而在 15 年以后此金额将达到 9.9 元/月。可见，按照如此标准，农村养老保险的保障功能将受到极大削弱。为此，新农保适时地调整了保费缴纳标准。调整方法如下：由原来的 10 个档次调整为 5 个档次，由原来的 2 元/年的最低缴纳标准调整为 100 元/年，由原来 2 元的档次差调整为 100 元。而与此同时，部分有条件的地方政府还会根据自身实际，增设缴纳档次。需要注意的是，投保人在投保方面有充分的自主权，国家明令禁止强制参保人投保。新农保对养老金领取设定了两个条件：一是投保年限在 10 年或 10 年以上；二是年满 60 周岁。随着社会经济的不断发展，领取养老金的数额也将不断增长。按照 100 元/年的最低档次来说，10—15 年期间和 15 年以后的领取金额将分别达到 65 元/月、70 元/月。而且，在新农保环境下，广大农民的

---

[1] 《国务院关于开展新型农村社会养老保险试点的指导意见》（国发〔2009〕32 号），2009 年 9 月 4 日，中国政府网（http://www.mohrss.gov.cn/gkml/xxgk/201407/t20140717_136099.htm? keywords=新型农村）。

参保意识不断增强，许多农民开始选择更高档次的缴纳标准，这可保证其未来能获得更多的养老金，从而在很大程度上消除养老的后顾之忧。

当然，新农保在实施过程中也暴露出许多问题，其中较为突出的有：

第一，福利性特征不够突出，社会保障功能亟待加强。按照上文所述内容，政府和集体应为个人投保提供必要的补贴。然而，实际情况是，一方面，许多地方政府或村集体在此方面明显缺乏主动性；而另一方面则是即使提供补贴，但金额也十分有限，不能真正地给投保人"减负"。为此，部分农民对农村社会养老保险产生了错误的认识，将其归结为一种新型储蓄。在投保方面，目前采用的是民众自愿的原则。这样，部分民众因各类原因可能不会投保，而新农保的目标是实现保险的全覆盖。很显然，预期与实际存在着明显的差异。除此之外，有些地方筹集养老金，主要参照的是《新型农村社会养老保险实施方案》，而作为一份文件，根本不具有法律上执行的强制性。而正因为如此，建立和撤销行为往往显得比较随意。在这种情况下，无法持续而又稳定地为农民提供基本生活保障，而养老保险的保障价值也就随之无从发挥。

第二，难以兼顾地区、城乡差异，与社会公平存在差距。尽管新型农村养老保险的覆盖范围逐步扩大，但所覆盖地区的保障水平依然较低，再加上我国长期以来深受二元体制不合理结构的影响，城乡差距巨大，城市与农村的养老保险覆盖的广度和深度都存在悬殊。据统计数字显示，我国的基尼系数已经超出了国际最高警戒线0.4，如此大的贫富差距导致城乡发展极为不均衡，养老保险政策福利需要向农村倾斜。一方面，新型农村养老保险的区域差异非常明显。国家相关规定较为笼统，没有给出明确的补贴标准，所以在实际中，有条件的地方政府的补贴额度要高一些，而条件较差的地方政府的补贴额度要低得多，甚至出现无补贴的情况。众所周知，我国东部地区经济发展速度快，人民生活水平高，缴纳的保费也就比较高。而中西部地区尤其是西部地区，经济发展缓慢，人民生活水平相对较低，缴费的保费额度也较低。很显然，这一个客观事实，是新农保实现全面覆盖目标的一个重要障碍，必须予以克服。除此之外，国家与集体发放的补贴金额，是根据参保人缴纳保费数额决定的。通常情况下，采取的就是"多缴多补、少缴少补"的原则。但是，这种方式有悖于社会公平的原则，容易使新农保陷入一种"保富不保穷"的困境当中。另一方面，养老保险还存在着明显的城乡差异。众所周知，农村的发展需要城市的"反哺"，农业的发展也需要工业的"反哺"。其实，这也是现阶段国家极力倡导的内容。与此同时，国家还采取各项有效措施，推进实现城乡一体化，但是，养老保险的城乡差异依然凸显。例如，在补贴金额方面，城乡之间就有着巨大的差异。最新一期统计数据显示，农村居民养老金为 81 元/人，而城镇职工则为 209 元/人。除此之外，新型农村养老保险制度的设计并不合理，部分人群被忽视，如被征地农民、农民工等，都缺乏必要的分析。

第三，养老保险金管理体制不规范。对养老保险金的筹集以及累积资金的管理主要包括核算、监管和运营，目的在于确保农村养老保险金安全的前提下实现有效增值。养老保险金的管理不仅包含资金收支核算，更重要的在于投资运营。尽管当前我国的新型农村养老保险制度基本上实现了全国地区全面覆盖的状态，但该制度尚不成熟，管理方式和方法都欠缺科学性。首先，农村养老保险金的运营层次比较低。当前试点运营的新型农村养老保险金的责任主体主要是县级政府部门，主管部门配置的管理人才大多数非专业出身，缺乏先进的管理技术和管理策略，没有明确的投资主体，导致农村养老保险金始终处于较低的运营层次，产生的效益与投入严重不对等，失去了应有的规模效益，同时浪费了资金应有的增值能力。另外，县级政府作为掌管农村养老保险金的主管部门，存在资金被挪作他用的风险。其次，农村养老保障金管理制度不完善，法律强制性程度并不高。就目前情况看，管理模式存在诸多缺陷，欠缺现代化管理手段，并且在人员配置方面缺乏专业化的资金管理人才。尽管国家在农村养老保障基金领域制定和实施了一系列管理细则，但绝大多数农村地区并没有依据国家规定来实施，而是依据各地自行规定的执行方法，再加上有效监管的缺失，造成养老保险金失去了应有的公正性、透明性。

第四，我国农村养老保险金在保值增值方面的能力较差。当前农村养老保险金的投资方式主要是购买国债或储蓄利息，相对而言，这两种方式的安全性高、收益低，所获得的投资报酬率远低于 GDP 的增速。对农民这一群体来说，投保农村养老保险的前提是可以获得高于银行储蓄的投资回报，如若做不到这一点，将对他们的参保积极性带来极大的冲击。

2. 并轨后的城乡居民社会养老保险制度是实现社会公平的重要举措，但也面临难题

关于养老保险制度的城乡并轨问题，自 2010 年起，国家就已经开始对该项工作展开推进。2010 年的《社会保险法》规定："省、自治区、直辖市人民政府可以根据实际情况，将城镇居民社会养老保险和新型农村社会养老保险合并实施。"在 2014 年 2 月国务院出台《关于建立统一的城乡居民基本养老保险制度的意见》（国发〔2014〕8号）之前，已经有 15 个省份建立了统一的城乡居民基本养老保险制度。2014 年 2 月，中央决定对两项制度实施并轨，构建城乡居民一体化的社会养老保险体系。其他省份也开始按照要求将两项制度合并实施。原有的新型农村社会养老保险制度存在一些问题，在制度设计和执行中均存在不足。但并轨后，原有的问题也没有得到完全解决，同时也产生了许多新矛盾。

（1）城乡居民基本养老保险制度的政策规定

按照有关规定，农村居民获得参保资格，要同时满足"年满 16周岁"和"未参加城镇基本养老保险"两个条件。一旦符合条件，农村居民就可根据自己意愿，选择是否参保以及参加何种档次的保险。在资金来源方面，由个人、集体、政府共同提供。而相比较而言，占据主导地位的仍然是个人缴费。为更好地管理此类资金，我国政府要求各参保者设立专门的账户。而养老金也主要有两种形式：一是基础养老金；二是个人账户养老金。在支付方式上，选择的是终身制模式。农村居民领取养老金，也需同时具备三个条件：一是"年满60 周岁"；二是"缴费年限超过 15 年"；三是"未领取基本养老保障

待遇"。①

（2）并轨后运行现状及面临难题

实行养老保险制度并轨，是解决当前城乡和区域差异的重要举措。该举措更加强调公平正义，对打破城乡二元结构具有立竿见影的效果。同时，城市化和城乡一体化的进程也会因此而加速。然而，在并轨实践中，仍存在以下几类问题：

第一，统筹层次水平偏低。衡量一项养老保险制度的好坏，首先应关注其统筹层次水平的高低。只有具备了较高的统筹层次，才有条件谈论制度的保障问题。就目前情况看，大部分地区的统筹层次有限，无法深入到乡镇一级。这时，城乡居保基金的支付和承受能力必然会受到不同程度的削弱。而且，这也几乎无法顺利实现全国统筹的目标。

第二，养老金待遇水平偏低。参保人的参保行为，往往受到养老金待遇水平的影响。若此类水平较高，则无疑会充分调动参保人的参保积极性。该《意见》的实施，使得部分地区的基础养老金有所提高。然而，其总体水平仍十分有限，不足 200 元的基础养老金作用甚微，无法真正保障老年人的生活起居。

第三，各级财政权责划分不清晰。按照该《意见》的有关内容，中央财政具体负责基础养老金，以 70 元/月的标准进行补给。而地方财政所要负责的主要是配套补助、向特殊人群发放基础养老金。而现实中，中央和地方财政在资金实力上存在着巨大差别。很明显，上述的权责划分方法会给地方财政增压，而中央财政的调节作用也无法充分发挥。

第四，地区执行标准存在较大差异。该《意见》对基础养老金并未设定全国统一标准，这样，那些经济实力雄厚的地区，往往会大幅提高执行标准，如上海、北京、广州等。而那些经济实力较弱的地区，则只能稍高于甚至与最低标准持平。这样显著的执行标准差异，

---

① 《国务院关于建立统一的城乡居民基本养老保险制度的意见》，2014 年 4 月 21 日，中国政府网（http://www.gov.cn/zwgk/2014－02/26/content_2621907.htm）。

会严重损害底线公平，不利于社会的和谐与发展。

第五，居民参保积极性较弱。无论是并轨之前，还是并轨之后，同样都遇到了居民参保热情不高的问题。导致这一问题的原因是多方面的，如传统思维影响、知识水平有限等。由于无法得到最广大农民的支持，使得养老保险保障事业遇到了严重阻碍。

第六，管理和服务人员业务水平较低，欠缺高端专业化的管理人才。城乡养老保险并轨运行是一项长期并且艰巨的系统工程，需要方方面面的配合。其中，信息系统的建设就是一项非常重要而又非常烦琐和专业的工作，要重新建立统一的城乡居民养老保险信息系统、发行相同的社保卡等，随着新体系、新制度的启用，参保人数不断上升，但相应的配套工作人员没有配置齐全，现有工作人员面临着更繁重的工作量，同时对管理和服务人员的能力提出了更高的要求。另外，一些老的基层工作人员文化水平有限，对工作的开展存在一定的影响。

第三章　影响中国农村养老保障制度实施的因素分析

农村养老保障制度的实施，要同时受到政治、经济、文化等诸多因素的影响。从我国农村养老保障制度的制定和实施来看，整个过程的参与者包括：政府和公共集体所代表的主体，农民等受助人群所构成的客体，以及将前两者联系起来的社会环境因素，基于此，本书从上述三个因素出发，充分分析了三者相互之间的联系，以及对我国农村养老保障制度所带来的影响。

一　主体因素

作为我国农村养老保障制度三个构成要素之一，政府和集体在制度运行的过程中，分别扮演着责任主体以及筹资主体的角色。

（一）政府责任不明确，在一定程度上职能缺位

从养老保障制度的发展史可知，政府是制度设计、确定、实施并改革的主体。我国自建国以来养老保险制度历经多变，但唯有政府的支持是农村养老保障制度不断完善的必要条件，在很大程度上来说，政府是该制度制定和实施的责任主体。

1. 政府承担农村养老保障制度主体责任的主要原因

作为市场经济运行的基础，市场在配资资源的过程中尽管具备极高的效率，但由于存在信息的不对称和外部性，无法实现资源与有效需求百分之百的优化配置。当上述现象导致市场失灵时，政府主动地

对资源配置进行调控，有针对性地提供社会公众急需而又无法由私人部门提供的公共物品，就成了解决市场失灵的主要手段。非排他性和非竞争性，是公共物品相较私人物品所具有的最为显著的特征。上述两个特点使得公共物品不会因为他人的消费而导致其他人对该物品消费的减少，因此全体农民都能够从政府在农村地区推行养老保障制度中获益。与此同时，相关政策的实施又要以农民之间平等地享有各项权利作为基础，这就使以逐利性为基础的市场资源调节方式无力满足广大民众的需求。在我国农村社会保障实施中，也曾有地方将农村养老问题寄希望于各类商业保险机构去解决，然而事与愿违，这个问题不仅没有获得很好的处理，而且让该机构自身的发展受到了不利的影响。

在对养老储蓄与消费支出这两者的选择上，居民也极易受到不理性行为的影响而倾向于加大眼前的现实消费并降低养老储蓄，从而令两者之间呈现出极大的矛盾性。造成这一现象的原因，正是有些人无法掌握足够的有效信息，导致了对未来自身收入水平与健康状况的过度自信，进而降低了进行养老储蓄的意愿。[1]在现实生活中，这种过于注重眼前利益的做法极易令居民无法充分保障老年时期的生活需求。上述现象的存在使得老龄化趋势较高的社会面临极大的不稳定性，因此就需要政府积极地采取措施加以介入。一般而言，信息不对称、侥幸心理的存在，以及子女对于自身养老的承诺，都会令农民更多的重视当下的消费而忽视养老投入的重要意义。而农民的素质文化水平相较城镇居民要低，这就使农村地区的养老保障容易受到个体短视行为的负面影响，政府的强制性储蓄行为也就具备很大的用武之地。在这个过程中，强制性社会保险将能够有效地将农民纳入社保事业的安全网络中。[2]

由于市场对于资源的分配呈现出很强的逐利性，因此在养老保

---

① 马红坤：《论我国农村社会养老保险制度建设》，硕士学位论文，南昌大学，2007 年。

② 聂建亮、钟涨宝：《新型农村社会养老保险推进的基层路径——基于嵌入性视角》，《华中农业大学学报》（社会科学版）2014 年第 1 期。

障对于收入的再分配这一问题上，必须由政府机构进行介入，在市场机制发挥作用的同时进行相应的调控，以保证整个过程中的公平和效率。政府对于养老保障事业的介入可以有效地降低信息不对称性，从而削弱逆向选择行为对农民购买商业保险过程中可能造成的不利影响。同时，政策的强制性也能从根本上提升农民参保的效率。相比而言，商业保险是以赢利作为根本出发点的，不得不将宣传成本、运营成本乃至税负成本转嫁到参保的农民身上，从而降低农民参与农村养老保障的积极性。而政府只需要付出一定的管理成本，这也就变相降低了整个保障政策的成本水平，提升农民的参与积极性。

2. 以往农村社会养老保障制度中政府缺位严重

纵观我国农村养老保障事业的发展历程，不难看出其中所存在的矛盾性：一方面，养老保障制度的合理建立和高效实施，离不开政府的支持；另一方面，政府在相关政策的实际运行过程中，缺位现象又极为严重。作为"老农保"无法发挥效力的最直接原因，首先政府机构的财政缺位，具备风险厌恶性的农民缺乏参与"不确定性"极大的农村养老保障事业的积极性。从农民的角度出发，与其投资于缺乏政府支持的不可靠的养老保障项目，还不如将自己辛辛苦苦积攒下来的钱投向银行等金融机构的储蓄渠道。为了解决这一问题，"新农保"在设计过程中着力强调政府财政支持的重要性。然而，这种责任并不是某个单一层面就能实现的，更多的财政支撑与政策扶持上显现出来十分明显的政府责任不足问题。依照国家制度要求，新农保的首个要求便是其惠民性，政府为居民提供了多种形式的补贴优惠，正是体现了其惠民性，这一过程并不涉及任何社会责任。显然这种政策定位存在较大的缺陷性，无法真正发挥出政府的作用。依照我国现行制度要求，新农保的各项管理成本由同级地方财政负担，但责任承担的相关界定并不明确，并且承担力度明显不足。如前文所述，在新农保缴费的三大构成中，政府补贴的比重不足23%，相较于西方发达国家，依然处于较低的水平。诸如德国、波兰等国家的这一比例均在

70％以上。① 由此可见，必须依据经济发展现状，适度提升政府补贴占比，由此来强化政府所应承担的责任范围及力度，这对于新农保制度的可持续发展具有十分关键的作用。

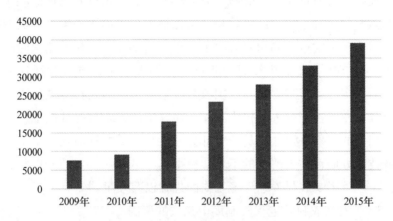

图 3 - 1 2009—2015 年国家用于就业和社会保障支出（单位：亿元）

由图 3 - 1 可见，2009—2015 年间，国家用于就业和社会保障支出呈现出不断增长的趋势。然而，目前的支出要远远低于养老金，新农保的保障功能有待进一步的强化和提升。

其次，政府监管责任缺失。制度的成功实施需要强有力的监督。但当前我国农村养老保障制度在政府监管领域却有着诸多的问题。例如，我国农村养老保障始终处于运营能力低的层次，政府面临无从下手的监管困境。依据国家制度要求，承担农村养老保障监管职责的是各县级地方政府相关机构，监管层次较低，导致监管效果甚微，对整个国家的农村养老保障体系带来了不利影响。并且在法律层面，我国尚未出台专项政策或法律来规范各项监管行为。关于养老保障基金，目前仍有不同的部门来负责其收缴、管理和使用，目的是保证资金安全性和投资收益，但我国的农村养老保险金从收缴直至投资移交整个

① 周卉：《中国农村养老保险制度的发展与反思》，博士学位论文，吉林大学，2015年，第124页。

过程均由民政部门单独负责，这就为投机或者挪用带来了可能性，失去了必要的第三方监管，无形中降低了保险基金的增值性，同时运营风险攀升。

最后，实施责任并不明确，缺位现象严重。农村养老保障相关工作所涉及的内容，包含经济管理、文化历史、法律法规等多方面的内容，需要多个学科的知识对其给予支持。基于此，农村养老保障的相关工作人员必须具备扎实的专业技能和知识水平，方可胜任这一工作。而在实际运行过程中，我国长久以来所实施的农村养老保障政策缺乏具备专业技能的人才作为支撑，而只是从民政局等部门抽调人手开展相关的工作，这些人员绝大部分并没有接受过针对性的培训，在专业技能方面存在着严重的不足，使得其并不能够有效地开展相关的工作，严重影响农村养老保障工作的进程以及效果。[①]

3. 政府在农村养老保险制度中缺位的原因

首先，农村的政治意识薄弱，政治参与效能感较差，对政府制定和实施的政策难以形成正确的认知和认同。农民作为新农保政策的主体与对象，但从新农保政策的实施过程看，农民并没有充当主导角色。究其原因在于，第一，农村人口众多，并且分布较为分散，农民的受教育程度不高，并且相应的组织程度不足，很难集中和发表该群体的意见，对政府政策的影响力不足。相反，城镇居民对政府政策能够产生较大的影响性。第二，制定农保政策的政府相关人员大多为非农人员，他们所表现的利益更倾向于城镇居民，因此更能形成共同利益联盟，最终形成的养老政策存在明显的市民倾向性。农村地区的人口老龄化现象十分严重，城乡差距过大更加显示出农村养老难题的紧迫程度，因此需要从国家政策和资金两个层面去扶持农村养老事业的快速发展。与其他国家相比，我国农村地区人口基数十分庞大，因此农民养老问题成为社会发展过程中的重大问题。由于我国的基本国情和传统因素的存在，并没有成型的模式可以参考和借鉴。因此，我国

---

① 王国军：《社会保障：从二元到三维：中国城乡社会保障制度的比较与统筹》，对外经济贸易大学出版社 2005 年版，第 126 页。

农村地区的养老政策只能依靠自身在实践中不断摸索实践。而在 20 世纪 90 年代，其他国家及地区在社会保障领域实施了诸多调整，采取的主要措施有，进一步缩减福利待遇，提高个人的缴费比例，构建多元化的养老保险体系。同时，我国的城镇养老保险制度及体系也在摸索中积累了一定的经验，相应的改革目标也开始向减轻政府和企业压力方向发展，而相应的个人在养老责任中的占比不断加大。[①] 这一时期，国内外的养老保险制度的改革重点始终是如何降低政府的责任力度，提高个人所承担的养老职责。在这种情形下，政府的农保政策设计中首先将农民责任放在主体位置。

其次，旧的农村养老保障政策往往是为解决目前紧急面临的经济社会问题的临时性政策。不可否认，此类政策在问题解决过程中体现出了重要的价值。但是，其在前瞻性与严谨性方面还比较欠缺，在这项政策实施后会衍生其他的问题，不仅不能长久地解决问题，反而会增加新的问题。比如，最开始建立的农村养老保险制度可以使一部分具有一定经济能力的人纳入养老保险之中，但是那些没有经济能力最需要纳入保险的人反而不能覆盖，这样反而造成了社会的不公平现象。此外，老农保制度对未来发展的认识也不足，起初，其养老利率是比较高的。而受到通货膨胀等因素的影响，利率急剧下降，到 2002 年时银行的利率下降到了 2.2%，这些导致了养老资金的急剧缩水。如果没有政府加以维持，未来的养老金难以支付，政府在出台老农保政策时过于匆忙，未考虑到这些因素。在制度设计方面，采纳了居民自愿参保的内容，但这与当前居民参保意识弱、旧模式阻碍等有着直接关系。虽然说自愿是民主的一种表现，但就农村养老保险制度来说，这种自愿会带来许多不便。在许多情况下，强制性地要求居民参保，会更有利于居民权益的保障。而且，随着参保人数和参保规模的不断提升，养老保险制度的保障价值也将充分发挥出来。从另一个角度讲，若参保率无法得到保障，则其约束力会受到严重影响，此时

① 陈婷、马晓慧、刘伟忠：《新型农村养老保险的问题与对策》，《经济研究导刊》2014 年第 6 期。

不公平的现象将进一步蔓延，严重影响到国家秩序的稳定。

（二）农村集体经济实力薄弱，难以承担筹资主体责任

新旧农保政策存在一个共同点，都将集体作为养老保险资金的主要筹集主体。从发展历程看，集体理应承担部分农村养老保险责任。20世纪中期国家开始了农业合作化运动，并成立了各种形式的农业集体组织。该组织是由农民群体自愿形成的，在一定范围内聚集了劳动者资本，尽管随着家庭联产责任制与双层经营制开启了一系列的改革，集体经济仅仅是实现了劳动者资本联合，且集体组织的原始资本积累源自原始的劳动者资本联合。同时，集体经济中的生产资料归所有成员共同所有，集体经济中最为重要的生产资料便是土地，集体组织中的人生来便成为其中成员，无法自由加入或退出（户口迁出或者转为城镇居民的除外）。我国农村地区的土地所有权划归集体所有，大多数情况下，村委会或者其他授权形成的组织负责土地的管理和运营。那么，一旦出现了国家需要征用土地时，村集体必然要收到相应的补偿款，并且补偿的数额较大，由此必然产生了相应的集体福利。集体组织必然需要对成员的养老金提供部分支持。单纯从理论上看，集体必须承担部分养老保险责任，那么养老保险的责任主体由国家、社会和个体共同承担，面对我国人口老龄化现象的日益加剧，单纯依靠一方力量很难完全担负起来。尤其是某些经济落后地区，农民依然没有享受到养老保障政策的福利。首先，从国家层面看，国家必须担负起养老职责，为农民群体提供一定比例的养老补贴，但是国家财政所能提供的保障力度是有限的。如果单纯从农民自身担负所有的养老费用，尽管大多数地区的农民可以承担最低保险费用，但对于经济欠发达地区而言，农村老年群体可能无法担负养老金而失去了基本的保障作用，因此必须引入其他责任主体，由此来提高农村养老保险的福利程度。而从理论上看，农村集体恰好是最适宜的资金供给主体。

部分研究曾指出，集体补助应成为农村养老收入中的关键主体，集体补助所能提供的支撑力度又与集体组织的经济实力密切相关。尽管改革开放带动了我国集体经济的迅猛发展，但从现实看，集体

经济并未充分发挥出经济创造能力，由此造成农民收入中财产性收入的占比并未出现明显提高，农村养老金的筹集面临诸多限制。农民财产性收入存在多元化的来源，来自集体组织所分配的收益是其中重要的一种，并且伴随着集体经济组织的逐步完善，集体组织可分配的收益总额不断提高。相关统计数据显示，2014 年这一总额为472.18 亿元，与2010 年相比，实际增加151.31 亿元。并且每年这一额度始终都在增长，相应的分配收益占比也得到了极大提升。在2014 年，分配收益占比为34.6%，与2010 年相比，实际增幅为6.2%。但是，农民的人均纯收入构成中，从集体组织中获取的收益占比极小，甚至可以忽略不计。产生这一状况的原因来自多个方面，其中最关键的原因有两个：其一，集体经济整体实力依然较弱，无法为集体收益提供长期而有效的资金支持；其二，在诸多农村地区，普遍存在集体收益难以合理分配的问题，大量资金并未真正落实到成员手中。同时，集体经济发展所存在的严重地区不平衡性，限制了集体经济组织在养老保险资金保障中所能发挥的真正作用。并且这种平衡性不单单存在于不同地区，即便是同一地区不同乡镇间同样面临这一突出问题。

因此，当前我国大多数地区的农村集体组织不够发达，再加上地区间发展极不平衡，导致其无法在全国范围内成为农村保险金的筹资主体。

二　客体因素

农民养老保障制度中，农村社会养老保险是其中一个重要的制度类型，农民既是保障对象又是责任主体。就理论而言，农民应当积极参与养老社会保险并推动其发展。而事实并非如此，从以往来看，农民并没有积极参与到社会养老保险制度中去，农村的养老保险参与率一直较低，从而无法发挥提升农村地区居民养老保障水平的作用。相关保障政策得以实施后，试点地区的参保率提高了很多，某些地区的参保率更达到了90% 以上。总的看来参保情况并不理想，中青年农民参保积极性不高，参保率低。这种情况是由多种原因引起的，除了制度内在问题，其实施对象即农民本身也是一项关键要素。

（一）农民及其分化

1. 农民的分化

农民这一概念在我国具有双重含义，是指以农民为职业和持有农村户籍身份的个体。由此可以看出其两种内涵：一是从事农业生产且拥有农村户籍的群体；二是不再以农业生产作为谋生手段，但依然拥有农村户籍的群体。改革开放以来，我国市场经济发生了较大变化，农民的谋生手段也不再单纯局限于农业生产，尤其是城镇化进程的逐步推进，更多农民选择向城市地区转移，寻找相应的就业机会。这种城乡间的流动导致农民群体产生了较大分化，农民的就业形式也更为多元。但从户籍性质上依然属于农民群体。因此我国将持有农村户籍的群体都归于农民。但是这些变动性因素的存在，导致农民群体的统一性被打破，农村居民对政策的目标追求也出现了多元化和差异性。因此，从当前的情况看，可以将农村居民的类型划分为如图 3 - 2 所示的几个类别。

上述农民的分化现象，将对农村地区农民参与社会保障类养老保险的过程产生极大的影响：第一，被分为不同群体的农民，自身对于养老保障具有特别的需求，这些需求往往都是源自农民所处行业以及生活的实际需要。为了能够充分满足不同群体农民的需求，养老保障政策在制定的过程中就必须有效地分析不同群体农民的现实生活情况，进而保障制定出的政策的效力。以图 3 - 2 中所举出的五类农民群体为例，失去了土地的第三类农民可能会在老年阶段面临更高的不确定性，因此其也就对养老保障计划的质量具备更高的要求。而第二类农民在年轻时的收入较高，较高的收入与其在老年阶段的收入差异性巨大。由于处于收入水平显著下降的境地之中，其要想有效地维持原先的生活水平，就需要向养老保障政策寻求帮助，这也就令其对于养老保障政策的需求呈现出较大的急迫性。对于上述两类农民群体而

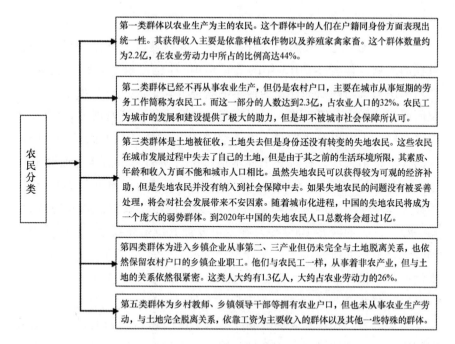

第一类群体以农业生产为主的农民。这个群体中的人们在户籍同身份方面表现出统一性。其获得收入主要是依靠种植农作物以及养殖家禽家畜。这个群体数量约为2.2亿，在农业劳动力中所占的比例高达44%。

第二类群体已经不再从事农业生产，但仍是农村户口，主要在城市从事短期的劳务工作简称为农民工。而这一部分的人数达到2.3亿，占农业人口的32%。农民工为城市的发展和建设提供了极大的助力，但是却不被城市社会保障所认可。

第三类群体是土地被征收，土地失去但是身份还没有转变的失地农民。这些农民在城市发展过程中失去了自己的土地，但是由于其之前的生活环境所限，其素质、年龄和收入方面不能和城市人口相比。虽然失地农民可以获得较为可观的经济补助，但是失地农民并没有纳入到社会保障中去。如果失地农民的问题没有被妥善处理，将会对社会发展带来不安因素。随着城市化进程，中国的失地农民将成为一个庞大的弱势群体。到2020年中国的失地农民人口总数将会超过1亿。

第四类群体为进入乡镇企业从事第二、三产业但仍未完全与土地脱离关系，也依然保留农村户口的乡镇企业职工。他们与农民工一样，从事着非农产业，但与土地的关系依然很紧密。这类人大约有1.3亿人，大约占农业劳动力的26%。

第五类群体为乡村教师、乡镇领导干部等拥有农业户口，但也未从事农业生产劳动，与土地完全脱离关系，依靠工资为主要收入的群体以及其他一些特殊的群体。

农民分类

图3-2　农民分类

言，老农保难以满足其对于养老保障类保险的迫切需要，缺乏有效的参保途径和方式，也难以获得优质的保险服务。这也就令老农保在实施过程中面临着极大的现实挑战。第二，农民群体的分化需要我国农村养老保险的快速构建与发展。以图3-2第三类群体为例，现实中由于缺乏对被征地农民的有效保障，因此极易对社会的稳定发展造成不利影响。对此，分化而产生的养老保障问题，就需要农民通过参与农村社会养老保障事业来加以解决。第三，农民群体的大规模分化，为养老保障政策的制定以及实施带来了极大的困难。由于农民群体所处行业和生活情况的不同，对于自身养老保障方面的需求也具有明显的差异性。而在政策制定方面，很难做到一套政策适应全部个体。同时，急功近利的"应急性政策"也无法与农民的实际需求实现契合。统一性的政策在制定过程上需要尽力放大不同群体农民对于养老保障政策在需求方面的共同点，而差异化的缴费模式、财政支持方式等，都会对这一过程带来不利影响。

2. 农民自身特征的影响

为了系统性地了解农民自身特性对于农村地区养老保障制度实施过程的影响，作者于 2013 年的 7 月至 10 月在山东地区开展实地调查。采用随机与判断抽样作为样本的获得方式，通过两个步骤获取研究所需要的样本：第一步，对山东省各地区进行经济发展的评判，在发展良好、中等以及较差这三个群体中分别抽样，抽取共计 10 个地区的样本；第二步，在每一个样本地区中，使用判断抽样再抽取 100 个 60 周岁以上老年人的样本。整个抽样过程获得样本共计 1000 个。抽样过程中使用《养老保障制度满意度问卷》获取农民自身特性的相关数据，收回问卷 1000 份。在变量设置上，充分参考已有的研究，同时结合本书的研究主旨，设计出个体特征、家庭特征、经济水平、生活照料、精神照顾、医疗健康这六个方面的分析变量。

（1）模型选择

本书认为，农村养老保障制度的满意度问题是一个主观生活满意度问题，所体现的是一个综合性的指标，是物质生活与精神生活的综合体现。由于农民对于养老保障方面的需求具有极强的主观性，因此在构建相关政策满意度的过程中，变量必须能够体现出较强的综合性。在将农民对于养老保障制度满意度设定为由非常不满意提升到非常满意这种次序性评价体系的基础上，使用 Ordinal Logit 模型作为农村养老保障满意度的数据分析模型。

（2）变量设定

设定农村地区老人对养老保障制度的满意度作为模型的因变量，将其设定为五个层级，即非常不满意、不满意、一般、满意、非常满意。同时，对这五个层级由低至高分别赋予 1 至 5 分的分值。

在自变量的设定上，设计出个体特征、家庭特征、经济水平、生活照料、精神照顾、医疗健康这六个方面的分析变量。对各个变量进行具体的拓展：个体特征主要涉及年龄、性别、婚姻状况、受教育程度；家庭特征主要涉及儿子数量、女儿数量、居住方式、家庭决策参与情况；经济水平主要分析经济来源；生活照料则主要指老年人生活是否能够自理；精神照顾主要涉及子女是否看望、社会活动是否丰富、精神来源，以及是否孤独；医疗健康则主要涉及老年人自己对健康程度的评价，以及由谁照料。

各变量的定义以及具体的赋值见表3－1：

表3－1　　　　　　　　　　养老保障满意度变量赋值

变量			赋值
满意度	非常满意		5
	满意		4
	一般		3
	不满意		2
	非常不满意		1
个体特征	年龄	60—69 岁	几岁即赋值几
		70—79 岁	
		80 岁及以上	
	性别	男	0
		女	1
	婚姻状况	有配偶	1
		无配偶	0
	受教育程度	小学以下	0
		小学	1
		初中及以上	2
家庭特征	儿子数量	0 个	几个儿子即赋值几
		1 个	
		2 个	
		3 个及以上	
	女儿数量	0 个	几个女儿即赋值几
		1 个	
		2 个	
		3 个及以上	

变量			赋值
家庭特征	居住方式	独居	0
		非独居	1
	家庭决策参与	参与	1
		不参与	0
经济水平	经济来源	自己	2
		配偶或子女	1
		其他	0
生活照料	生活自理与否	生活自理	2
		1个功能障碍	1
		1个以上功能障碍	0
精神照顾	子女是否看望	看望	1
		不看望	0
	社会活动是否丰富	丰富	1
		不丰富	0
	精神来源	子女	4
		配偶	3
		亲戚	2
		朋友	1
		其他	0
	是否孤独	孤独	0
		不孤独	1
医疗健康	自评健康程度	健康	2
		一般	1
		不健康	0
	照料人	子女	2
		配偶	1
		其他	0

（3）养老保障制度满意度现状的描述性统计分析

①个体特征

按照常见的老年人划分标准，年龄段不同的老年人对于农村养老保障体系的满意程度存在显著差异性，并且随着年龄的上升而逐步降低：60—69 岁的低龄老人中，非常满意以及满意的，分别占到 27.32% 以及 31.55%；70—79 岁的中龄老人中，非常满意以及满意的，分别占到 20.05% 以及 30.75%，两个数据都显著降低；而当对 80 岁及以上的高龄老人进行分析时，两个指标的结果分别只有 10.33% 以及 22.88%。在性别这个因素上，其对于男性与女性老年人的养老保障制度满意度并没有非常明显的影响，两者的制度满意度分别为 42.73% 以及 54.32%，不满度分别达到 32.48% 以及 17.49%。同时，有配偶以及受教育程度更高的老年人，其政策满意度也明显高于不具备这两个特征的老年人个体。

表 3 - 2　　　　　　养老保障制度满意度现状——个体特征

个体特征		人数	满意度				
			非常满意	满意	一般	不满意	非常不满意
年龄	60—69 岁	355	27.32%	31.55%	29.01%	12.11%	0.00%
	70—79 岁	374	20.05%	30.75%	23.80%	15.51%	9.89%
	80 岁及以上	271	10.33%	22.88%	27.31%	25.09%	14.39%
性别	男	468	21.15%	21.58%	24.79%	22.01%	10.47%
	女	532	18.98%	35.34%	28.20%	12.41%	5.08%
婚姻状况	有配偶	553	26.04%	28.75%	23.69%	15.19%	6.33%
	无配偶	447	12.53%	29.08%	30.20%	19.02%	9.17%
受教育程度	小学以下	396	13.64%	26.01%	29.29%	16.67%	14.39%
	小学	403	21.59%	23.57%	26.80%	24.57%	3.47%
	初中及以上	201	29.35%	45.27%	20.90%	1.99%	2.49%

②家庭特征

通过本次调研发现，大部分老人儿子数量为 1—2 个，其数量为 721 人，占 72.1%。大部分老人的女儿数量也为 1—2 个，其数量为 628 人，占 62.8%。与家人同住的老人多于独居的老人，独居老人占比 26.8%。大部分老人在家庭中都参与决策，比例为 68.9%。

表3-3　　　　　　养老保障制度满意度现状——家庭特征

家庭特征		人数	满意度				
			非常满意	满意	一般	不满意	非常不满意
儿子数量	0个	135	17.78%	14.07%	25.19%	27.41%	15.56%
	1个	369	13.01%	18.70%	20.87%	27.64%	19.78%
	2个	352	14.49%	15.63%	23.86%	23.01%	23.01%
	3个及以上	144	20.14%	18.06%	22.92%	20.14%	18.75%
女儿数量	0个	252	6.75%	9.92%	15.48%	32.54%	35.32%
	1个	422	15.17%	22.99%	19.19%	23.93%	18.72%
	2个	206	23.30%	30.10%	22.82%	16.99%	6.80%
	3个及以上	120	18.33%	36.67%	30.83%	5.83%	8.33%
居住方式	独居	268	18.28%	19.78%	27.61%	16.42%	17.91%
	非独居	732	14.07%	15.85%	21.04%	28.01%	21.04%
家庭决策参与	参与	689	15.09%	19.45%	28.88%	15.38%	21.19%
	不参与	311	15.43%	11.25%	9.32%	45.98%	18.01%

③经济水平

在全部样本数据之中，供养养老的资金来自自身的老年人占到50%以上。生活资金由配偶或子女以及其他亲属进行提供的老年人则分别占到总数的36.1%以及13.6%。相比而言，可以供养自身养老生活的老年人，对养老保障制度的满意度明显要更高。

表3-4　　　　　　养老保障制度满意度现状——经济水平

经济水平		人数	满意度				
			非常满意	满意	一般	不满意	非常不满意
经济来源	自己	503	24.25%	27.44%	19.09%	16.70%	12.52%
	配偶或子女	361	16.34%	17.17%	20.50%	24.65%	21.33%
	其他	136	21.32%	27.21%	22.06%	11.76%	17.65%

④生活照料

在全部接受调查的老年人中，具备完全生活自理能力以及只有一个功能性生活障碍的老年人的总数，分别占到全部受访者的57.1%和34.6%。这部分老年人的生活满意度也明显强于存在生活功能障碍的个体。

表3-5　　　　　养老保障制度满意度现状——生活照料

生活照料		人数	满意度				
			非常满意	满意	一般	不满意	非常不满意
生活自理与否	生活自理	571	29.25%	24.87%	19.61%	21.54%	4.73%
	1个功能障碍	346	21.68%	24.28%	19.94%	25.14%	8.96%
	1个以上功能障碍	83	10.84%	22.89%	31.33%	18.07%	16.87%

⑤精神照顾

在农村地区中，子女对老年人的探望比例达到78.3%，这一水平要显著高于城镇地区。而受到了子女探视的老年人的政策满意度也更高。而在社会活动方面，具备丰富活动经历以及活动经历不是很丰富的老年人，分别占到47.2%以及52.8%，前者对农村养老保障制度的满意度也明显高于后者。在精神照顾的来源上，53.9%的老年人将配偶视为精神寄托的主要来源，而将子女作为寄托来源的仅占到31.6%。同时农村地区有配偶的老年人对于养老保障制度的满意度也要明显高于后者。在孤独这一指标上，占比达到50.3%的老人感觉自己孤独，并且其满意度也要明显更低。

表3-6　　　　　养老保障制度满意度现状——精神照顾

精神照顾		人数	满意度				
			非常满意	满意	一般	不满意	非常不满意
子女是否看望	看望	783	27.59%	25.16%	23.37%	12.52%	11.37%
	不看望	217	5.07%	13.36%	38.71%	29.65%	12.90%

续表

精神照顾		人数	满意度				
			非常满意	满意	一般	不满意	非常不满意
社会活动是否丰富	丰富	472	27.33%	22.46%	23.73%	12.69%	13.79%
	不丰富	528	18.56%	22.73%	29.36%	12.69%	16.67%
精神来源	子女	316	20.57%	28.80%	29.43%	18.35%	2.85%
	配偶	539	25.42%	16.51%	28.20%	13.73%	16.14%
	亲戚	68	13.24%	19.12%	14.71%	36.76%	16.18%
	朋友	51	21.57%	35.29%	19.61%	7.84%	15.69%
	其他	26	19.23%	57.69%	7.69%	7.69%	7.69%
是否孤独	孤独	503	16.50%	18.89%	23.06%	25.25%	16.30%
	不孤独	497	28.97%	26.36%	30.38%	7.24%	7.04%

⑥医疗健康

在这一变量上，认为自身的身体状况处于健康水平的老年人占到总数的51.2%，处于一个正常的范围内。而经由配偶以及子女提供日常照料的老年人，则分别占到总数的49.6%和40.5%，证明农村地区的老年人普遍能够得到近亲属的悉心照料。

表3-7　　　　养老保障制度满意度现状——医疗健康

医疗健康		人数	满意度				
			非常满意	满意	一般	不满意	非常不满意
自评健康程度	健康	512	26.37%	26.56%	26.17%	18.55%	2.34%
	一般	349	10.60%	17.77%	36.39%	16.91%	18.34%
	不健康	139	18.71%	19.42%	17.27%	12.95%	31.65%
照料人	子女	405	21.48%	26.17%	20.74%	14.07%	17.53%
	配偶	496	20.36%	20.97%	31.45%	19.96%	7.26%
	其他	99	10.10%	15.15%	45.45%	16.16%	13.13%

（4）实证分析及结果讨论

①个体特征的影响

从表3-8的分析结果不难看出，在个体特征对于农村老人养老保障制度满意度的影响上，年龄越小、有配偶，以及受教育程度较高，具备这三类特征的老年人对于养老保障制度的满意度都要明显高于其他个体。同时三类指标的分析结果都通过了显著性检验（P = 0.0017 < 0.05、P = 0.0482 < 0.05、P = 0.0113 < 0.05）；而在性别这个指标上，相比女性老年人，男性老人对农村养老保障制度的满意度偏低，不过其趋势性分析结果并没有通过显著性检验（P = 0.0604 > 0.05）。

表 3 - 8　　　　　　　个体特征对农村养老保障制度满意度影响

个体特征		满意度		
		平均得分	t	P
年龄	60—69 岁	3.74 ± 0.55	1.86	0.0017
	70—79 岁	3.36 ± 0.41		
	80 岁及以上	2.90 ± 0.31		
性别	男	3.21 ± 0.18	0.53	0.0604
	女	3.51 ± 0.26		
婚姻状况	有配偶	3.53 ± 0.27	0.91	0.0482
	无配偶	3.17 ± 0.61		
受教育程度	小学以下	3.08 ± 0.24	1.13	0.0113
	小学	3.35 ± 0.47		
	初中及以上	3.97 ± 0.23		

②家庭特征的影响

表 3 - 9 的分析结果表明，在家庭特征对于农村老人养老保障制度满意度的影响上，女儿数量更多、非独居，能够有效地参与家庭决策，具备这三类特征的老年人对于养老保障制度的满意度都要明显高于其他个体，三类指标的分析结果都通过了显著性检验（P = 0.0284 < 0.05、P = 0.0052 < 0.05、P = 0.0402 < 0.05）；而尽管儿子数量更多的老年人，对农村养老保障制度的满意度也要更高，但其趋势性分析结果并没有通过显著性检验（P = 0.0721 > 0.05）。

表 3 – 9　　　　　　家庭特征对农村养老保障制度满意度影响

家庭特征		满意度		
		平均得分	t	P
儿子数量	0 个	2.91 ± 0.33	1.47	0.0721
	1 个	2.78 ± 0.27		
	2 个	2.76 ± 0.19		
	3 个及以上	3.01 ± 0.47		
女儿数量	0 个	2.20 ± 0.11	0.92	0.0284
	1 个	2.92 ± 0.32		
	2 个	3.46 ± 0.15		
	3 个及以上	3.51 ± 0.37		
居住方式	独居	3.04 ± 0.21	1.31	0.0052
	非独居	2.74 ± 0.36		
家庭决策参与	参与	2.92 ± 0.27	0.65	0.0402
	不参与	2.60 ± 0.12		

③经济水平的影响

这部分变量对于农村老年人对养老保障制度满意度的影响及结果见表 3 – 10。由数据可知，能够通过自身的经济收入供养自身的老年人，对养老保障制度的满意度要明显高于通过配偶或者子女来提供支持的老年人。但由于 P 检验的结果为 0.0614，因此不满足显著性检验的要求。

表 3 – 10　　　　经济水平对农村养老保障制度满意度影响

经济水平		满意度		
		平均得分	t	P
经济来源	自己	3.34 ± 0.19	0.88	0.0614
	配偶或子女	2.83 ± 0.31		
	其他	3.23 ± 0.22		

④生活照料的影响

表 3 - 11 的分析结果表明，在生活照料对于农村老人养老保障制度满意度的影响上，生活自理程度更高，不需要家属时刻照料的老年人对于养老保障制度的满意度都要明显高于其他个体，并且相应的分析结果通过了显著性检验（P = 0.0011 < 0.05）。

表 3 - 11　　　　　生活照料对农村养老保障制度满意度影响

生活照料		满意度		
		平均得分	t	P
生活自理与否	生活自理	3.52 ± 0.13		
	1 个功能障碍	3.25 ± 0.27	1.03	0.0011
	1 个以上功能障碍	2.93 ± 0.16		

⑤精神照顾的影响

表 3 - 12 的分析结果表明，在精神照顾对于农村老人养老保障制度满意度的影响上，有子女进行看望、社会生活较为丰富，不存在很强烈的孤独感，具备这三类特征的老年人对于养老保障制度的满意度都要明显高于其他个体，三类指标的分析结果都通过了显著性检验（P = 0.0281 < 0.05、P = 0.0374 < 0.05、P = 0.0015 < 0.05）；尽管精神寄托源自子女的老年人满意度最高，源自亲戚的老年人满意度最低，但其趋势性分析结果并没有通过显著性检验（P = 0.0812 > 0.05）。

表 3 - 12　　　　　精神照顾对农村养老保障制度满意度影响

精神照顾		满意度		
		平均得分	t	P
子女是否看望	看望	3.34 ± 0.22	0.94	0.0281
	不看望	2.55 ± 0.34		

精神照顾		满意度		
		平均得分	t	P
社会活动是否丰富	丰富	3.38 ± 0.16	1.13	0.0374
	不丰富	2.97 ± 0.24		
精神来源	子女	3.43 ± 0.18	0.73	0.0812
	配偶	3.05 ± 0.28		
	亲戚	2.60 ± 0.12		
	朋友	3.24 ± 0.29		
	其他	3.65 ± 0.24		
是否孤独	孤独	2.78 ± 0.41	0.86	0.0015
	不孤独	3.56 ± 0.17		

⑥医疗健康的影响

这部分变量对于农村老年人对养老保障制度满意度的影响的结果见表3-13。由数据可知，对自身的身体状况评价为健康或者更好，并且能够获得来自配偶悉心照料的老年人，其所具备的满意度更高，结果符合显著性检验的要求（P = 0.0008 < 0.05、P = 0.0427 < 0.05）。

表3-13   医疗健康对农村养老保障制度满意度影响

医疗健康		满意度		
		平均得分	t	P
自评健康程度	健康	3.56 ± 0.51	1.21	0.0008
	一般	2.85 ± 0.22		
	不健康	2.81 ± 0.17		
照料人	子女	3.20 ± 0.26	0.91	0.0427
	配偶	3.27 ± 0.32		
	其他	2.93 ± 0.19		

（二）农民的支付能力、参保意愿、制度认知因素的影响

对于新型农村社会养老保险来说，农民对该制度的发展具有十分关键的作用，因为对于该保险制度来说，农民是主要执行对象，农民群体的参保积极性及其支付能力都对制度发展有着直接影响。该项保险好比社会中所供应的一项商品，如果购买的消费者较少，那么该商品必然失去了其存在的价值，因此无法通过消费者的使用来实现其价值。相反的，如果购买商品的人数占比较大，但商品价格较高，也就是消费者需要花费更大的成本去购买，甚至超出了消费者所能负担的最高范围，由此必然抑制了其消费意愿，最终同样导致商品价值的实现。这一点完全可以从传统农保中体现出来，因为农民所承担的缴费压力过大，超出了农民群体的负担限度，由此限制了自身的发展。从整体上说，农村养老保险制度深受农民参保意愿和支付能力的直接影响，并且这两项因素对该制度的可持续发展具有重大影响。

1. 农民的支付能力

随着社会经济发展，国民收入逐年增加，农民的可支配收入也随之上升，生活水平和质量都有了明显改善，这些在很大程度上为新型农村养老保险政策的制定与实施奠定了坚实的基础。对于新的保险制度来说，农民所能负担的缴费能力直接决定了制度实施的进程。尽管我国农民的可支配收入不断提高，但与城镇居民相比，依然处于弱势地位，这种落后差距存在逐步扩大的趋势。从农民角度看，他们收入的增长与多个方面因素有关，比如经济发展水平、政府政策及自然环境等，与城镇居民相比，农民的收入变动面临着更大的未知风险，最终导致农民收入呈现出诸多不稳定的变动趋势。由此，农民在支付养老保险上无法与城镇居民看齐，依然存在较大差距，因此，必须以当前农民实际发展现状为基础，不能完全参照城镇居民的模式。此外，我国地区间的经济发展水平存在较大不平衡性，各地区农民收入也呈现出极大的不平衡性，这就导致地区间农民缴费比例也不尽相同。在此情况下，新型农村社会保险制度设计必须以农民缴费能力为基础。在当前，该保险在制定缴费标准的时候，制定了不同的档次，最低为

100 元，而最高也仅为 500 元，这个标准的制定，同当前的农民的收入情况是相匹配的，是能够承担起的。由此可以看出，该政策制定时对农民的收入问题进行了充分的衡量，这也就意味着，在这种保险中农民具备相应的支付能力。

2. 农民的参保意愿和支付意愿

对农民群体而言，他们是新型农村养老保险制度的主体与对象，其参与意愿一方面与其年龄层次和受教育程度直接相关，另一方面与群体对保险的认知和认同能力直接相关。

第一，对农村养老保险欠缺理性认知。

依据理性预期的相关理论，行为主体在制定预期决策时，应该尽量掌握更为全面的信息，只有如此，才能保障预期更为理性，但是，对农民群体来说，由于自身资源条件限制，在获取相关信息时，往往需要花费更大的成本，并且所获得的信息质量也不尽如人意。对于农民群体来说，新型农村养老保险能够让他们获得实际收益，这一点是客观存在的，但农民没有对新农保政策进行更进一步的深入了解，因此，也无法深切感受到该保险所能实现的真正效益，因此导致群体行动力明显不足。此外，老农保制度所遗留的诸多问题限制了农民的参保积极性，他们对新的保险制度同样产生了不信任和质疑，这种不信任的存在导致其对新农保政策产生了一定的偏见。部分学者经过专项调查研究发现，不愿意参保的农民对新农保的认识存在一定的缺失，部分农民甚至将该项政策认同是国家变相征税。农民产生的这一偏见导致其最终选择了不参保的决策。

第二，农民对政策的预期收益。

投资的目的是实现更大收益，只有实现预期收益目标才能保障投资者的积极性。那么从农村养老保险上说，农民群体作为投资主体，会依据预期收益来判断是否投资。即便是农民有可能无法亲自参与到保险中亲自评价其收益大小，但通常会依据自身的感觉及周遭投资者的收益状况来进行评价。而其自身的预期收益往往基于其所获得的信息来预估，由此来作出或理性或保守的决定。农村养老保险实质上也是一种长期投资产品，最终其所能获得的养老保险金实际上等同于投资收益。农民在做出投保选择时，首先要计算其收益，即衡量自身最终能够获得的养老金，而收益高低直接决定了其参保意愿。如果最终领取的养老金无法保障其在年老丧失劳动力时的基本生活保障，则会选择放弃参保。在传统农保政策中，最低缴费额为每月 2 元，依照此标准进行计算，参保 10 年的农民，每月最终领到的保险金为 4.7 元，即便是参保年限达到相应要求后，最终每月所能领取的养老金也不足 10 元。尽管传统农保制度为了吸引更多的农民参保，不断降低最低缴费标准，但与之相对应的，最终获取的收益也十分有限，每月仅能领取几元钱，这与农民养老需求间存在的差距过大，导致很多农民的参保意愿不断降低。此外，从农民角度看，他们不仅会考虑收支，同时也会对长期支出状况进行衡量。对于大多数农民来说，在消费时往往将子女教育作为首要消费对象。其次是考虑生产性投入及房屋建设消费，而养老保险领域的消费往往是最后一项。因为所需支出的项目较多，必须能够确保家庭一年甚至更长时期的支出需求。尽管与过去相比，农民的可支配收入有了显著提高，但农村地区的各项保障和福利政策尚不完善，农民在参保时，手中并没有闲置资金来支付保费，基于此，一部分农民往往倾向于选择暂时放弃新农保。此外，农民自身对未来收入持有的预期不乐观的情况下，认为未来支出项目带有极大的未知性。这些因素的存在，导致农民很可能被动地参与养老保险，相应的投资预期十分有限，在做出相关决策时显得更为谨慎。长期发展下去，参保信息不足和较低的缴费标准，依然对新型居民养老保险制度产生了较大的负面影响。

第三，农民对养老金管理者的信赖程度。

政府是养老金的管理主体，政府的公信力直接影响了农民的参保意愿。如果居民对政府抱有坚定的信心，那么在具备一定条件时，必然会积极响应政府的参保号召。如果政府的公信力不足，那么社会必然表现得更为散漫，所制定的各项政策也很难落实下去。在之前农保制度的实施过程中，诸多农村地区并没有设立专门的养老保险管理机构，由此造成资金管理上存在较大的漏洞，无法实现正常运营。这种欠缺管理力度的政府形象让农民群体失去了信任感，最终很多农民选择拒绝参保。相关数据显示，约有两成的农民拒绝参保是因为担心所缴纳的保险金被挪为他用。由此可以看出农民群体对政府作为并没有信心，这也是农民不愿意参保的关键原因所在。而新农保在实施过程中，政府也存在监管不力、财政扶持力度不足等问题，没有建立严格的管理制度，并且相应的立法建设落后，导致群众认为政府存在较大不信任感，最终抑制了农民的参保积极性。

第四，短视及侥幸心理。

无论是新农保政策还是城乡并轨后的居民养老保险，参与群体主要以临近退休人员为主，而相应的青壮年群体的参保占比较低。从青壮年群体上看，他们更多依靠自身的努力来抵御未来面临的风险，一般情况下，青壮年群体对自身抱有极大期望，认为即便是自身到了老年阶段同样依然可以依靠自身努力自我养老。或者他们认为存在养老难题的群体规模较大，自身无须杞人忧天，国家自然会解决这一问题。此外，还有部分农民认为年老时可以依靠土地收入及子女照顾，再加上自身没有重大疾病，没有必要缴纳养老保险，也正是在这种心理引导下，这部分群体不愿意参保。还有部分青壮年，由于消费额较大，过于重视眼前的消费，存在较大的短视行为，对未来缺少规划。这些因素的存在，导致农民群体尤其是青壮年的参保积极性十分不足。

3. 农民对新型农村社会养老保险支付意愿的实证研究

我国于2009年颁布的《国务院关于开展新型农村社会养老保险试点的指导意见》，明确指出将在我国农村进行新型农村社会养老保险的试点工作，并将其逐步推广至全国范围。截至2020年，最终实现新农保的全国性覆盖。由于新农保的自愿参加特性，因此农民对于新农保的认识和了解，以及由此产生的投保意愿，将直接影响到相关政策的落实效果。为了更好地了解农民对新型农村社会养老保险的支付意愿，在实地调研中发放《新农保支付意愿》调研问卷，回收问卷779份。

（1）模型选择

在模型选择上，使用条件价值评估法（CVM）来分析差异化条件下农民对于养老保险的支付意愿。这一评估法使用问卷调查的方式获得受访者个人意愿方面的数据，进而解决原始的假设性问题。在本书的研究中，假定农民在既定的新型农村养老保险价格水平上做出愿意购买和不愿意购买的选择。同时农民愿意购买保险的前提，必须是其支付的金额等于或小于其在维持效用水平不变的假设下个人支出函数的差额。在本研究中采用 COX 风险比例模型开展研究。

（2）变量设定

本节内容的因变量为农户对新型农村养老保险的支付意愿区间，自变量是一系列可能会对农户决策产生作用的连续变量或分类变量。各变量的设定见表 3 – 14。

表 3 – 14　　　　　　养老保障支付意愿变量设定

变量		赋值
年龄		年龄（月）
性别	男	0
	女	1
受教育程度	小学及以下	0
	初中	1
	高中	2
	大学及以上	3
婚姻状况	已婚	1
	单身	0
政治面貌	党员	0
	非党员	1
职业	务农	1
	非务农	0
打工时间		打工时间（月）
儿子数量		儿子人数即取值大小
女儿数量		女儿人数即取值大小
赡养比例		供养的老人数量/有经济收入的人数
人均收入		人均收入（元）
人均土地数量		人均土地数量（亩）
对新农保的认知		答题累计得分

（3）描述性统计分析

在进行描述性统计分析之前，本书首先分析目前处于运行状态中的新型农村养老保险的效果，对保险政策的各项制度和特点进行详细的阐述。出于在研究中更好地体现农民购买养老保险过程中所受到的各项影响因素的特点，本书首先做如下说明。

新型农村社会养老保险简称新农保，以区别于过去各地开展的农村养老保险，后者又可以统称为老农保。相比于后者，新农保摒弃了传统农保主要由农民的自我储蓄来提供支持这一模式，在资金来源上不仅仅依靠农民自身缴纳的费用，还有来自集体补助以及政府补贴的所获得资金，也就是说其资金来源不再局限于一个方面，而是拥有三个方面。作为新型农村社会养老保险的基本原则，也即"保基本、广覆盖、有弹性、可持续"，强调从四个层面优化养老保险的功能：第一，立足于农村的实际情况，将具体的筹资标准与个体的经济能力和地区的发展水平相结合，做到合情合理。第二，有序划分农民个人、村镇集体以及政府机构这三方的职责和义务，做到权利与责任相符合。第三，采取政府指导、农民自愿联合的经营方式，扩大参与到养老保险中来的农民数量。第四，使用先行试点、逐步展开的方式，有序地在农民群体中推广新型农村社会养老保险。同时，从农民实际情况出发，设定出从每年缴纳保费 100 元至 1000 元不等的 8 级保费梯度模式，增强农民的参保积极性。在这个过程中，新农保的主管机构将构建系统的参保人员信息库，为每一位农民提供终身期限的个人保险账户。借助该账户能够对个人名下所有的资金来源进行统一记录，统一积累。同时，保险的参保利息，将按照中国人民银行公布的当年人民币一年期定期储蓄存款的水平进行计算。

①养老保障支付意愿总体分布

表 3-15 展示出了对我国农民养老保障支付意愿的总体分析结果。从表中可以发现，500 元以及 1000 元缴费标准是农民支付意愿的两个分水岭：当缴费标准小于 500 元，农民的支付意愿保持在 50%以上的较高水平，并且这一支付意愿伴随着政府对保险的补贴水平而

呈现出同向变化。而当政府的补贴水平保持不变时，农民的支付意愿将与自身的缴费标准呈现反向变化。在政府不提供任何补贴这一极端情况下，1000 元的农民缴费水平，将令参保的支付意愿降低至 19.69%。

表 3 - 15　　　　　　　　　　养老保障支付意愿总体分析

保障水平	政府补贴					
	0%	10%	20%	30%	40%	50%
100 元	57.99%	59.52%	71.77%	82.06%	100.00%	100.00%
200 元	54.16%	56.67%	68.93%	76.48%	100.00%	100.00%
300 元	54.05%	54.05%	55.14%	69.26%	92.56%	100%
400 元	50.66%	52.08%	54.70%	67.83%	90.15%	97.05%
500 元	44.75%	45.08%	49.89%	64.22%	84.03%	92.78%
600 元	39.61%	40.59%	43.11%	60.18%	77.46%	86.98%
800 元	26.48%	26.48%	33.15%	57.88%	68.60%	69.91%
1000 元	19.69%	19.69%	24.18%	42.78%	50.11%	57.44%

②农民对新农保的认知

为了充分了解农民对于新型农村养老保险的认知程度，本书特别设计了包含参保年龄、个人全部本息退还方向、保证期内养老金余额可否继承、养老金余额可否退给其法定继承人或指定受益人，以及如何计算保费和到期后拿到手的养老金这五个问题的调查问卷。该问卷系统性地包含了影响到农民参与新农保意愿的主要认知指标。

图 3 - 3 展示出了农民对新农保的认识分析结果。在五个问题中，新农保个人全部本息退还方向以及保费和到期后养老金的计算，这两个问题的农民认知水平极低，不能充分了解相关信息的农民，分别占到 77.13% 以及 89.93%；而在参保年龄、保险金可否继承以及养老金余额可否退还给法定继承人和受益人这三个问题上，不了解的农民也分别占到 57.88%、64.22% 以及 51.42%。

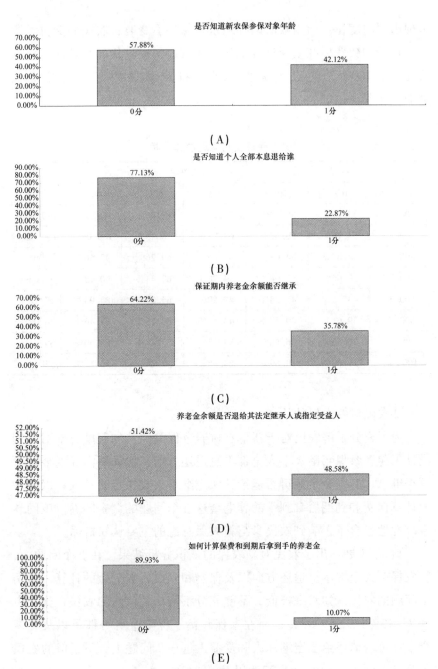

图 3-3 农民对新农保的认知

在分析农民对新农保认知水平的同时，本书也对农民不购买新型农村养老保险的原因进行了分析和研究。如表 3-16 所示，分析结果认为，缴纳保险金过多，是农民拒绝参保的主要原因，这一比例达到了拒绝参保人数的 45.30%。除此之外，缴纳保险金的保证期过长、到期后无法拿到保险金也是农民拒绝参保的重要原因，两者分别占到全部受访农民的 17.51% 以及 11.05%。相比而言，由于购买了其他商业保险而拒绝参保的农民，占比只有 7.99%，显著低于其他的几个原因。

表 3-16　　　　　　　　　　不购买新农保的原因

原因	频数	比例
缴纳保险金的保证期过长	160	17.51%
缴纳保险金过多	414	45.30%
到期后无法拿到保险金	101	11.05%
已购买其他商业保险	73	7.99%
其他	166	18.16%

③实证分析及结果讨论

基于 Newton-Raphson 极大似然迭代法，本书对获得的各项数据进行了系统的实证分析。结果见表 3-17。

表 3-17　　　　　　　　　　COX 比例风险模型估计

变量	系数	标准差	风险率
年龄	0.0514	0.0034	0.9571
性别	-0.0204	0.07413	1.1035
受教育程度	0.0675 *	0.1184	0.7135
婚姻状况	-0.2039	0.0571	1.0354
政治面貌	0.2175	0.0329	0.9928
职业	-0.0357	0.0042	0.9413
打工时间	0.0024	0.1573	1.0723

续表

变量	系数	标准差	风险率
儿子数量	− 0.0041	0.0691	1.0027
女儿数量	− 0.1382	0.0472	1.0345
赡养比例	0.0691	0.1036	0.9471
人均收入	− 0.5713 **	0.5842	0.9916
人均土地数量	− 0.0057 *	0.0246	1.0007
对新农保的认知	0.0367 ***	0.0715	0.8592
Log likelihood = − 4012.0675			
LRchi2 = 91.03			
Prop > chi2 = 0.0004			

通过分析上述结果可以知晓，基于本书所选取数据的精确性，计算获得的结果具备较好的模型拟合度。表中显示 LRchi2 统计量数值达到 91.03，并且在 1% 的显著性水平下 P 统计量为 0.0004，满足了显著性的要求。

此外，各个具体变量对于农民支付新农保的意愿影响程度具备差异性。从年龄上来看，购买保险的意愿将随着农民年龄的提升而提高，不过计算结果却不满足显著性的要求。相比而言，受教育程度与购买意愿呈正向变化，并且满足 10% 置信度下的显著性要求。尽管趋势较弱，但男性相比女性更倾向于购买保险。不进行农业生产的农民、单身农民以及党员农户的购买意愿要强于不具备相应属性的农户，但分析结果不具显著性。同时，家庭子女的数目也会影响农民的购买积极性，并且两者呈现出反向变化的趋势。除此之外，农民家庭的人均土地数量越少，人均收入越高，其越倾向于购买保险，这一点符合"防患于未然"的经济学理论，并且两个结果在 10% 以及 5% 的置信度上满足显著性要求。最后，新农保政策也会影响农民的购买意愿，农民对前者的了解程度越高，其也就越相信相关政策的效果，因此购买的意愿也就相应更加强烈，计算结果满足 1% 置信度下的显著性要求。

（4）我国农村养老保障模式选择的实证分析

随着我国新型农村社会养老保险制度的推出，现有的社会养老模式正逐步地向规模化发展。而由于我国未来的农业保险参保人群目前正处于青壮年时期，因此分析这部分农民偏好的养老模式，找出其中最为主要的影响因素，进而有针对性地对现有的养老保障政策进行完善，关乎着我国未来养老模式的总体发展趋势。

①养老保障模式选择的影响模型

Binary Logistic 回归模型，源自对两分类的因变量所做出的单一回归方程。由于这一模型的变量，其因变量的概率取值处于0—1之间，并且取值范围仅仅为实数集中，就会导致概率的取值出现0—1范围之外的不可能结果。对此，通常采用对概率做一个 Logit 变换从而将其取值区间转化为整个实数集的方式来解决这一问题。Logistic 回归的一般模型为：

$$\text{Logit}(P) = \ln[P/(1-P)] = \alpha_0 + \sum \beta_j X_j + \varepsilon$$

本书中各个变量的表示如下：

P——农村中青年农民选择正规养老保险的概率；

$P/(1-P)$——农村中青年农民选择正规化养老模式的意愿概率；

X_j——影响我国农村中青年农民选择养老模式的因素。

在 P 变量的取值上，分别对中青年农民具备选择正规以及非正规养老模式意愿的情况赋值，相应的值设定为1和0。

②养老保障模式选择的影响变量

由于选取中青年农民选择正规化养老模式的意愿概率为因变量，因此，自变量的选取就需要将各项潜在的影响因素纳入进来，以便构建一个系统的变量组。此处，选择个体特征、家庭特征以及对养老保险的认知三个方面作为自变量。同时，对三个方面进行进一步细分，结果如图3-4所示：

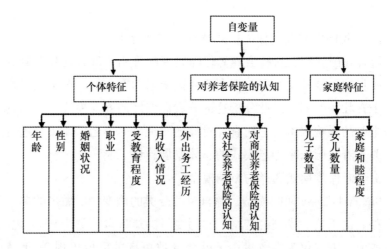

图 3 - 4   自变量具体情况

变量具体赋值定义如表 3 - 18 所示。

表 3 - 18   **养老保险选择因素变量赋值**

变量			赋值
养老保险 模式选择	正规模式		1
	非正规模式		0
个体特征	年龄	青年	0
		中年	1
	性别	男性	0
		女性	1
	婚姻状况	单身	0
		已婚	1
	职业	务农	0
		非农	1
	受教育程度	小学以下	1（其他 = 0）
		小学	
		初中	

变量			赋值
个体特征	受教育程度	中专、高中	1（其他 = 0）
		大专、本科及以上	
	月收入情况	600 元及以下	1（其他 = 0）
		600 元以上 1600 元以下	
		1600 元及以上 3000 元以下	
		3000 元及以上	
	外出务工经历	有	1
		无	0
家庭特征	儿子数量	0 个	儿子人数即取值大小
		1 个	
		2 个	
		3 个及以上	
	女儿数量	0 个	女儿人数即取值大小
		1 个	
		2 个	
		3 个及以上	
	家庭和睦程度	和睦	1
		一般	1
		不和睦	0
对养老保险的认知	对社会养老保险的认知	认知较多	答题累计得分（0—5 分）
		一般认知程度	
		无认知	
	对商业养老保险的认知	认知较多	答题累计得分（0—5 分）
		一般认知程度	
		无认知	

③养老保障模式选择的影响变量描述性统计分析

——个体特征

表 3 - 19 展示了个体特征对于我国农村地区中青年农民在养老模

式选择方面的影响。由数据可知，由于青年一代人的思想更加开放，更多地受到了现代文化的影响，同时计划生育政策也降低了其子女的数量，因此青年农民对于正规化养老保障模式的选择比例达到61.94%，要高于中年农民40.94%的水平。而由于我国独特的历史文化因素的影响，农村地区男性的思想开放程度要明显高于女性，并且对于事物的思考和分析也更加长远化，因此其选择正规化养老模式的意愿要更强，达到67.76%的高水平。作为家庭养老这一传统养老模式在运行过程中的核心要素，子女的作用毋庸置疑，这就令缺乏子女照顾的单身农民更加倾向于选择能够为其带来充分保障的正规保险。非农的农民相对于务农农民来说，也更倾向于选择正规化养老保险，这一比例在青、中年农民中分别达到66.50%和59.43%。这主要是由于外出务工时间越长的农民，眼光和阅历也就越丰富，因此对于养老保险正规性的要求也就越高。同时，随着农村地区义务教育的普及，农民的文化素质和人均收入水平也在不断地提升。在收入这一影响因素上，其对养老保险正规性的影响呈现出倒"U"形的特点：低收入的农民，将随着收入的提升而更倾向于选择正规化的养老保险。而当收入达到一定水平之后，对养老保险的依赖性大幅减弱，这时候其对正规性的需求，反倒会随着经济实力的提升而呈现出下降的趋势。最后，学历水平越高的农民风险防控意识也就越强，这就使得他们更加倾向于选择能够带来稳定的养老保障的正规化养老制度。

表 3 - 19　　养老模式选择意愿描述性统计分析——个体特征

个体特征		人数	养老模式选择意愿			
			正规化养老		非正规化养老	
			频数	比例	频数	比例
年龄	青年	310	192	61.94%	118	38.06%
	中年	469	192	40.94%	300	63.97%

个体特征			人数	养老模式选择意愿			
				正规化养老		非正规化养老	
				频数	比例	频数	比例
性别	青年	男性	183	124	67.76%	59	32.24%
		女性	127	68	53.54%	59	46.46%
	中年	男性	238	100	42.02%	138	57.98%
		女性	231	92	39.83%	162	70.13%
婚姻状况	青年	单身	164	126	76.83%	38	23.17%
		已婚	146	66	45.21%	80	54.79%
	中年	单身	127	58	45.67%	69	54.33%
		已婚	342	134	39.18%	231	67.54%
职业	青年	务农	107	57	53.27%	50	46.73%
		非农	203	135	66.50%	68	33.50%
	中年	务农	294	88	29.93%	206	70.07%
		非农	175	104	59.43%	94	53.71%
教育程度	青年	小学以下	5	1	20.00%	4	80.00%
		小学	9	4	44.44%	5	55.56%
		初中	276	139	50.36%	137	49.64%
		中专、高中	14	11	78.57%	3	21.43%
		大专、本科及以上	6	5	83.33%	1	16.67%
	中年	小学以下	11	2	18.18%	9	81.82%
		小学	25	7	28.00%	18	72.00%
		初中	417	175	41.97%	242	58.03%
		中专、高中	11	6	54.55%	5	45.45%
		大专、本科及以上	5	2	40.00%	3	60.00%

续表

个体特征			人数	养老模式选择意愿			
				正规化养老		非正规化养老	
				频数	比例	频数	比例
月收入情况	青年	600 元及以下	4	2	50.00%	2	50.00%
		600 元以上 1600 元以下	26	16	61.54%	10	38.46%
		1600 元及以上 3000 元以下	167	123	73.65%	44	26.35%
		3000 元及以上	113	63	55.75%	50	44.25%
	中年	600 元及以下	7	2	28.57%	5	71.43%
		600 元以上 1600 元以下	31	9	29.03%	22	70.97%
		1600 元及以上 3000 元以下	188	115	61.17%	73	38.83%
		3000 元及以上	243	66	27.16%	200	82.30%
外出务工经历	青年	有	176	114	64.77%	62	35.23%
		无	134	78	58.21%	56	41.79%
	中年	有	298	106	35.57%	192	64.43%
		无	171	86	50.29%	85	49.71%

——家庭特征

这部分变量对于我国农村地区中青年农民在养老模式选择方面的影响的结果见表 3－20。由数据可知，由于能够从子女处获得更多的物质支持和精神寄托，因此家庭中子女的数目越多，中青年农民越倾向于选择传统的家庭养老模式，从而降低对正规化养老保障的需求，这一比例几乎在 60% 以上。同时，家庭和睦程度也会影响到相应的决策。如果父母与子女，以及其他家庭成员的关系越不融洽，那么家庭养老模式的效果也就越差，从而促使人们更多地选择正规化养老保障作为自身的养老决策方式。

表 3 - 20　　　**养老模式选择意愿描述性统计分析——家庭特征**

家庭特征			人数	养老模式选择意愿			
				正规化养老		非正规化养老	
				频数	比例	频数	比例
儿子数量	青年	0 个	97	63	64.95%	34	35.05%
		1 个	128	73	57.03%	55	42.97%
		2 个	85	56	65.88%	29	34.12%
		3 个及以上	0	0	—	0	—
	中年	0 个	43	16	37.21%	27	62.79%
		1 个	185	63	34.05%	122	65.95%
		2 个	169	101	59.76%	68	40.24%
		3 个及以上	72	12	16.67%	60	83.33%
女儿数量	青年	0 个	149	87	58.39%	62	41.61%
		1 个	79	47	59.49%	32	40.51%
		2 个	74	50	67.57%	24	32.43%
		3 个及以上	8	8	100.00%	0	0.00%
	中年	0 个	54	17	31.48%	37	68.52%
		1 个	197	71	36.04%	126	63.96%
		2 个	56	25	44.64%	31	55.36%
		3 个及以上	162	79	48.77%	83	51.23%
家庭和睦程度	青年	和睦	146	92	63.01%	54	36.99%
		一般	112	69	61.61%	43	38.39%
		不和睦	52	31	59.62%	21	40.38%
	中年	和睦	127	66	51.97%	61	48.03%
		一般	208	77	37.02%	131	62.98%
		不和睦	134	49	36.57%	85	63.43%

——对养老保险的认知

表 3 - 21 罗列出了养老保险认知这一变量对于我国农村地区中青年农民在养老模式选择方面的影响。调研地区的参保农户的总体满意度指数为 2.9485，处于一个中等水平。将此结果与满意度调查指数

相结合，可以获得相应的新农保实施效应。同时，表 3 - 22 展示了对我国农村中青年农民对养老保险的认知进行分析的结果。由于自身所具有的正规化养老保险模式特性，农民对社会养老保险与商业养老保险的参保意愿，都受到其对两者认知程度的影响。农民的认知程度越高，那么参保的意愿也就越高。

表 3 - 21　　　　　养老金农村二元并轨政策的认知程度

对养老保险的认知	均值	t	P
对养老金农村二元并轨政策的参保了解程度	3.63	0.04	0.1452
对养老金农村二元并轨内容的了解程度	3.39	0.04	0.1356
对养老金农村二元并轨参保途径的了解程度	3.7	0.04	0.148
对农村社会养老保险参保原因的了解程度	3.39	0.04	0.1356
对养老金缴费档次设置标准的满意度	2.35	0.05	0.1175
参加农村养老保险对解决养老问题的程度	2.89	0.06	0.1734
满意度 CSI			2.9485

表 3 - 22　　　　养老模式选择意愿描述性统计分析——对养老保险的认知

对养老保险的认知			人数	养老模式选择意愿			
				正规化养老		非正规化养老	
				频数	比例	频数	比例
对社会养老保险的认知	青年	认知较多	99	76	76.77%	23	23.23%
		一般认知程度	153	94	61.44%	59	38.56%
		无认知	58	22	37.93%	36	62.07%
	中年	认知较多	104	69	66.35%	35	33.65%
		一般认知程度	216	117	54.17%	99	45.83%
		无认知	149	6	4.03%	143	95.97%
对商业养老保险的认知	青年	认知较多	106	83	78.30%	23	21.70%
		一般认知程度	114	69	60.53%	45	39.47%
		无认知	90	40	44.44%	50	55.56%

对养老保险的认知			人数	养老模式选择意愿			
				正规化养老		非正规化养老	
				频数	比例	频数	比例
对商业养老保险的认知	中年	认知较多	134	94	70.15%	40	29.85%
		一般认知程度	176	91	51.70%	85	48.30%
		无认知	159	7	4.40%	152	95.60%

④实证分析及结果讨论

——个体特征的影响

如表3-23所示，可以充分看出相关变量对于我国农村地区中青年农民在养老模式选择方面的影响。分析结果显示，单身而没有配偶和子女的农民更倾向于选择正规化养老模式，并且男性的相关意愿也要高于女性，相应的统计检验结果满足显著性检验的要求（$P = 0.0318 < 0.05$、$P = 0.0104 < 0.05$）；受教育程度在小学以上，并且进行稳定的农业生产，这两个变量与对正规化养老模式的选择意愿同样呈现出同向变化的趋势，并且结果都满足显著性检验的要求。相比而言，尽管农民的年龄以及外出务工的经历，这两个变量与自身的选择意愿呈现反向变化，但结果明显不显著（$P = 0.1067 > 0.05$、$P = 0.0682 > 0.05$）。在人均月收入水平这一影响因素上，以3000元/月为分水岭：低于这一水平，收入与意愿同向变化，反之亦然。同时，这两组数据的分析结果都满足显著性检验的要求。

表3-23　个体特征对中青年农民选择正规化养老模式的影响——
家庭特征的影响

个体特征		均值	t	P
年龄	青年	0.62	-0.41	0.1067
	中年	0.41		
性别	男性	0.53	-0.77	0.0318
	女性	0.45		

续表

个体特征		均值	t	P
婚姻状况	单身	0.63	-0.58	0.0104
	已婚	0.41		
职业	务农	0.36	0.94	0.0118
	非农	0.63		
教育程度	小学以下	0.19	0.73	0.1030
	小学	0.32	0.71	0.0062
	初中	0.45	0.95	0.0406
	中专、高中	0.68	0.68	0.0027
	大专、本科及以上	0.64	1.03	0.0319
月收入情况	600 元及以下	0.36	1.08	0.0137
	600 元以上 1600 元以下	0.44	0.94	0.0048
	1600 元及以上 3000 元以下	0.67	1.03	0.0307
	3000 元及以上	0.36	-0.88	0.0031
外出务工经历	有	0.46	0.69	0.0682
	无	0.54		

这部分变量对于我国农村地区中青年农民在养老模式选择方面的影响的结果见表 3 - 24。分析结果显示，当子女中儿子的数量较多时，农民更倾向于选择传统的家庭养老模式而拒绝采用正规化养老，这一结果满足显著性检验的要求（P = 0.0084 < 0.05）；相比而言，女儿越多的农民尽管从分析结果上也呈现出一种拒绝正规化养老的趋势，但是计算的结果并没有符合显著性检验的相关要求（P = 0.1037 > 0.05）；最后，家庭的和睦程度与对正规化养老模式的需求呈现反向变动关系。结果符合显著性检验的要求（P = 0.0061 < 0.05）。

表3-24　　家庭特征对中青年农民选择正规化养老模式的影响

家庭特征		均值	t	P
儿子数量	0 个	0.564285714	-0.24	0.0084
	1 个	0.434504792		
	2 个	0.618110236		
	3 个及以上	0.166666667		
女儿数量	0 个	0.5234375	-0.16	0.1037
	1 个	0.456647399		
	2 个	0.522821577		
	3 个及以上	0.515625		
家庭和睦程度	和睦	0.503571429	-0.49	0.0061
	一般	0.45625		
	不和睦	0.541899441		

——认知特征的影响

这部分变量对于我国农村地区中青年农民在养老模式选择方面的影响的结果见表3-25。由分析结果可知，当农民对于社会以及商业养老保险的认识更加深入和透彻时，其选择正规化模式的意愿就相对较强，两者呈现同向变化趋势。该结果满足显著性要求（P = 0.0008 < 0.05、P = 0.0167 < 0.05）。

表3-25　　认知特征对中青年农民选择正规化养老模式的影响

对养老保险的认知		均值	t	P
对社会养老保险的认知	认知较多	0.71	0.58	0.0008
	一般认知	0.57		
	无认知	0.74		
对商业养老保险的认知	认知较多	0.74	0.91	0.0167

除了上述各个影响因素以外，老年人所选择的养老模式，也会直接影响到其从养老生活中获得的满意度和归属感。笔者在研究的过程

中，清晰地了解到就目前的现实情况而言，中国的绝大部分家庭仍旧采用的是传统的家庭养老模式，并没有充分地利用社会养老的模式和资源。这一点也受到我国传统文化中的"养儿防老"思想的深刻影响。基于这一原因，我国老年人群体之中的社会养老满意度一直处于一个较低的水平。但借助新型农村养老保障模式的提出与应用，我国正一步步建立健全养老保障制度。而随着我国目前中青年人群年龄的不断增长，将成为我国农村养老的主要人群，而他们所具有的接受新式养老模式的能力，也明显强于父辈。基于此，通过研究我国农村中青年农民群体对于其将采用的养老模式的评价与选择，将能够系统地对我国养老模式的优劣与潜在发展能力做出判断，从而选择出真正能够促进我国养老事业发展和提升老年人养老生活满意度的影响因素，并对养老政策的改革做出相应的政策建议。

三　社会环境因素

（一）经济发展总体水平不高，并且地区之间发展不平衡

社会养老问题由来已久，在以往经济落后时期，家庭大多以聚居方式而存在于社会结构中，相应的家族体系较为庞大，养老问题完全可以由家庭自身解决。但随着经济发展，社会人口出现了较大的流动性，由此家庭结构也出现了较大的变化，家庭规模不断缩小，但所面临的养老负担不断增加，相应的家庭所担负的养老职能不断降低，依靠家庭内部养老无法有效解决这一问题，因此提出了构建现代化养老保险制度的需求。德国在 1889 年建立了国家养老保险制度，由此开启了养老保险制度在全球范围内的推广和应用。考察全球各国养老保险制度的发展经验，发现诸多经验具有相似性。国家社会养老保险制度的完善性、制度发展水平，与国家的社会经济发展能力有着直接的关系。比如经济发达的国家和地区，相应的财政支付力度较足，农民所享有的养老福利更加突出。而经济欠发达国家和地区的经济基础较为薄弱，社会养老保险所能覆盖的范围及力度十分有限。因此国家经济实力对于养老保险制度建设具有直接影响，只有在国家经济实力雄

厚时，才有更大的能力保障养老保险制度的高覆盖、高水平目标的实现，让农民真正享受到国家发展带来的实惠型，让国家发展成果真正地惠及全体人员。自我国实施改革开放政策以来，国家经济取得十分显著的发展成效，国家财政支付和能力得到了大幅提升，已经具备建设农村新型养老保险的经济实力。但是我国经济发展过程中面临的城乡经济不平衡性和二元制结构对农村地区养老保险制度的实施带来了较大的阻力，限制了新型农村养老保险及城乡居民养老保险事业的顺利推进。

1. 经济发展的整体水平稳步提升，但地区间经济发展的平衡性日益加剧

改革开放四十年来，我国经济发展取得了卓越成就。按照新古典经济增长理论，实现经济增长的途径主要有两种：一是积极提高劳动力的有效性；二是全面提高储蓄所新增的资本总量。由此可见，劳动力因素对经济发展具有至关重要的作用。在此情况下，构建可持续而完善的养老保障制度显得十分急迫。只有如此，才能保障劳动力的可持续性增长，由此实现经济稳步增长的目标。基于此，经济发展水平与所构建的养老保障制度间存在着积极的正向关系，经济发展必须以完善的养老保障制度为基础，市场经济的稳步运行同样需要诸多全面而系统的制度保障，而社会保障制度中涵盖了农村养老保险制度，将国家发展的成果惠及全社会，因此必须为农民群体构建和实施切实可行的福利政策。当前，我国所构建的新型社会养老保险制度具备了实施的物质条件。社会经济的迅猛发展，为在全国范围内构建统一而完善的养老保险制度提供了基本的物质水平。在设计养老保险制度时，应综合考量两个重要因素，即农村居民收入与国家经济实力。同时，在此前提下，有效地调整和设计养老保险缴纳标准，实现其与农村居民收入相匹配，不会出现负担过重的问题。

但是，我国经济在取得卓越成就的同时，表现出极大的地区不平衡性，相应的发展水平也明显存在东高西低的特点。我国东、中、西三大地区的人均收入差异较大，这些导致不同地区农村养老保险制度存在极大的不一致性，因为农民的参保意愿与国家提供的扶持与激励

存在直接的关系。各个地区经济发展的不平衡性，导致最终人均可支配收入并不相同，中西部的经济实力明显落后于东部地区，因此，农村养老保障水平也逐步呈现出东高西低的发展特点。

2. 城乡间居民收入差距逐步扩大，农民收入呈现出较大的地区性差异

农村居民的收入状况是提供养老保障的重要基础，收入水平与其养老保障支付能力和保障水平存在明显的正相关关系。自 1998 年以来，我国针对农村地区出台实施了诸多惠农政策，尤其是在 2003 年后，"三农"问题始终是中央一号文件的核心内容，增加农村居民收入水平，提高农村支持力度，相应的农民群体收入有了显著提高。但是，城镇和农村居民的收入差距不断拉大，很难在短期内缩小或消除这一差距。据统计，1978 年，我国城市与农村的居民收入比值为 2.57∶1，在改革开放政策实施之后，这些比值出现了逐步扩大的趋势。发展到 2000 年，城镇与农村居民收入的比值为 2.79∶1，而到了 2010 年这一比值更是增长到 3.23∶1，直至后来的 2013 年 3.03∶1，2014 年 2.75∶1，2015 年 2.73∶1，2016 年 2.71∶1，2017 年 2.70∶1，尽管近三年在国家政策调整下，这一比值有所下降，但依然保持在

图 3-5　2009—2017 年城乡居民收入对比（单位：元）

数据来源：中华人民共和国国家统计局《中国统计年鉴》（2017）。

3 倍左右。由此可见，农村居民的收入增长幅度远远跟不上城镇居民。

另外，东部、中部、西部地区的经济发展差异大，1978 年中、西部地区居民收入差距趋近 1:1，与东部部分发达地区的农民收入差距仅为 22%，随着地区经济的迅猛发展，经济增速差距不断扩大，直至 20 世纪 80 年代中期，中、东部地区居民收入已分别达到西部地区的 1.19 倍、1.59 倍。21 世纪以来，国家一直采取措施来减少东、西、中部的收入差距，但实际上东、西、中部的收入差距并没改善反而在加剧。

表 3 - 26　　　　2011—2015 年农村居民按地区人均纯收入　　（单位：元）

地区	2011	2012	2013	2014	2015
东部地区	9585.0	10817.5	11856.8	13144.6	14222.4
中部地区	6529.9	7435.2	8983.2	10011.1	11002.2
西部地区	5246.7	6206.2	7436.6	8295.0	9132.8

数据来源：中华人民共和国国家统计局《中国统计年鉴》（2016）。

从图 3 - 5 最新数据可以看出，尽管 2013—2015 年这一期间与之前年份相比，地区间的收入差距不断缩小，但与中西部相比，东部地区农民的人均纯收入依然是最高的，相当于中部地区的 1.29 倍、西部地区的 1.57 倍，要彻底消除这一差距任重而道远。因此，在经济差距的影响下，农村居民的养老保险支付能力也存在明显的地区差异性。中西部尤其是西部偏远地区的人均纯收入较低，生活尚且存在较大的困难。这些地区家庭支出基本上用于日常生活及子女教育两个方面，无暇顾及养老保障，因此这些地区依然需要借助传统的土地养老和家庭养老两种模式。而东部经济相对发达的地区，农民的纯收入水平相对较高，很多人开始筹划未来的养老保障问题，倾向于选择缴纳养老保险的方式来保障未来年老以后的生活，因此这些地区农村养老保险的社会化程度较高。

（二）二元社会结构长期存在，影响农村养老保障制度的顺利实施

新中国刚刚成立之时，受历史遗留及政治经济环境的影响，新中国选择了一条不符合实际的工业化发展道路，限制了农业的复苏和发展，牺牲了农民阶级的利益。由此导致农村的各项事业普遍落后于城市地区，即便是在实施改革开放政策以后，农村所享有的社会待遇并没有优于城市地区，城镇地区占据着更大的资源优势，由此进一步拉大了城乡差距。城乡间所享有的政策福利差异集中存在于两个方面：第一，中央和地方财政更愿意投向城镇地区，扶持该地区的基础设施、公共交通、生态环保等领域的发展，而在农村地区所投放的扶持力度十分有限。第二，城镇居民所享有的社会福利远远高出农民群体，尽管这种不公平的倾向受到了批评，但长期二元制结构导致的负面影响很难在短期内消除。主要包含如下问题：

1. 长期城乡二元户籍制度所遗留的问题

我国政府历来重视户籍制度建设。早在 20 世纪 50 年代末，我国就正式颁行了《中华人民共和国户口登记条例》，标志着现代户籍制度的建立。户籍制度是国家推行的一种行政管理制度，户籍制能够保障合法公民享有一定的教育、医疗、就业等多个方面的福利或保障权利，也是从公民出生到死亡的社会身份证明。我国的户籍制度是在计划经济背景下实施的，并且根据所处地域和家庭关系的不同，户口可以分成农业户口和非农业户口，不同户口的成员享有的国家福利是不同的，而且不同的户口是不可以随意迁移的。我国有关部门严格执行户籍制度，对城乡居民间的流动进行严格控制。这样，城乡分离的倾向愈发明显，"二元经济模式"形成，对我国产生了深远的影响。在此模式下，共有两种户口形态，一种是"城市户口"，而另一种则是"农业户口"。随着时间的推移，两者在利益分配方面的差距逐渐显现出来，持有"城市户口"的居民明显在利益分配方面占据主动。而且，他们享有更加可靠的福利保障，且保障的种类繁多。对此，国家每年都会拨付大量资金，用于发放补贴，维护他们的合法权益。但是，占人口80%农民一直与这种制度无缘，户籍制度附加的从社会

保障到教育、医疗、公共服务等几乎所有公民权益，农民都没有完全享受到。城乡之间建立起一种全方位不平等，因此也产生了长期二元社会结构下城乡居民不平等的社会地位。"农转非"，就成为农村居民的梦想，也是他们始终追求的目标。

　　改革开放政策实施以来，户籍制度有所松动，但也仅仅是出现了一定的开放性，对于小城镇的居民不再实施计划管理。但在户口向大城市区域迁移时，户口依然是所面临的首个问题，户籍制度限制了城市化进程的有效推进，同时对农业现代化目标的实现带来了一定的阻碍作用。实施户籍制度的初衷是为了与计划经济制度相适应，但在改革开放政策实施后，我国建立了市场经济制度，实现了生产要素间的自由流动。而户籍制度硬性地将城市与农村人口隔离开，限制了农村劳动力这一关键资源的自由流动。农民在向城市地区流动以后，但相应的户籍依然留在农村，因此所享有的福利政策与城镇居民也存在较大差距。由此进城务工的农民在年老时只能选择重新回到农村，继续从事农业生产，这就限制了农村剩余劳动力转移的效率与质量，限制了农村地区的健康发展。为了适应市场经济发展的新要求，我国政府的户籍制度改革也在逐步深入，为此制定了专项战略部署，在实践中认真落实大量的改革决策。比如 2014 年颁布实施的《关于进一步推进户籍制度改革的意见》，允许城市中拥有固定职业且生活状态较为稳定的外来人员可以申请本地户口成为常住居民，由此加快了外来人口市民化的进程。同时，该意见重点强调，必须在城乡间实行统一的户籍登记制度，采用居民户口代替之前的农业和非农业类型。由此，伴随着户籍登记制度及体系逐步规范和完善，人口登记的社会管理功能逐步凸显出来。① 这也预示着我国城乡户口差异性正式被取消，城乡居民拥有了统一的身份，这在我国的发展历程中具有划时代意义，更大程度上凸显了社会主义制度的公平与公正。在该意见实施的两年时间里，户籍制度改革已成为推进和深化社会各领域改革的前提和基础。2015 年，国家为了尽快完成户籍改革，再次颁布实施了《关于

---

① 《国务院关于推进户籍制度改革的意见》，《人民日报》2014 年 7 月 30 日。

调整城市规模划分标准的通知》，该项通知成为户籍制度改革深化的基础依据。但这一改革进程并非一蹴而就的，需要同时推进各项配套政策的实施进程。

2. 农村人口结构变化限制了农村养老保险的顺利推进

农村地区大范围的人口流动改变了农村的人口结构，在市场经济不断成熟和发展的背景下，城市地区的就业机会吸引了更多农村人口涌向城市，由此改变了农村的生产经营状况，农村所拥有的劳动生产能力逐步降低，延缓了农村地区的进步与发展。更多的农村青壮年走向城市，降低了农村社会养老保险的参保率，给整个养老金的收取工作带来较大的困难。当前我国农业人口占比在一半以上，但我国人口老龄化的倒挂现象却日益加剧。西方国家在构建针对农村居民的养老保险时，只有20%的农村人口，与西方国家相比，我国农业人口占比远远超出标准人口占比，因此，我国农村养老保险机制的建立健全，将会面对各种各样的问题。除此之外，与城镇居民相比，农村人口老龄化现象更为严重，而且整体老龄化水平也更高。此外，很多专家预测，这种关系还将持续很长一段时间。而农村人口老龄化也在一定程度上加重了养老负担，而且给原先就处于弱势的农村养老保险带来了更大的压力。

（三）传统养老文化在一定程度上影响农村养老保障制度的执行

文化极大地影响着制度的制定、执行和确定。中西文化的差异，决定了中西家庭观念和养老观念的差异。西方国家更加认同家庭仅仅是一个概念、一个单位，不应将所有养老责任都交由家庭承担，西方家庭不单单是由有血亲关系的成员组成，还包括家中的工人和仆人。从道义上来说，家庭成员间并没有赡养的责任，家庭赡养需要通过法律规范的建立健全来维持，父母将通过法律形式，确定财产的分配，而子女则需要依照法律契约的规定，对父母进行赡养扶助。不过由于各种因素的存在，子女可能无法赡养父母，此时就需要相应的救助组织提供帮助。西方国家建立养老保险机制，就是以国家救济组织和社会救济组织为基础，施行的商业运行机制。而这些历史因素和文化因素，则促成了西方养老体系的构建。

笔者以为对农村养老保障机制确定形成影响的文化要素主要是村庄文化和传统孝道文化。

1. 传统孝道文化

中国悠久的历史文化传统认为，尊老爱幼是中国的优良传统，赡养老人更是理所应当。在母系氏族社会，老人在部落中受到尊重。在封建社会中，无论是城镇还是乡村，老人均可以享受到一定的待遇。从先秦时期开始，我国形成了一系列养老思想，如孝道，其最开始萌芽于尧舜时期，尽管春秋战国时期百家争鸣，相互辩驳，但是诸子百家对孝的认识都是一样的。孝道在中华传统文化中具有崇高的地位。孔子提出"三年无改于父道"、"父母在，不远游"等系列孝的主张。孟子则提出："天子养老，等于养天下之父亲，以父统子，则天下归心，忠君则天下太平。"秦汉时期的《孝经》更是提出："孝为百行之首"。封建社会的经济模式主要为小农经济，生产力和生产水平都比较原始，家庭作为生产单位可以加强生产抵御风险的能力，在此种环境下，当时大部分的社会活动都和家庭这个生产单位紧密联系起来的，家庭除作为生产单位外还具有情感寄托的作用，家庭成员之间相互依赖，相互帮助。家庭作为小型的文化经济集中地，养老自然而然由家庭来负担。虽然时代的发展和社会制度的改革给原始的农村家庭概念带来了很大冲击，孝道文化的地位有所下降，但是传统的孝文化和尊老爱幼传统以及养儿防老等思想并没有一起消失，政府将孝道观念不断传达给民众，尊老爱幼成为国家治理的重要基础，鼓励家庭养老。

不过传统孝道文化给我国新型农村养老保险和所实施的城乡养老保险机制的推进制度，不仅有益，也有阻碍。首先，对这种传统养老观念的过分坚守，不利建立全新的机制，农村对家庭养老的依赖性过高。其次，就我国实际发展水平来说，不可能将所有养老风险都转移给国家，所以传统养老思想观念可以帮助国家分担部分风险，而这部分养老风险将落在家庭成员身上。在未来很长一段时间内，家庭养老将会发生持续的作用。因此，当今社会，传统孝道文化虽然发生了一定程度的变化，但是由于传统孝道文化早已根深蒂固。而在新型农村养老保险，尤其是城乡养老保险的建立过程中，都要充分考虑该文化因素，将制度和文化充分融合起来，以相互推进。一方面要将家庭养老在新机制中的作用和优势充分发挥出来，另一方面要警惕对新制度的阻碍，确保制度更加合理化和人性化的推行。

2. 村庄文化

传统中国社会属于乡土社会，是以农耕经济为基础的，村落是基本单位，在我国传统社会，国家虽是最核心的权力主体，却无法真正深入到农村基层中，从村庄角度来说，更无法确保公共事务得到彻底解决。但是单个家庭也同样很难确保农业生产和安全等问题得到解决。在这种情况下，如果某村庄具有显著的地缘性特性和血缘性特性，那么其某些功能将逐渐显著，它是定居在一定的区域内的单个家庭共同组成的群体，通过乡规民约和舆论机制将人们紧密连接起来成为一个共同体。村落作为一个基本的社会单元，具有很强的区域性特征。而且，经过时间的锤炼，其村落文化将逐渐形成和发展。而传统的村落文化具有许多表现形态，如礼俗文化、家族文化、乡土文化等，都属于村落文化的范畴。相较于其他文化，传统村落文化具有许多鲜明的特征，如礼治大于法治、家族文化主导、区域性认同等。这些特征，其实也就是此类文化本身所具有的优势。正因为如此，其也成为村级管理中不可或缺的力量。村庄文化是相对于城市文化而言的，指的是以血缘关系和家庭关系为基础产生的反映村落群体意识的文化形态。建立农村养老保障机制时，必定要考虑村落文化等要素，而这些要素的影响体现在以下几方面。

首先，村庄文化具有独特的舆论性，这将会给农民造成很大的规范压力。与城市相比，村庄不仅仅是一个单位，也是一个系统，其封闭性非常强。而在这个相对封闭的系统中，村民之间彼此相互了解，相互熟悉。在这种环境下，村庄必然就成为封闭的熟人社会。村庄与其他系统相比，其特性主要表现在以下几方面：首先是亲，实际上，村庄是由不同的亲缘关系连接成的一张社交网；其次是近，村民和村民之间可以通过面对面的交流和沟通，提高交际的便捷性。因村民所生活的区域并不是很大，村庄文化的认同感，以及文化的趋同性，将会给村民群体带来更多的压力，而这种压力极具规范性。也就是说，所有村民的行为都受到了个体的监督，而这也是一种舆论机制，因此在村庄中，逐步会形成"从众行为"。所以，对同一个村庄的村民来说，其参加养老保险的热情可能都会非常高。不过从另一个角度来说，这种热情也可能将会越来越消极，这就从某种程度上，推动了农村养老保险机制的发展。

其次，村庄文化具有很强的区域性特质。农村社会是践行新型农村养老保险机制的主体，而且农村社会的载体是村庄。不过就养老来说，最基础、最本质的养老模式便是家庭养老。之所以会出现这种情况，主要取决于社会经济和文化传统等要素的综合作用。实施了新型农村养老保险机制后，因农村地区缺乏均衡性发展，尤其是经济发展水平的不均衡，农民收入水平的不均衡，以及文化传统、现代性及观念系统等不平衡性。对新型农村保险机制这一全新的事物，不同村庄所持的态度各不相同，带来的结果也各不相同。村庄区域的划分，是依据不同的标准进行的。比如，如果只考虑地理位置，就可以发现现代农村一般分为三部分，分别是北部农村、中部农村及南部农村。[①] 与其他两类农村相比，南部农村的规范更强，这与中央权力的远离息息相关。这种类型的村庄，对于传统传承的关注度更高，在代际关系中，传统社会的特征体现得更为显著，所以家庭中老人可以受到礼遇，这表明，家庭养老的作用还是非常突出的。所以，南方村庄并不是很期待"新农保"，参保率也就不是很高。而北部农村，尤其是以东三省为代表的村庄，其开发历史非常短，因此，其传统色彩并不是很浓。而在东北部分农村，村庄内部的规范性，并不是非常显著，而且外部架构也不够清晰，农民价值的实现大多是通过村庄外的成功来体现，这在一定程度上刺激了农民的信仰和生活。[②] 除此之外，随着市场经济的高速发展，村庄生活也有了新的改变，而在市场经济的持

---

① 贺雪峰：《村治模式：若干案例研究》，山东人民出版社 2009 年版，第 49 页。
② 同上书，第 60 页。

续刺激下，村庄生活的改变也日趋理性化。对于养老问题，农民的态度也更加理性，所以他们并不会将所有期望寄予"养儿防老"上，还会自己购买养老保险，在这些地区，"新农保"必然会得到积极有效的发展。

第四章　国外农村养老保障制度及对中国的启示

养老保障制度的建立与完善是一个长期的过程，从它发展到现在已经有一百多年。从世界范围来看，各个国家或地区都有自己独特的养老保障体系，在200个已经设立有养老保障制度的国家或地区当中，有超过35％的国家或地区已经在整个农村地区开始实行，特别是对于养老保障制度运行有着悠久历史的发达国家，已经从整体上对体系进行了完善、形成了覆盖全民的制度，也就使得农村的养老保障和城市居民享有的养老保障没有太大的差别。随着城市化发展进程的加快以及老龄化现象的加重，很多发展中国家采取的措施就是逐步加大对城市人口的养老保险的覆盖，工业化的程度也随着城市化的发展进一步深化，也已经开始实行工业反哺农业的"以工促农、以城带乡"的发展战略，积极建立并努力完善农民养老保险制度，进而寻求实现城乡养老保险制度公平发展。因此，由国外养老保障制度从城市到农村的推进可以得出结论，对于世界上所有的国家，不管经济发展得怎么样，在社会保险开始建立的最早期基本上不会涉及农村地区，只有随着工业化的发展，城市的养老保险体系开始慢慢确立，在经济进一步发展的过程中才开始向农村地区覆盖，甚至专门为农民建立农民养老金制度。

养老保障制度的确立与完善除了和自身的经济实力有关之外，还受到各个国家或地区基本文化以及政治因素等方面影响。随着社会进程发展的不断加快，在世界范围都在尝试着如何让社会保险更加完善，特别是从20世纪90年代开始，养老保险制度改革已经成了各个国家或地区都十分重视的问题。

一　国外社会养老保障制度概述

现代意义上的社会保障最主要的构成就是养老保障，养老保险制度是养老保障制度的一个最重要的形式，而追溯到养老保险的起源可以发现这一制度是从德国的俾斯麦模式和英国的贝弗里奇模式之中演化过来的，各个国家也根据自身不同的国情对养老保障模式进一步改进。养老保障从严格的意义上来说可以分成很多类，如果从组织形式上来区分，可以分为以整个社会福利为主的养老保障、以单个家庭为主的养老保障、以政府、企业和家庭等共同为依托的多元化养老保障体系；根据支付养老保障资金的形式，可以将养老保障制度分为缴纳费用确定型和待遇确定型；根据购买养老保险方式的不同，养老保险又可以分成完全类型的基金制、现收现付制、部分累积制。

（一）国外养老保险制度的形成

1889 年，德国制定并出台了《老年和残疾保险法》，这标志着现代养老保险制度正式形成。1948 年，英国发布了《贝弗里奇报告》，这意味着以养老保障制度为基础的福利国家诞生。在"二战"结束后的二十年时间里，各国相继创建了现代养老保障机制。

在两次工业革命的强力助推下，人类社会的历史进程获得了长足的进步，为创建现代化养老保障机制打下了坚实的基础。第一，工业革命的形成与出现令很多国家从落后的农业国家一跃成为先进的工业国，为福利国家的形成提供了关键的物质条件。第二，工业革命的形成与出现推进了城市化进程，继而使得家庭养老模式受到冲击，收入差距大、贫困人口数量不断增加等各种不益于维护社会安定的问题隐患开始滋生。在完成工业革命之后，德国创建了社会保障机制，为创建现代化养老保障机制开了先河。

第二次世界大战期间，在时任政府的委托与要求下，英国著名研究学者贝弗里奇编写了一份《贝弗里奇报告》，可将其视为现代化福利国家的起源。贝弗里奇在该报告中，不仅尖锐地指出了各种社会问题，比如疾病、懒惰、贫穷等，还针对这些问题创建了社会保险制度。而"二战"结束之后，英国政府为了维持社会安定、促进经济发展，在借鉴和参考《贝弗里奇报告》的基础上制定了一份涉及内容多、涵盖面广的社会保障法案，为本国人民提供了一份从出生到死亡的福利制度保障。在英国政府的不懈努力下，终于在1948年将本国打造成了一个典型的福利国家，并凭借其健全的福利制度成为全球福利国家的榜样。在此之后，各国都开始推行这种保障福利制度，并在10年后大体完成了针对社会保障制度的立法工作。

（二）国外养老模式的改革

养老保险从最初的建立到慢慢的完善经历了两个过程，这两个过程虽然产生的时代背景不同，但是解决的主要矛盾是一致的，就是为了能够有效地缓解国家的财政压力、降低人口老龄化带来的影响、促进经济的进一步发展。

1. 国外养老模式改革的背景

（1）国家财政压力剧增。第三次中东战争的爆发，导致石油价格陡增，资本主义国家在"二战"后依靠其丰富而廉价的石油、原材料和能源型产业陷入胶着的竞争状态。石油价格的持续攀升令此类国家的经济发展速度放缓，社会通货膨胀现象突出，而在这个时期，西方国家已基本完成了社会保障机制的创建，经济低迷令其财政支出骤增，特别是其支出占GDP的比重不断增加，导致国家财政支出陷入严重的危机之中。所以各国为了降低财政压力开始从社会保障体系入手实施改革，实属无奈之举。

（2）人口老龄化问题日益加剧。在全球医疗水平不断提高、经济发展持续繁荣的形势下，全球人口老龄化问题变得愈来愈突出。部分经济发展水平较高的国家，特别是欧洲等经济发展水平较高的国家，在19世纪与20世纪交接之际就已经出现了人口老龄化问题，基本上每一个经济发展水平较高的国家都面临着严重的人口老龄化问题。随之而来的不单单是老年人口数量骤增，还引发了劳动力比例持续降低而社会抚养比例提高等严峻问题，而更可怕的是造成现收现付型的融资运作陷入了资金窘境，各国社会保障正承受着非常大的支付负担。

（3）经济发展与全球竞争。尽管在20世纪70年代左右各福利国家已针对本国养老保障体系做出了调整和优化，不过因此制度而引发的财政支出问题并未得到妥善处理。从1990年起，全球人口老龄化问题变得愈来愈突出，国家财政支出危机亦是不断加剧。对于福利国家而言，其社会保障的缴费主体由两部分人群构成：一是公司雇主；二是公司职工，缴费水平的高低将会对公司运营成本产生重要影响，并会对核心竞争优势产生重要影响。所以，各国在调整缴费水平时都非常谨慎，不会贸然改革。在经济全球一体化进程持续加快的今天，人力资源的高流动性使得养老保障机制不得不在缴费和收益这两大方面进行调整和改革，以此保持社会公平。

根据国家养老保障的改革环境能够清楚地认识到，各福利国家在改革养老保障制度时都面临着较大的压力，而这种压力亦会成为推动制度改革的助推器。

2. 养老模式改革的方向

（1）创建多元化的养老保险体系。要想促进养老保障制度和体系的健康持续发展，应在充分发挥政府职能、行使企业责任、发挥个人效用的基础上创建多元化的养老保险体系，各国政府在积极创建和实施企业年金制度以及私人养老储蓄制度的基础上，制定配套的免税政策，在养老保障机制中，政府开始重视并加强公司、个人履行相应责任，对此体系制度下的政府、企业单位以及个人三者间需要承担的责任予以了充分明确。此外，诸国还针对养老金的筹集方式、支付方式等进行了变革与调整，开始用基金制取代先前的现收现付制，并积极落实和执行各种养老计划，比如企业年金计划。在此方面，世界银行分别针对政府、企业以及个人制定了相应的保障制度。

（2）改革社会保障受益规则。无论是哪个国家，社会保障的受益对象均有其指定群体，所以福利国家在改革其养老保障制度时往往会采用这种方式即制定并实施工作福利制度。所谓的工作福利制度指的是唯有认可拥护政府或者法律明文规定的人方可享受到政府提供的福利保障。这种基于制度层面而实施的改革有利于防止出现福利和贡献相分离的问题。

除了以上改革措施，福利国家亦从其他方向入手制定了养老保障改革，比如延迟退休、提高缴费额度等。纵观福利国家在不同发展时期所提出的各种养老保障制度可知，养老保障改革的具体目的因发展时期不同而存在相应的差异，比如在 20 世纪 40 年代，实施养老保障改革的根本目的在于摆脱贫困，60 年代实施养老保障改革的根本目的在于为全民提供完善的保障。80 年代实施改革的根本目的在于减少开支，缓解财政负担。90 年代实施改革的根本目的在于引导广大民众自力更生。基于此能够了解到，调整社会保障制度的根本目的在于顺应社会发展趋势，满足社会发展需求。

（三）养老保障资金筹集模式

纵观养老保障的整个发展历程可知，最早创建养老保障体系的国家一开始通过现收现付的形式筹集养老保障资金，不过因人口老龄化问题加剧等相关因素的影响，该模式令国家在养老保障方面需要投入巨额资金，导致国家陷入严重的财政支出危机。所以开始致力于对养老保障资金筹集形式的调整与优化，进而出现了两种筹集模式：一是完全积累模式；二是部分积累模式。其具体筹集模式信息可参考表4－1。

表4－1　　　　　　　　　　养老保障资金筹集模式

筹集模式	依据	本质	具体内容	优劣势
现收现付模式	在短时间内实现收入与支出的平衡，也就是只能维持最基本的养老支出	对养老金进行适当的调整，通过在职工作者的缴纳作为退休后的养老金，通过前一辈人来完成对后一辈人的养老任务	政府采取征收的方式对养老保险加以控制，通过年度计划将养老保险作为基本养老费用进行发放，以后的年份不进行储备	此种方式一定程度上规避了通货膨胀和经济危机等因素对养老保险基金所带来的冲击。但容易受到人口老龄化冲击

筹集模式	依据	本质	具体内容	优劣势
完全积累模式	依据长期收支总体平衡的基础确定养老金的收费比率，通过此费率保证缴纳养老金的工作者实现对养老金的累积	通过自己的能力来实现自我的赡养，也就是在工作期间拿出一部分钱用于自身的养老	对自身年老之后的生活标准给予充分的预判，其养老资金的支出应该能保证自身生活的需求，来确定需要缴纳的比例，最终实现在养老阶段的收支平衡，对养老金进行积累	对养老金提前进行累积，能有效地缓解人口老龄化带来的问题。随着经济发展情况的变化，很难实现对养老金的保值功能
部分积累模式	分时期收支平衡原理	充分吸收了现收现付模式以完全累积模式的优点	在保障最基本的支出的情况之下，缴纳一部分储备基金	使得两个模式的优点在部分累积模式中得到充分的体现，进行分阶段的储备，能够起到保值的功能

（四）养老保障支付模式

在世界范围内现在主流的支付模式主要包括收益确定型模式、缴费确定型模式和混合型模式。

1. 收益确定型模式

收益确定型模式（DB 型模式）也称待遇确定型计划模式，实行这种支付模式，对于要缴纳养老保险的参与者其相关的管理人员应该对养老金进行确保，保证参与者在工作退休之后能够拿到规定好的养老金。也就是说，养老金的发放比例是双方共同协商之后确立的，在事后就按照协商好的内容来执行。

在 DB 型模式的运作之下，养老金获取的金额可以通过已经设计好的公式算出，而养老金的金额在正常情况下会将养老金参与者的工资以及工作的年限考虑进去。所以在考虑工资的情况之下，养老金参与者可以拿到的金额就要以退休之前的前一年的工资作为基准，然后乘以相应的系数；若把工作年限考虑进去，工作年限越高则可以拿到手的养老金也相应的会增加。

DB 型模式的特点就是所缴纳的费用无须参与人自行担负，亦无须开设个人账户，缴费全部由雇主负责，而且采用的筹资模式也是现收现付。而且 DB 型模式也表示会主动缴纳到期的养老金，因此雇主类型多样化，可以是政府部门，亦可以是公司。

需要注意的是，DB 型的计划模式需要承担一定的风险，不管是对养老计划的参与者或发起者都需要承担。

对发起人来说，其需要承担的风险可以归结为四个类型：（1）投资收益波动风险。若投资的项目能带来较高的收益，则养老金计划的发起人需要缴纳的金额也相应减少，从一个方面来看，若投资带来的收益低，则发起人需要增加供款的投入来维持养老金的稳定。（2）养老金计划参与者长寿风险。DB 型的计划模式针对的个人都是终身制的，也就是说，该养老保险金会设定一个预期的参与者的寿命，如果其寿命高出了预设值，那么发起人就要不间断地缴纳供款。（3）计划参与者结构调整风险。公司不同的性质以及发展规模的大小都将会对养老金的支付行为产生影响，在正常情况下，对于资金与技术密集型的公司来说其承担的压力相对较小，而对于劳动密集型的公司来说，公司的营业成本中养老保险将占很大的比重。（4）可持续发展压力与日俱增。DB 型模式能否正常持续发展与人口数量息息相关，换言之，人口老龄化现象突出、出生率不高以及劳动力得不到有效的补充都会使得 DB 型模式很难得到施展，也就很难形成可持续发展的模式。

就参与者而言，其需要面临的风险具体包括下述两点：（1）养老金计划发起者财务能力的影响。DB 型模式的供款不需要参与者进行缴纳，则缴纳供款的企业或公司其盈利的情况将直接导致对供款的缴纳，使得参与者利益得不到有效的保障。（2）在 DB 型模式的整个运作过程中，参与者能够得到的养老金与其在公司的工作年限有关，因此对于那些工作没有多久就辞职的参与者来讲，其获得的养老金非常少，而工作年限较长的参与者能够从此养老金中得到好处。

2. 缴费确定型模式

缴费确定型模式（DC 型模式）与上面提到的 DB 型模式存在着很大的不同，DC 型模式采取的方法是养老金的参与者需要自行缴费，当然参与者可自行选择缴费方式，即可定期缴费，亦可不定期缴费。总的来说，DC 型模式开始运作以来，参与者就需要对养老计划缴纳相应的金额直到退休之后，不管是否定期，最终缴纳的总金额却是一致的。

DC 型模式养老计划的参与者需要有一个个人的账户方便发起人进行管理，而在这个账户之中的供款由两方共同投入：一是养老计划的发起人；二是养老计划的参与者。其中，发起人需要定期的以参与者的工资收入为比例缴纳一定的金额，也可以依照参与者自己缴纳的金额进行匹配，共同完成对个人账户供款的缴纳。

3. 混合型模式

通过对前两种模式的介绍就可以理解到，混合型模式是把 DC 型模式与 DB 型模式的优点进行了综合，所以在混合型模式之中既可以看到 DC 型模式运行的特点，也可以看到 DB 型模式优点的体现，区别只是在于各自针对的主要方面不同。之所以推出混合型模式是因为在单独选取 DC 或 DB 型模式时，会存在或多或少的缺点，对于一般需求的人来说可以满足要求，但是对于有不同需求的人来说就无法起到很好的效果，所以混合型模式出于对 DB 和 DC 型模式的补充，综合了两者的优点，对社会人群的适应性更广。

在对混合型模式进行分析时，就会将其中的现金金额计划拿出来，因为从技术的操作角度来说现金金额偏向于 DB 型模式，在具体的运作方式上又偏向于 DC 型模式，能起到很好的借鉴作用。从区分来讲，现金金额的缴费模式与 DB 型模式相似，都是根据设定好的公式来计算，缴费的额度根据利率的不同来累积，最终达到养老金能够按照协商好的金额进行发放的目的。与此类似，现金金额没有设立个人的账户，这一部分的金额都由企业进行统一的管理，并进行适当的投资来赚取收益。而其支付的方式却和 DC 型模式相同，通常都是采取一次性支付，支付金额的多少依据账户中的金额来定。但有一点不同的是，长寿风险的承担者不是发起者，而是养老计划的参与者。

在混合型模式当中，养老收益计划也经常被提及。其实只有购入了企业年金才能够实施此养老计划，其养老金和公司的平均年收益以及企业在发展过程中的增值直接相关。在参与者退休之后，用总增值的数目来乘上平均的年收益就可以一次性地支付一笔养老金供参与者支配。这里提到的企业增值的计算一般情况下比较平缓，都会随着工作年限的增加而增加。而这种形成的计算方式对于年老的工作者或者工作年限不固定的工作者来说，有着很大的优势。

二　发达国家农村养老保障制度及其对中国的启示

（一）发达国家农村养老保障制度举例

1. 美国农村养老保障制度

（1）美国养老保障制度发展概况

美国作为一个发达国家，其工业化的程度在世界范围内是有目共睹的，而且其农业发展水平、畜牧业发展水平均非常高。相对于我国农业来讲，美国在很早之前就已经完成了农业的机械化，所以农民的生活条件与水平都较好。美国实行的城乡一体化的社会保障制度，并且已经实现了对农村养老以及医疗保险的全覆盖，使得农民获得了良好的养老保障。因此对美国农村地区养老保障制度的实施情况进行分析，我们能从中借鉴其先进经验，消除城乡养老保险的比例，实现城乡一体化。

在美国民众的观念中，养老问题不是家庭的问题，是一个社会化问题，需要集中个人力量、政府力量以及社会力量共同解决。美国刚创建养老保障时，承担的机构大多数都是社会慈善群体、教会等，所以养老保障的力度不是太大，不能惠及所有的美国公民，都是通过私人的方式来维持养老保障的运转，政府和国家并没有参与进来。20世纪30年代，美国因为受到金融危机的波及，农业的收益被极大削减，甚至无法维持最基本的生活。在这样的情况之下，美国政府开始建立养老保险制度。伴随着美国《社会保障法》的颁布，社会保障制度也有了发展的基础。经过两次对《社会保障法》大的修改，养老保险的水平得到了进一步提高，也将养老保险的实施范围进一步扩展。尤其是到了 20 世纪 60 年代，是美国的养老保险迅猛发展的关键时期，不管是养老保障的水平还是覆盖的面积都有了质的提高。所以美国的民众能够享受到的社会福利得到了进一步的提升，但是在社会福利增加的过程中美国的经济需要承受的压力也随之增加。所以到 20 世纪 80 年代，一系列改革与完善的措施开始在养老保障制度中实行，并采取了多支柱的养老形式。经过多年的改革与优化，逐步形成了三大支柱养老保障制度，其中，第一支柱是面向社会而言的，指的是基本社会保障，第二支柱是针对企业来讲的，指的是企业年金计划，第三支柱则是针对个体而言的，指的是个人储蓄养老计划。

第一支柱：基本社会保障。

美国的经济实力在世界范围内一直都排在前列，社会保障制度的实施也取得了较好的效果，并且在 1935 年的时候就已经将《社会保障法》纳入了法律范畴。在《社会保障法》制定之前，美国政府对于私人性质的养老保障制度没有进行干涉，所以在这之前的养老保险基本上都是靠自己的能力解决的。美国经历过经济大萧条，使得全社会的经济发展陷入了低谷，导致由民间企业支撑起养老保险制度纷纷破产，使得已经退休的老年人没有了生活的保障，不得不重新开始工作维持生活的正常运转。美国政府认识到了养老保险的重要性，完成了社会保障立法，其最主要的目的就是保障退休人员最基本的生活条件，并且从《社会保障法》出发，进一步地推出了社会保障基本的五大原则：一是最低限度保护原则；二是投款自立自强原则；三是推定需求原则；四是社会适应与个人公正原则；五是社会救济与工资对等原则。上述五大原则的实行为美国的退休人员建立起了一套有效保障的机制。

第二支柱：企业年金计划。

追溯企业年金的发展我们可以发现，早在《社会保障法》制定之前，企业年金就已经开始建立并得到了一定的发展。

企业年金的建立过程不是很顺利，尤其是在建立之初美国的法律并没有给予支持，最多只是给出了一个自愿参与的批示，所以在企业年金发展的早期并没有得到很好的落实。直到 1974 年美国政府将企业年金纳入《雇员收入退休保障法》之后，企业年金也终于正式进入了美国民众的视线，企业年金也开始大范围地在企业中实行，为员工退休后的生活提供了有力的保障。经过多年的发展之后，美国已经形成了一套行之有效的保障体系，这是对退休人士来说是最好的保障。

从目前的情况来看，美国企业年金的运转主要包括两个方面，一方面由私营企业承担的养老保障体系，另一方面是美国政府出于对退休人员的福利保证而提供的养老保险基金。通过这两个方面的共同运作，形成了美国企业年金运转的巨大保障。

第三支柱：个人储蓄养老计划。

个人储蓄养老计划完全是由社会公民个人的意愿来执行的，也就是说参与人可以选择要不要参加该项的养老计划。个人储蓄养老计划具体指的是退休人员的个人养老金，该账户也因为性质的不同可以分为普通个人账户和特别个人账户，这两者之间的主要差异体现在可以提取的资金额度以及纳税比例的不同。

（2）美国养老保障制度中农民的情况

与我国的情况不同，美国农民有一部分人的收入比城市居民的收入都要高。即使这样，在美国的农村地区推广养老保障体系也用了很长一段时间，到1990年的时候才初步创建了农村养老保障体系。由于其农业生产情况差异显著，故农民收益差异特别大，其中农场主有着很高的收入，有一些已经高出了国民收入的平均水平，而其他农场雇员的收入就非常低。人口老龄化的现象在美国这样的发达国家中十分严重，其影响程度甚至超过了农民收入差距的影响。而且随着城市化进程的加快，农村的劳动人口开始向城市中迁移，增加了城市劳动力的同时，使得农村老龄化问题进一步凸显。

2. 日本农村养老保障制度

在第二次世界大战结束之后，日本在大力发展本国经济的同时，为了使社会发展更加的稳定，在社会保障方面也做出了很多改善，所以对于农村地区的社会保障很早就建立了起来，逐渐覆盖了整个农村，使得与城市居民之间享受的保障没有太大的区别。

（1）日本农村养老保障概况

在日本，农村养老保障制度主要分为三个方面，也就是经常被提及的国民年金制度、国民年金基金制度以及农民年金制度。其中在国民年金制度中，公民只要达到特定条件就能够获得良好的养老保障，这属于基础性保障制度。而对于国民年金基金制度来讲，它其实是公民在未达到国民年金制度的条件无法享受养老保障的有效补充，能够为需要的人群提供更高层次的养老保险制度，此种制度和国民年金之间相互补充。农民年金主要的对象就是广大的农民。

第一，国民年金制度。

国民年金制度对日本公民来说是一种需要强制性执行的养老金制度。凡是在日本国内年龄在 20—60 周岁的公民都必须参与进来，对于年龄符合但还未获得固定收入的参与者而言，其配偶、没有经济来源的学生不予以强制要求。国民年金制度在实施初期，还没有将适用的范围扩展到农民。到了 1959 年，农民开始进入了国民年金的范畴，也开始享受相应的养老保障，并于 1961 年开始在日本全国实施。在这样的前提下，可以把参与到国民年金制度中的人分为三大群体，分别包括农民和自主经营者、参与国民年金以及各类公济机构的成员、参与国民年金的配偶。国民年金的缴纳比例是按照日本公民的年龄进行确认的，通常，20—34 周岁的公民每月需要缴纳 100 日元，而 35—39 周岁的公民往往需要缴纳 150 日元，另外，缴纳年限不得低于 25 年。但是这种模式的缴费标准在 1972 年之后就没有再实行了。因为经济发展水平的提高使得之前的这种模式已经不再适应于当前的社会现状，其缴纳的水平在不断地提高，所享受到的养老金也跟着提高。

日本国民年金制度供款的来源主要分为两个部分，一是国家财政进行拨款予以支持，另一个就是政府的公共资金。随着日本经济发展的强势崛起，国家需要承担的国民年金的压力适当的减小，主要由政府部门进行维持。这并不意味着国家投入的资金就减少了，因为其中三分之一还是得由国家进行承担。国民年金制度的实行为老年人退休后生活提供了保障。从现阶段来看，有超过 70% 的老年人可以依靠国民年金来维持基本的生活。

第二，国民年金基金制度。

本书在前述部分已经指出，国民年金基金制度能够充分满足居民在养老金方面的需求，该制度也是对国民年金制度的补充和完善。方便农民参与到国家养老基金系统当中来，这个系统能够进一步缩小国家养老金与其他类型养老金计划的差距，从而进一步提高农民的养老保险水平和层次。1991 年，国民年金基金制度正式推行，居民参与这一制度之后，需要同时缴纳国民年金基金和附加保险费，当达到退休年龄之后，能够同时获得两种养老金，即自己缴纳的养老金和国家通过国民年金提供的额外养老金。

第三，农民年金制度。

农民年金制度根据其名称即能够看出这是一种面向农民的养老保险制度。1970 年，日本创建了针对农民的养老金体系，其创建初衷在于为退休农民提供基本的生活保障，同时，创建该养老体系有利于加速农业管理规模的扩大。

其实，从本质上来讲，日本创建农民年金制度是为了能够和其农业政策相契合，特别是农业土地权利转让制度。在"二战"结束之后，日本政府为了保证农民拥有自己的土地，能够获得经济来源，于是将地主土地强制性地分配于农民，每家拥有三町土地。这种模式令农村小规模运作形式开始崭露头角，在早期，农村稳定的发展条件以及不断增加的收益提供了重要的保障作用。不过这种小规模作业法和农业生产的稳步发展出现了冲突，使得农业生产效率久久提不上去。为了能够推动农业生产水平的提高，日本对农村用地模式进行了改革。为了弥补这种因改革而给农民造成的收益锐减创建了农村年金制度，依靠优越完善的福利鼓励并引导农村老年人主动转让土地管理权。农民养老保险制度的参与者大体分为两种：一种是强制性参与者，他们所拥有的土地大于 0.5 公顷；另一种则是积极参与者，他们所拥有的土地大多集中在 0.3—0.5 公顷之间。农民养老保险制度从性质来讲属于政策性年金，需要每月缴纳 750 日元。

（2）日本农村养老保障存在的问题

虽然日本制定并拥有了较为完善的养老保险体系，为老年人的晚年生活提供了良好的保障，不过在不断推行的过程中，该制度所存在的问题开始凸显出来。

第一，农村人口老龄化现象加剧，导致养老压力剧增。资料显示，1960 年，日本全国人口老龄化水平是 5.7%，而农村人口老龄化水平更高，为 8.2%。在 20 世纪 90 年代，两者差距加速扩大，1990 年日本的农业人口老龄化水平是 20.6%，高于全国（12%）水平 8.6 个点。在进入 21 世纪之后，差距持续扩大，对社会生活产生了非常严重的影响，估计到 2020 年，其人口老龄化水平会高达 25.5%。

第二，农村养老保险"空心化"现象层出不穷。"空心化"现象指的是日本年金参与持续降低，不支付的人数不断增多，导致日本国家养老金陷入严重危机。虽然日本针对这一现象推出了诸多政策措施，不过效果甚微。

第三，面向农民创建的养老保险制度未获得预期效果。创建制度的初衷在于为农村老年人的退休生活提供基础保障，促进农业生产经营年轻化、现代化。但是在该制度创建之后其问题开始凸显，只有不断引入参与者，才能够维持制度的正常实施，这和其制度初衷存在矛盾，并制约了土地所有权与管理权利集团的有效参与，令此制度和社会保障之间无法形成良好运作。

3. 德国农村养老保障制度

德国是一个典型的农业大国，但农业并未对国民经济做出重要贡献，其 GDP 占比仅为 1%，从事农业生产的劳动者大约是全国劳动者总数量的 7.8%。德国在全球范围内率先创建了现代社会保障制度。

1889 年，德国出台了《老年和残疾保险法》，这是全球首部针对养老保险而出台的法律条例。1957 年，德国出台了《农民老年救济法》，标志着农村老年保障制度成功创建。1995 年，德国出台了《农村社会改革法》，对传统的农村养老保险机制进行了调整和优化。

在开展社会保障工作中，德国一贯遵守特殊性原则，主张个人应拥有并不断提高自我保障的能力，社会保障所面向的群体是需要被照顾的特殊群体，比如无劳动能力的老年人、残疾人等，因为这群人既不能参加市场竞争，亦不能获得保障生活需求的经济来源。所以需要利用社会保障为其赢得参加市场竞争的机遇。另外，在开展社会保障工作中，德国重视效率的提升，强调市场在整个保障机制中所产生的影响与作用，充分协调国家、个人以及社会的关系，实现社会保障责任的共同承担。基于此能够看出，德国社会保障制度并非是为每一个公民创建个人账户，不同的公民拥有相应的社会保障子系统，其缴费额度将会对其未来所获得的福利待遇产生重要影响。

现在德国的养老保障机制包含两个系统：一是雇员养老保险系统，在该系统下还涵盖了三个子系统，分别是工人、职员以及煤矿工人；二是独立经营者养老保险系统，在该系统下还涵盖了三个子系统，分别是手工业者、农民以及自由职业者。

德国农村养老保障制度通过现收现付制进行筹资。养老金主要由两部分构成：一是投保者自行缴纳的养老保险；二是政府补贴。上文已提及，在社会保障方面，德国重视个人责任的担负。所以，在农村养老问题上，德国首先提出了个人责任，之后是社会责任以及国家责任。在农村养老保障体系中，国家所起到的作用有限。所以农民需要自行担负大部分养老保险，政府补贴只占33%左右。保险费用是依据法律要求而进行缴纳的，对农场主来讲，不管农场经营规模怎样、经营现状如何，需要承担的保险费是固定的，并且只需要支付一份就可以。但这种情况除外即农场雇员家属未申请免除保险义务，并一直在履行缴纳保险的责任，那么其保险费需要农场主负责，其缴纳金额是其个人缴纳金额的50%。

在德国，农民的保险金缴纳年限必须达到15年才能在达到国家法定退休年龄后享受标准养老金待遇，如果农民缴纳了5年及以上的养老保险金，在发生意外导致他们丧失劳动能力的情况下，也可以享受相应的养老保险金。德国和日本两个国家的养老保险制度均和农业政策具有密切的联系。农民要想获得养老保险保障首先要转让其农业企业的经营权。也就是说，农民不再从事农业生产才具有享受养老保障的资格。这样，农业经营群体就可以维持长久的年轻态，促进农业规模化经营目标的顺利实现。

（二）发达国家完善农村养老保障制度的经验

1. 树立社会公平的理念，正确处理公平与效率的关系

纵观西方国家农村养老保障制度的整个创建过程能够了解到，农村社会养老保障机制皆经历了一个从工业到农业、从城市到农村的过程，该过程耗时较长，并且其顺序亦在一定程度上了体现了社会保障机制变迁的发展过程。从工业到农业的依次实现，体现了工业化的高度发展，这令政府开始意识到需要对工人以后的老年生活提供基本保障，但是在农业制度中，基本上还是以家庭养老为主，其原因在于农村家庭拥有土地的使用权，对于他们来讲，这是一个强大的保障。随着国家工业化发展的不断深入，这严重冲击和影响了传统家庭养老保障，在这种情况下，很难充分满足个人或家庭在退休后的养老需求。此外，工业化发展还进一步淡化了人们的家庭养老思想意识，对传统的养老模式和养老观念带来了巨大的冲击。因此，为了有助于提高工人的主动性和积极性，保障社会和谐和安定，西方发达国家率先在社会养老保障体系中引入了工业体系率这一概念。

在工业化水平不断提高、城镇化发展速度持续加快的发展形势下，城市和农村的差距进一步扩大。此时，工业是国家的重要发展支柱，农民从农业生产中获得的经济收入不断降低。另外，在工业化水平不断提高的今天，无论是农村经济发展水平，还是农民思想观念均出现了较大变化，特别是大量农村劳动力涌入城市，导致农村人口老龄化现象更加严重，此外，社会风险持续增多，导致农村养老保障问题成为当前亟待解决的一大问题。所以我国开始将农村养老保障正式纳入社会保障范畴中来。

农村养老保障问题的处理与国家生产力发展之间具有较强的关联性。在国家发展初期，即便将农村纳入养老保障中来，亦没有能力去落实、去执行。所以对于处于初级发展阶段的国家来讲，首当其冲需要提高并发展生产力。据有关资料显示，经济发展水平较高的国家在将农村纳入养老保障范畴时，都符合了以下条件要求：人均 GDP 超

过 2000 美元；农业劳动力份额较低，不足 20%；农业产出与 GDP 之比不超过 15%。由此能够看出，农村养老保障体系的创建和国家生产力发展之间具有较强的联系，是公平和效率间相互平衡的一种动态体现。一般来讲，公平和效率之间是一种典型的结构性关系，随着社会的不断发展和进步，两者的关系也会随之而改变，但其内涵主要涉及两个方面，即社会公平和社会效率、经济公平和经济效率。在市场经济大环境下，由于多种因素的影响，出现了效率优先的普遍情况。针对居民的社会生活方面来讲，由于优胜劣汰和效率优先等机制的影响，使得困难群体不可避免地会受到一定程度的损失。社会保障中的效率和公平关系通常从属于社会公平和社会效率关系。国家为了向困难群体提供保护，进而促进社会公平，采取了社会养老保险制度，该制度是实现社会发展成果共享，对社会收入进行再分配的一种社会经济发展主动干预措施，尽管取得了较为有效的成果，但是，本质上来讲，由于社会资源的稀缺，加之人们通常会无限制地去追求社会公平，进而导致效率和公平之间的相互矛盾。社会养老保险制度充分体现了正义和公平，在设计层面方面主要是寻求社会效率和社会公平间的平衡，确保两者的相互统一。由于不同国家的实际情况往往不尽相同，因此，每个国家对社会效率和社会公平的倾向往往有所不同。正如本书前文所述的美国，美国注重发展自由主义经济，因此其社会保障覆盖范围和整体供给规模相对较小，且首要考虑的因素仍然是经济发展的核心竞争力，其选择导向主要是保障国家经济领域的竞争力，在这种情况下，很难快速推进社会平等进程。英国是养老保险制度的主要发源地之一，他们强调社会保障和公民权利的相互统一，主要追求的是社会平等，为此会不可避免地对经济发展带来一定的影响。为了进一步实现国家在社会效率和社会公平之间的一种取向平衡，英国撒切尔政府结合本国实际情况对原有的社会养老保险制度进行了深化改革。德国既重视整体经济的发展，也注重国民的团结和社会公平，因此，他们在社会保障供给方面的追求就相对更加完善和全面。

　　综上所述，长期以来，西方发达国家都十分注重社会公平，有着较为浓厚的社会公平观念，大多数西方发达国家都构建了自己的社会养老保险制度，以期实现社会公平。反观我国，当前我国正处于扩大新农村养老保险和城乡养老保险并轨的重要时期，基于我国实际国情和生产力发展现状而言，我国已具备将农村纳入社会养老保障机制的能力，要进一步处理好公平与效率的关系。

2. 充分发挥政府的主导作用，保证农村养老保障中的底线公平

纵观发达国家创建农村养老保障体系的主体能够了解到，在此制度的创建过程中，政府发挥着不可或缺的关键性作用，特别是制度创建初期，政府的积极引导和有力的扶持必不可少。在农村养老保障制度持续落实和发展的过程中，政府应充分发挥自身作用，分别在监管以及立法等相关方面提供有力保障和强制约束，以此促进农村养老保障制度的规范化、公平化。正是在政府发挥主导作用的模式下，经济发展水平较高的国家完成了养老保险制度的过渡与变革。从财政角度来讲，在创建和实施农村养老保障机制过程中，经济发展水平较高的国家承担了绝大部分的财政责任。以德国为例进行说明，德国政府会将农业部近70%的预算投入农村养老保险。在还没有正式执行和落实养老保障制度时，经济发展水平较高的国家就已经出台了相应的法律规范，为养老保障制度的正常实施提供强有力的制度保障。比如在还没有正式执行和落实养老保障制度时，德国出台了《农民老年救济法》；在还没有正式执行和落实养老保障制度时，美国政府出台了《社会保障法》等。

在我国，农村养老保障制度一直处于探索发展时期，在老农保中，由于政府担负的责任过少，所以被终止。纵观西方国家农村养老保障制度的整个发展过程可知，政府支持是推动农村养老保险制度持续发展的必要条件，在我国，政府的大力支持是形成和发展城乡养老保险制度的主要原因，随着时间的推移，政府发挥的作用变得越来越重要。就现阶段的情况而言，城乡统筹养老保障制度方面主要存在着阶层差距、地区差距和城乡差距三大问题，而这类问题单单依靠市场或者组织力量是无法得到有效解决的，必须要政府出面解决，政府作用的强化是基于我国发展目标和发展现状而做出的重要决策。强调地方政府责任，全面发挥中央政府的导向作用，这样才能有条不紊地推

进社会养老保险制度城乡统筹。① 特别是在当前的大环境下，必须充分发挥各级地方政府的作用，逐步加大对我国偏远贫困地区的支持力度，协调好地方和中央政府的转移支出力度，切实保障农民的基本养老需求，尽可能实现地方政府在居民养老方面的自给自足，进一步提高社会公平。此外，相关部门还应当进一步加强对城乡基本养老保险制度的监督和管理，促进城乡统筹并轨的透明、公开和公正，进一步提高农民参保的主动性和积极性。

3. 提高保障待遇，扩大保障范围，促进社会公平的实现

根据西方国家的社会保障资金筹集渠道可知，在社会保障机制中，无论是国家政府、个人，还是企业均需要履行相应的义务和责任。在大多数西方国家中，政府需要缴纳 25%—35% 的养老金，个人需要承担 25%—35%，而企业需要承担 35%—45%。尽管包括英国在内的少数国家在刚刚开始推行社会保障体系时未要求个人承担养老金支付责任，不过随着养老保障制度的持续完善和优化，个人也开始成为缴纳保险金的主体。基于此能够看出，即便经济发展水平较高的国家形成了健全的农村养老保障机制，也没有采用国家全部承担养老金的方式；相反，它利用创建多个不同层次的保障方式为农村退休生活提供基本保障。比如，日本构建了以三个层次（第一个层次是国民年金制度，第二个层次是国民年金基金制度，第三个层次是农民年金制度）为基础的养老保障体系等。另外，经济发展水平较高的国家其养老保险的涵盖面较为广泛，不单单包括养老金的参与者，还包含其家属，美国就是一个典型的例子。正是因为采用了这种更加完善、更加合理的多层次养老保障机制，才使得经济发展水平较高国家的农民能够享受到更好的养老生活。

我国的新型农村养老保险制度的实践时间较短，且才刚开始实施城乡统一的居民养老保险制度，整体上而言，我国在农村养老保障体系还处于第一层次，简单来讲，就是当前还没有构建完善的农村养老

---

① 王晓东：《社会养老保险制度城乡统筹研究的争议与展望》，《社会保障研究》2013年第1期。

保障体系，因此，其他层次的养老保障体系也就无从谈起。本书前面曾提及，一个国家要想确保农村居民的晚年生活，必须要发挥社会各界力量的支持，仅仅通过政府的基本养老保险制度是行不通的，也是不现实的。所以，我国在建立农村养老保障体系的过程中，应当集思广益，充分发挥商业保险、社会储蓄、私人储蓄等方式的作用，保障农村居民的晚年生活。

4. 紧密接轨农业政策，发挥惠农作用

在经济发展水平较高的国家中，创建农村养老保障制度是为了实现农业规模经营、维护农民合法权益、进一步减小城乡差距。根据其创建农村养老保障制度的过程能够得知，该制度和农业政策之间具有较强的联系，并且使得两者之间初步形成了良性循环。通过研究发达国家的发展经验可知，农村养老保障制度和农业政策密切结合能够产生积极的发展作用。比如，日本在创建农业年金制度时，要求年事已高的农民转让其土地经营权，以此实现土地经营的规模化和年轻常态化。但是随着人口老龄化问题的加剧，其农业人口数量锐减，这时日本废除了该政策。再以德国为例进行说明，德国在创建农业年金制度时，明确表示农民只有年满 50 周岁并成为退休者之后，才可以享受到国家的养老保险待遇。

截至 2017 年，我国已经相继出台了一系列的惠农政策，取得了较为显著的成果。但我们也应当看到，这些政策整体性较差，不同政策之间关联度较低，相互独立，甚至存在着完全重复或完全独立的政策。与此同时，我国很少将农业政策同农村养老保险制度联系起来，为此，我国应当充分借鉴发达国家在联系农业政策和农村养老保障制度方面的做法，将农村养老保障制度和农业政策有机结合，从而充分发挥我国农村养老保障制度的功能和作用。

三　发展中国家农村养老保障制度及其对中国的启示

根据当前发展中国家农村养老保障制度的具体发展情况来讲，其具体可分为三种：一是缴费型养老保险制度；二是非缴费型养老保险制度；三是非正规的保障制度。纵观各发展中国家所创建和实施的养老保险制度可知，非缴费型占比最高。该计划的推行与落实不仅有利于改善贫穷问题，为农民晚年生活提供良好的保障，还能够在一定程度上推动农村经济发展与建设。养老待遇，在非缴费型养老保险体系下，无论是农村是否缴费，只要在农业领域工作时间达到特定年限，退休之后就能够获得基本的养老保障。

（一）发展中国家农村养老保障制度举例

1. 毛里求斯农村养老保障制度

毛里求斯位于非洲，1968 年之前，该国还是英国的殖民地，1968 年之后，毛里求斯才成功获得主权并获取独立，不过当时面临着一系列棘手的问题，比如人口数量庞大，就业率降低，生活水平差等。另外，毛里求斯的农业长期处于落后状态，基本上超过 90% 的农作物需要从他国进口。不过自 20 世纪 80 年代起，毛里求斯经济开始呈现了令人惊讶的稳步发展状态。当时该国人均寿命能够达到 72 岁，并且人均收入迅速增加，大约是美国的 40%，在 2005 年，其生活水平达到中等发达国家水平。不过毛里求斯的强势发展并非单单集中在经济领域，其养老保障制度亦取得了长足发展，在经济还未高速发展时，毛里求斯就已经开始推行非缴费型养老保障制度，以此保障老人退休后的基本生活。该制度的推行非但未制约本国经济的发展，反而在维护社会稳定、促进经济发展等方面发挥了关键作用。

在沦为英国殖民地的发展期间，毛里求斯为了减轻劳动人在退休后生活负担，开始在全国范围内推行非缴费型养老保险制度。那时政府表示，当前所实施的保险制度只是权宜之计，在后期发展中会逐步实施缴费型养老保障制度。不过非缴费型制度一经推行就获得老百姓的喜爱。当时该制度规定，年满 65 岁的老人以其月工资为准领取相应的保险金，最高额度为 15 卢布。为了凸显公平，政府实施严格的经济审查制度，工资愈高，领取的保险金愈少。尽管该保险的领取门槛比较低，但其经济审查特别严苛，招致了广大民众的不满和埋怨。

1952 年，毛里求斯进一步优化和完善了当时的养老保险制度，并基于居民年龄制定了差异化的保险金领取制度，女性和男性的养老金领取年龄分别为 60 岁和 65 岁，并以年为单位进行经济审查，摒弃了以往以月为单位进行审查的方式。并在这之后对非缴费型养老保障制度进行了一系列优化和完善，1976 年，正式明确了其在国民社会保障的特殊地位。经过多年的改革和调整，非缴费型养老保障体系不仅废除了经济审查制度，还进一步提高了养老保险待遇。

毛里求斯推出的非缴费型养老保险在 1977 年已实现了大范围推广与普及，所占比例高达 98%。后来，又推出了缴费型养老保险，这是对前者的一种丰富与完善。自此之后，非缴费型受到业界人士的一致认可与推崇，不仅没有被其他保险所代替，反而成了专项的养老保障机制。

如今，毛里求斯在出台的法律条文中明确指出，凡年满 18 周岁后就一直居住在本地满 12 年，且年龄达到 60 周岁的，或不是当地居民但自 40 周岁起就一直居住在此满 15 年，且年龄达到 60 周岁的，每月都能领取一定数额的保险金。领取此保险金时，不会被任何部门或相关人员进行审查，只要与法律条文规定相符即可。不过当每年的保险金数额超过 6 万卢布后，需要上缴一定数额的税费。另外，不同年龄段的人群所领取的保险金数额不一样，以提高该保险金的使用率，从根本上满足各类人群需求，进一步突出人性化原则。

2. 巴西农村养老保障制度

巴西不仅是拉丁美洲经济发展水平最高的一个国家，亦是该洲国土面积最大、人口最多的国家，与其他发展中国家相比，巴西的经济实力较弱，农村社会保障覆盖面不大。在创建社会保障体系初期，并没有将农民纳入保障体系的打算。到了 1938 年，城市居民基本上都享受到保险体系所带来的惠利，而农民依然没有被纳入该体系内。基于此情况下，农民开始埋怨，继而引发了大量的矛盾。直到 1971 年，巴西政府才开始认真对待这一问题，并将其纳入保障体系范畴。无论农民是否支付过保险金，均能够获得一定数额的补贴。1988 年，巴西对社会保障体系实施了首次优化和调整，并多次强调农村农民是保障体系不可或缺的重要成员，标志着农村社保体系迎来了全新的建设与发展时期。

巴西建立的非缴费型保险制度最大特点是农民无须上缴任何形式的保险费，而是由国债以及城镇资金承担缴费责任。另外，农产品第一次在市场上销售时，第一次购买的人员需上缴适额保费，一般是价格的 2.1%，城镇职员需上缴工资的 3% 作为养老金。即便这样，农村的养老金仍没有满足切实需求。

巴西不仅推行了公共体系，还专门设置了社会救助年金计划，不过此计划在颁布之后并未立即推行，直到 1996 年才在全国范围之内大肆推广与普及。只要满足以下条件才能享受到救助金：年龄在 67 岁以上，家庭收入不足最低收入标准的 25% 的老年人，或丧失劳动力的困难群体等。这笔救助金由政府提供，通过专门的社保机构有效监管及落实。

近年来，巴西经济一直保持强劲的发展势头，随着养老保障机制与社会救助年金计划的不断改进与完善，国家的养老保障水平已实现了大幅度提升，且农村贫困情况也有所改善。据相关资料显示，当前，基于保障体系与救济金的共同保障下，超过 96% 的家庭生活质量得到了有效提升。

3. 印度农村养老保障制度

长时间以来，很多发展中国家为了提高国民生活水平，着手构建相对完善的社会保障制度。但是，因受各种因素影响，在建设与发展保障制度的道路上遇到了很多阻碍与困难，很多收入比较低的家庭并没有被纳入保障体系内。尽管部分发展中国家为广大民众提供了相应的保障服务，不过其保障水平并没有达到理想水平。上文已提到过，很多国家推行的是非缴费型制度，且是社保体系最为重要的一项内容，另外，部分国家还实施了其他性质的保险制度，作为非缴费型制度的一种丰富与补充，比如印度推行的小额保险计划，在提高国民生活水平方面发挥了重大作用。

农业不仅是印度的基础产业，亦是其支撑产业，作为一个发展中国家，印度人口规模庞大。有关资料表明，印度农村人口占比高达

70%，且贫困人口所占比重更高，尽管随着经济的快速稳定发展，以及各种惠利政策的大范围推广与实施，贫困人口所占比在持续降低，由前几年的29%降低为24.5%，不过，因人口基数过大，特别是农村贫困人口所占比依然居高不下。此外，印度大多数人在非正规部门工作，在正规部门工作的人口所占比仅为15.2%。并且，城乡之间形成的二元经济结构进一步拉大了农村与城市之间的差距，公共养老保险只在小范围内实行，不足12%，农村基本上没有被纳入保障体系内。

与大部分发展中国家一样，印度在构建社保体系时并没有考虑到农村这一群体。在1925年构建社保体系时，主要以城市工人、铁路工人为重点保障对象。自此之后，印度政府也充分考虑到了该体系的缺陷与不足，进行了数次调整与修改，旨在使更多人享受到保障服务，提高民众的生活水平。到了1995年，印度推出了"国民养老金计划"，使更多农民享受到惠利保障，该计划得到了各级政府的积极响应，明确指出农民的保险金由政府和个人一起承担。就农民上缴的养老金而言，取决于家庭实际收入。凡是被纳入贫困范畴的农民无须上缴养老金，则由政府承担，农民在达到限定年龄之后就可领取一定数额的养老金。就非贫困农民来说，所上缴的养老金由个人、政府共同承担。

印度不仅实行了国民年金计划，还推出了专门针对农村民众的小额保险业务，以提高广大农民的生活水平，使更多农民脱离贫困。政府对小额保险业务给予了高度关注与支持，且为了推动该业务稳定持续运作，还实施了各种强制性举措。比如出台了《印度小额保险监管需求意向书》等。印度在公共保险体系之上，在全国范围内积极推广与宣传小额保险计划，为满足农民基本需求，推出了与其情况相符的小额贷款业务，并通过强制性措施进一步改进与完善社保体系，这对农村社保体系来说具有重大意义。

（二）发展中国家完善农村养老保障制度的经验

除上文提到的这几个发展中国家之外，采取非缴费型养老保障体系的发展中国家还有很多，非缴费型养老保障体系的模式对于帮助发展中国家，特别是对其农村养老问题以及贫穷问题等起到了重要的帮扶作用，同时也对这些国家的经济发展起到了强大的推动作用。尽管发展中国家实施的养老保障制度存有本质性差异，不过仍以经济审查和非经济审查的养老保障体系为主。

在社会经济持续稳定发展的同时，人们的生活质量也有了不同程度提升，不过发展中国家所推行的社保体系仍存有一定的不足与缺陷，中国也不例外。所以，需采取有效的措施或方法不断改进与完善社保体系，通过建立新的社保体系来攻克与处理旧体系无法处理的难题，在必要时可建立一套全新的社保体系。所以，为推动国民经济发展，稳定社会秩序，发展中国家需投入更多的时间、精力和资本对社会保障制度展开深入探究与分析，不断完善与健全农村社会保障制度。

1. 完善社会保障制度是应对严重的人口老龄化问题的必然要求

人口老龄化问题已成为全球性问题，但是在经济欠发达国家和地区表现更为突出。20 世纪 60 年代，发展中国家的人口开始大规模增多，据相关资料显示，其占比达到了 77%。人口学专家表示，在1950—2050 年经济较发达的国家和地区其老年人口只会增多 3.8 倍，但是，发展中国家的老年人口上升的比例远高于发达国家，上升比例将高达 14.7 倍。发展中国家的社会保障制度的建立和发展，由于人口老龄化的迅速加剧的问题，面临着严峻的挑战。从目前情况来看，发展中国家的社保制度在构建与发展过程中面临着诸多难题。就经济发展水平有限的发展中国家来说，所构建的社保体系并没有充分考虑农村人口，且在人口老龄化不断加深的趋势下，很难在短时间内解决各种难题，从而不利于社会经济的持续稳定发展。另外，人口老龄化现象日益严峻，造成人口结构陷入失衡状态，大多数发展中国家会出现大量剩余劳动力，从而也不利于社保制度正常运作。因此，必须进一步完善社会保障制度，应对日益严峻的人口老龄化问题。

2. 家庭养老仍将继续发挥重要保障作用

家庭保障依然是发展中国家推行社会保障的一项重要内容，且在农村养老保障中占据主导地位，这是文化与生活习惯造成的，又因农村社保体系并没有实现全面覆盖，进而突出了家庭保障的重要地位。在大多数发展中国家，年龄满60岁以上的老人与家人共同生活的比例高达70%，而家庭负担老人生活的比例却超过了85%。在某种意义上，在农村中家庭保障具有明显优势，其根本原因在于它包含了精神层面的东西。进而说明，在建立与发展农村社保制度时，不仅要充分考虑未来制度的必要性，还要切实发挥家庭保障作用，弘扬优秀传统文化，充分发挥家庭保障在国民养老中的重要作用和功能。

根据我国的基本国情和农村养老保障制度发展现状，农民养老保障目前是以自我养老、家庭养老和社会养老相结合的多元化养老方式。但是，"家庭保障是社保最早的一种形式体现"，不管发展到哪一步，家庭养老这种模式仍是发展中国家最重要的一种养老模式。家庭养老的作用主要体现在如下两个方面，一是老人能够通过家庭养老获得基本的养老保障；二是老人能够从家庭养老模式中获得情感精神慰藉和更加优质的日常起居照料。其中第二方面是家庭养老模式所特有的好处。基于其他国家的实践经验可得，尽管很多国家的社保制度已有上百年历史，但大部分国家都十分注重家庭养老模式的发展，并将其当作社会养老保险制度的一个重要补充和完善，我们应当充分重视并借鉴这一做法。对于我国来讲，在完善农村养老保险制度的过程中，既需要充分考虑我国在家庭养老方面的实际情况，明确所存在的压力，还需要积极借鉴发达国家的经验，以家庭为着手点不断改进与完善我国的农村养老保障制度。

3. 树立明确的政策目标价值取向，并根据需要不断完善制度实施存在的问题

定向是社会政策目标的主要体现，换句话而言，就是为了促进社会生产力提升和适应社会发展趋势开展科学指导。为此，在面对制度基本功能导向和制度构建价值目标等问题时，必须针对农村社会养老保障开展深入思考，确定科学合理的发展定向。通过社会保障制度进一步体现社会公平，然而，长久以来，我国在社会群体和城乡福利保障资源配置方面存在着明显的两极分化，城乡社会保障水平存在着明

显的差距。除此之外，"碎片化"现象也是我国当前在农村养老保障方面所存在的一个普遍问题，这会对社会的稳定和和谐带来不利的影响。随着社会和经济的持续发展，城乡社会养老保障之间的差距逐渐减小，两者的衔接更加紧密，城乡二元经济也逐步开始融合，为此，相关部门在构建农村社保制度的过程中，应当具备明确的目标价值取向，考虑现阶段发展的需求，积极借鉴发达国家的经验，顺应城乡一体化的发展模式，逐步构建符合我国国情的城乡一体化农村社会养老保险制度体系。很多国家都非常注重农村社会养老保障制度的发展，并制定了类似于城市社会养老保障模式的农村社保模式，大部分国家都实现了较为均衡的发展，并采取了一系列措施推动农村社会养老保障制度的发展，国家还制定了一系列扶持政策来促进农民参保，在种种措施的作用下，使得城乡社会保障制度的差距逐步缩小。

农村养老保障制度是经济欠发达国家和地区不可缺少的一项重要制度，它对于农村和村民来说具有重大影响力，不仅能对当前的贫困状况有所改善，还能切实提高村民生活质量。但是，在大多数经济欠发达的国家，农村养老保障制度在推广与实施期间，因受多种因素的限制，依然存有很多问题与不足。就正规社会保障层面而言，农村老年人保障率较低，整体比例还没有10%。受农村自身缴费能力、国家财政方面等多种因素的影响，使得大部分发展中国家的农村养老保险覆盖范围较小，只能先考虑一些具有急切需求的农村老人。

当前，发展中国家能够依靠的市场工具较少，且金融市场还不够健全，制度方面也不够完善，在种种因素的制约下，很难遏制一些违规操作，无法形成有效的监督和管理。究其根源，其中一个深层次的原因是国家财政压力较大。发展中国家经济发展水平往往较低，在整体经济实力方面较欠缺，仅仅通过政府来保障农村社会养老保险是不可行的，但是，对于农民来讲，受自身收入水平的限制，使得他们在缴费方面也有着很大的压力，最终需要政府或国家承担。因此，发展中国家必须结合社会和经济的发展情况，对农村养老保险制度进行优化和完善，及时解决其中所存在的问题。

4. 实行制度统分结合，构建多层次的养老保险体系，逐步实现城乡统筹

从宏观层面来讲，包括我国在内的大部分发展中国家，受经济、地域等相关因素的影响，城乡社会养老保险制度还不完善，有待进一步优化和调整，尤其是发展中国家的基础比较薄弱，财政短板成为限制很多国家制度的重要因素，国家无法将城乡养老保险制度有机结合，在这种情况下，部分发展中国家不得不推行统分结合的政策，这也是在现有财政情况下的一种稳妥做法。一方面是指构建最低标准的底层国民养老金制度，实现养老保险制度的部分共通，并在此基础上发展职业关联型养老金，以此来实现统分结合的养老保险结构。针对层次划分方面来讲，多层次的城乡居民养老保险体系主要体现在三个层次，从高到低分别为个人购买的商业保险、个人支付的缴费型城乡居民养老保险和基本的非缴费型基础养老金。其中第一个层次体现的是最高层次的养老需求，居民个人可结合自身意愿自愿参加；第二个层次代表的是缴费型城乡居民养老保险金的账户组成，即个人缴费账户和政府缴费补贴账户；第三个层次是最基本的层次，当年满 60 岁之后，居民可通过政府无条件获得的一种养老金。

目前，我国农村社会养老保险体系还很不完善，多支柱的养老保障制度的设计尚处于理论研究层面，专门针对农村劳动者建立的社保制度只有两种，一是新型农村养老保险制度，二是并轨的城乡居民养老保险制度，目前这两种制度的保障水平有限，对于数量众多的农村老年人来说，还无法切实满足其实际需求，因此也就没有能力承担起降低养老风险和缓解政府财政紧张局势的责任。对于农村收入较高的村民来说，其保障能力依然有限，我国目前同样也是没有相关制度来满足的。所以，从目前情况来看，我国农村社会养老保险制度的完善，既需要对养老保障实施层次化改进与优化，也要建立合理的多元化计划。十八大报告明确指出，要加快城乡社保体系的建设与发展步伐。要做到全覆盖、保基础、深层次、可持续发展，以突出公平、公正，旨在建立与完善覆盖面较广的社保机制。目前，国际养老保障体系改革基本达成一个共识，即发挥商业保险在养老保障体系中的作

用，中国的农村社会养老保险制度的完善也需要顺应国际养老保障体系改革发展这一趋势，积极推动商业养老保险计划。

党的十九大开启了新时代国家发展新征程，十九大报告通篇贯穿着以人民为中心的发展思想，这一发展取向构成了推进社会保障体系建设新的时代背景。新时代的社会保障不仅关乎基本民生的保障，更是满足城乡居民尤其是农村居民对美好生活的需要的重大制度安排。报告中关于我国社会保障制度改革与体系建设的具体论述为深化社会保障制度改革提供了具体依据。党的十九大报告不仅明确要求尽快实现养老保险全国统筹、完善统一的医疗保险制度与最低生活保障制度及社会救助体系，促进各项社会福利事业与住房保障的全面发展，而且强调要构建养老、孝老、敬老政策体系和社会环境，加快老龄事业与产业的发展步伐。这些论述抓住了当前社会保障领域中的关键性问题，是社会保障体系建设进入新时代后的紧迫任务。

第五章　新时期农村养老保障制度公平化的实现路径

　　社会保障是社会发展的安全阀和稳定器，而社会公平是社会保障应追求和遵循的首要价值理念和导向，也是社会主义的本质要求和核心要素。但是，社会公平并不能抽象地存在着，它必须以一定的物质基础和生产力水平做前提保证。在我国尤其是农村地区的社会养老保障制度改革的过程中，应当建立起一套适合我国国情和生产力发展水平的制度体系，而不能机械地照抄照搬发达国家或者发展中国家完善农村养老保障制度的既有经验。作为一个以马克思主义为理论指导的社会主义国家，我国在养老保障制度的改革过程中，应遵循马克思主义公平观的基本观点和方法。2016 年 5 月 17 日，习近平总书记在哲学社会科学工作座谈会上的讲话中指出："面对我国经济发展进入新常态、国际发展环境深刻变化的新形势，如何贯彻落实新发展理念、加快转变经济发展方式、提高发展质量和效益，如何更好保障和改善民生、促进社会公平正义，迫切需要哲学社会科学更好发挥作用。面对改革进入攻坚期和深水区、各种深层次矛盾和问题不断呈现、各类风险和挑战不断增多的新形势，如何提高改革决策水平、推进国家治理体系和治理能力现代化，迫切需要哲学社会科学更好发挥作用，这要求必须坚持马克思主义的指导地位"[1]，因为"马克思主义尽管诞生在一个半多世纪之前，但历史和现实都证明它是科学的理论，迄今依然有着强大生命力。马克思主义深刻揭示了自然界、人类社会、人

---

[1]　《习近平在哲学社会科学工作座谈会上的讲话》，《人民日报》2016 年 5 月 17 日。

类思维发展的普遍规律，为人类社会发展进步指明了方向；马克思主义坚持实现人民解放、维护人民利益的立场，以实现人的自由而全面的发展和全人类解放为己任，反映了人类对理想社会的美好憧憬；马克思主义揭示了事物的本质、内在联系及发展规律，是伟大的认识工具，是人们观察世界、分析问题的有力思想武器；马克思主义具有鲜明的实践品格，不仅致力于科学解释世界，而且致力于积极改变世界。"① 当前，我们必须坚持以马克思主义公平观作为农村养老保障制度改革的理论基础和主要原则，并采取相应的改革措施，逐步完善农村养老保障制度。

一　树立社会公平的价值理念，坚定农村养老保障制度发展的导向

马克思主义公平观把对人的关怀作为一个重要的价值基点，把实现人的全面自由发展作为公平正义的最终目标。自新中国成立以来，党和国家一方面继承了马克思主义公平观的基本观点，另一方面从自身综合实际出发，对马克思主义公平观加以发展和创新，提出了一系列推进社会公平的观点、方针和政策，体现了中国共产党坚持以维护好、实现好、发展好广大人民利益为根本宗旨。尤其是党的十八大以来，在推进国民经济和社会发展过程中，以习近平总书记为核心的党中央更加注重民生、保障民生，特别是一直注重从解决群众最关心、最直接、最现实的利益问题入手，做好普惠性、基础性、兜底性民生建设，全面提高公共服务共享水平，满足民生需求，织就密实的民生保障网。农村养老保障制度的健全和完善，理应实现社会保障制度公平性目标的重要体现，社会公平是我们必须树立的价值理念，更是农村养老保障制度完善和发展的坚定导向。

---

① 《习近平在哲学社会科学工作座谈会上的讲话》，《人民日报》2016 年 5 月 17 日。

（一）坚持人本思想，树立农村养老保障制度公平化的根本价值取向

人的全面自由发展是人类公平所追求的最高境界。实现人的全面自由发展不仅是马克思主义理论的出发点，也是马克思主义实践活动的最高目标和归宿。从这个角度来说，马克思主义公平观也内在地包含了马克思主义的人本思想。马克思、恩格斯坚持历史唯物主义和辩证唯物主义的基本立场，科学地分析人的本质，在此基础上深刻阐释了人的发展需求、人的生产关系以及人的实践活动，最终提出了人的全面自由发展和人类解放的观点。具体来说，马克思主义的人本思想有三层基本含义：第一，它是一种价值取向。强调尊重人、解放人、依靠人、为了人和塑造人。尊重人，就是尊重人的完整独立的人格；尊重人的自我价值和社会价值，尊重人的平等权利又同时尊重人的个体差异，如需求和能力差异，尊重人性发展的要求。解放人，就是不断冲破一切束缚人的潜能充分发挥的体制和机制。塑造人，就是要把人塑造成权利和责任的主体。马克思指出："任何人的职责、使命、任务就是全面发展自己的一切能力"①，恩格斯也指出，人的全面发展就是"要是社会全体成员的才能得到全面的发展"②。第二，它是一种对人在社会历史发展中的主体作用与地位的肯定。它既强调人在社会历史发展中的主体地位，又强调人在社会历史发展中的主体作用。马克思认为："人终于成为在自己社会的主人，从而也就成为自然界的主人，成为自己本身的主人的自由的人。"③ 第三，它是一种思维方式。就是实践要求我们在分析、思考和解决一切问题时，既要坚持并运用历史的尺度，也要确立并运用人的尺度，要关注人的生活世界，要对人的生存和发展的命运确立起终极关怀。

人的全面自由发展是马克思人本思想的最终落脚点和最高价值追求。中国共产党是坚持以马克思主义为指导的政党，坚持把马克思主

---

① 《马克思恩格斯全集》第 3 卷，人民出版社 1960 年版。
② 《马克思恩格斯全集》第 1 卷，人民出版社 1995 年版，第 305 页。
③ 《马克思恩格斯全集》第 3 卷，人民出版社 1960 年版。

义人本思想与中国革命和建设实践相结合，推进马克思主义人本思想的中国化，始终坚持人民利益至上，把实现最广大人民群众的根本利益作为最高奋斗目标。进一步发展和完善农村养老保障制度，推进养老保障制度公平化实现，是中国共产党坚持马克思主义政党奋斗目标的具体体现，是落实人本思想的具体实践。

1. 坚持人本思想，健全和完善农村养老保障制度，必须坚持和深化以人为本的根本价值取向

党的十八大以来，习近平总书记发表了一系列重要讲话，提出了一系列新思想、新战略和新举措。他认为，一个政党，一个政权，前途命运最终取决于人心向背，因此要从人民的根本利益出发，关心、尊重每个人的权利，关心、尊重每个人的利益要求，关心满足人们的发展愿望和多样性的需求。在推进农村养老保障制度改革中，必须树立以人为本的科学理念，立足我国经济社会发展实际，政府、市场、社会、家庭履行自身责任，广泛动员社会力量，统筹规划，相互结合，实现农村老年人的根本利益。

党的十九大报告总结了十八大以来取得的成就，提出了"习近平新时代中国特色社会主义思想"及其基本方略。习近平新时代中国特色社会主义思想坚持以人民为中心的思想，是彰显马克思主义以人为本的基本立场、践行人民中心理念的思想。党的十九大报告提出，增进民生福祉是发展的根本目的。必须多谋民生之利、多解民生之忧，在幼有所育、学有所教、劳有所得、病有所医、老有所养、住有所居、弱有所扶上不断取得新进展。报告进一步提出要健全和完善城乡居民基本养老保险制度，构建养老、孝老、敬老政策体系和社会环境的基础。

2. 坚持人本思想，健全和完善农村养老保障制度，还必须正确认识农村养老需求的一致性和差异性

在人口老龄化加剧的现实下，所有社会成员都面临养老需求，尤其是农村居民，长期缺乏完善的社会保障体系，这体现了对健全和完善农村养老保障制度的共性，但同时我们也应该看到，我国幅员辽阔、人口众多，并且地区之间经济发展不平衡，不同地区、不同民族

对养老需求也存在着差异。农村养老保障制度的发展和完善是一个随各地经济条件的不同而逐渐推进的历史过程，因此不能一刀切，要因地制宜、分类指导。制度统一是养老保障制度公平化改革的方向，目前我国已经迈出了第一步，实现了城乡居民养老保险制度的并轨，但不能搞简单的"一刀切"，否则可能会产生新的不公，忽视各地经济条件差异的泛公平化做法，最终将不利于制度的完善，从而影响社会治理的效果。所以，必须采取科学的策略，多样化的手段，逐步实现农村养老保障制度公平化。

（二）贯彻"共享"发展理念，坚持农村养老保障制度公平化的目标

党的十八届五中全会指出："共享是中国特色社会主义的本质要求。坚持共享发展，必须坚持发展为了人民、发展依靠人民、发展成果由人民共享，作出更有效的制度安排，使全体人民在共建共享发展中有更多获得感，增强发展动力，增进人民团结，朝着共同富裕的方向稳步前进。"[1] 共享社会发展成果，一直是人类社会发展的理想，也是人类社会从古至今追求的目标。党的十六大以来，人民群众共享经济社会发展成果的理念一直备受关注，如何实现社会公平正义，让经济社会发展成果惠及十几亿人口，成了我国发展过程中需要解决的重大问题。党的十八大以来，我国进入发展新时期，机遇与挑战并存，准确判断发展形势，有效应对各种挑战，保障全体人民共享社会发展成果，更大程度地实现和维护社会公平正义，是中国共产党坚持执政为民的具体体现，也是中国特色社会主义的本质要求。共享发展理念的提出，更鲜明地体现了马克思主义公平观，深刻反映了新一届党中央推进社会公平的坚定信念与人民追求美好生活的愿望，把对公平正义的认识和追求提高到了一个新高度，更加凸显了中国特色社会主义的本质要求。

---

① 《中国共产党第十八届中央委员会五次全体会议文件汇编》，人民出版社 2015 年版，第 13 页。

党的十九大报告再次强调了共享理念，并且进一步突出强调人人尽责、人人享有，走共同富裕的发展道路，全民共享改革开放成果，这是我国的社会主义性质所决定的。郑功成提出，社会保障是最应当对此做出直接回应的制度安排，因为现代社会保障是以集体力量来化解个体风险，坚持互助共济和集体主义是其与生俱来的本色。① 因此，在深化社会保障改革中，必须坚持以共享为基石。

1. 贯彻"共享"发展理念，完善农村养老保障制度，必须深刻认识"共享"发展理念与增强农民群众获得感的内在联系

新中国成立以来，特别是改革开放四十年来，我国进行了一系列改革，经济社会发展取得了举世瞩目的成就，人民生活水平日益提高，整体上实现了小康，但是由于长期以来城乡二元体制等原因，占全国人口大多数的农民的获得感并不强。一方面，"共享"发展理念的提出，为农民获得感的提升提供了制度前提和保证。在新的历史时期，我们比以往任何一个时期都更加关注民生，注重维护社会公平正义，"共享"发展理念内在地践行着社会主义公平观，保障社会主义制度公正，促进社会主义市场经济健康运行，充分保证公民个体机会平等，逐步朝着共同富裕的方向前进，保证人民内部的团结和国家稳定。另一方面，共享理念提出的具体实施措施，有利于农民享受到更多的改革成果，保障农民的获得感落实兑现。对民生问题的关注，是党的十八大以来的最大亮点。以习近平同志为核心的党中央坚持民生优先的方针，从人民群众最关心的医疗、教育、户籍、社会保障等问题入手，加大民生改善。就农民而言，医疗、养老、低保等，是他们生活的基本保障，为此提出社会政策要托底，就是要守住民生底线。实现了城乡居民养老保险的制度并轨，城镇居民医保和新农合保险并轨，印发了《关于整合城乡居民基本医疗保险制度的意见》，我国社会保障制度逐步实现从碎片化到一体化，消除居民身份、地域差别，社会保障基础进一步夯实。提出精准扶

---

① 郑功成：《全面理解党的十九大报告与中国特色社会保障体系建设》，《国家行政学院学报》2017 年第 6 期。

贫，正式发布了《中共中央国务院关于打赢脱贫攻坚战的决定》，明确到 2020 年 7000 万贫困人口全部脱贫，解决区域性整体贫困，农村居民收入水平大幅度提高。这些措施的实施，有利于农民获得感的落实。

2. 贯彻"共享"发展理念，完善农村养老保障制度，必须从实际出发，量力而行，逐步实现发展目标

在社会主义环境下，保障人民共享发展成果是维护社会公平正义的必然要求，也是实现社会公平正义的最有效手段。但是，实现社会公平正义既是社会发展追求的目标，也是一个过程，同样农村养老保障制度的完善是社会保障事业发展的目标，也是一个逐步推进的过程。尤其在社会主义初级阶段，生产力发展总体水平还不高，地区差异明显，各种社会矛盾错综复杂，这些因素不同程度制约着农村养老保障制度中社会公平的实现，因此必须深刻认识社会主义公平正义的相对性和历史性，充分认识农村养老保障制度发展的阶段性和历史性。在完善农村养老保障制度过程中，必须坚持共享发展理念，使全体农民共享制度改革成果，共享社会主义现代化建设成果，实现农民老有所养的目标，但是又要允许合理的差别。针对当前我国农村经济发展水平不平衡的具体情况，以及我国传统养老文化的不同影响，必须因地制宜，具体问题具体分析，量力而行，整合家庭养老、社会养老保险、商业保险、社会化养老等多种养老制度和模式，实现养老资源配置的效益最大化。

另外，目前虽然实现了城乡居民养老保险制度的并轨，这是农村养老保障制度迈向社会公平目标的重要一步，但是受中国地域差异、居民收入差异、经济社会发展水平差异、文化因素的差异等因素的影响，并轨后的具体实施路径也不能一刀切，必须针对不同地区的经济发展水平，农民们的养老观念、养老模式选择意愿等差异性现实，分类设计，分步实施，逐步实现社会公平的发展目标。

二　加快养老保障制度顶层设计，逐步推进社会公平目标的实现

就我国当前的情况而言，已有的物质经济条件和生产力总体发展水平还不能确保社会公平的全面实现，特别是在农村经济水平较为落后的地区，更是缺乏全面实现社会公平的基础条件。为此，结合我国的实际情况，当前最合理的做法是实现底线公平，这也是社会公平在现阶段的最优表达方式。底线公平并不是否认社会公平，而是人们对社会公平理念的现实中的主观感知和客观现实程度，是对人们最基本的生存权的保护。人之所以能够独立地生产生活，靠的是自身对生理和安全的极大依赖和需要，可以生存下去才是最需要考虑的问题。人类从事所有社会生产活动，最大的原因就是解决当前困难，为独立生存提供必要的支持，满足个人需求。马克思曾尖锐地指出："首先，我们应该妥善处理好人类生存和历史发展的关系，只有生存下去才能具备创造历史的可能，而人类生存下去进而创造历史的前提是：人们可以独立解决自己的衣食住行等诸多麻烦，人类历史活动首先就要找到可以解决这些麻烦的资源材料，通俗来说也就是做好物质生活本身。"[1]

现阶段，老龄化趋势越来越严重，老龄化问题尤其是农村老人养老问题更是摆在当前急需解决的首要问题，农村人口在我国占有很大的比例，其中大部分农民都是贫困阶层或中间阶层等困难群体。他们在自我保障能力方面十分欠缺，且收入较低，具有的社会资源很少，享有的社会保障十分有限。尽管我国在十年前已经开始实施新型农村养老保险，但成效十分有限，就社会养老保障而言，如果仅仅是根据缴费多少或者是否缴费来决定最终所能获得的保障，那么也就无异于传统的商业保险，并不能实现预期的社会保障目的。所以，底线公平强调的是底层群众等困难群体的根本利益，而非是"低水平"的社

---

[1] 《马克思恩格斯选集》第 1 卷，人民出版社 1995 年版，第 32 页。

会保障。所以，就现阶段的情况而言，应当坚定不移地推行底线公平福利模式，完善农村社会养老保障制度体系，切实保障农民的切身利益，实现底线服务。基于底线公平福利模式和底线公平理念，关乎农村老人基本生存权和切身利益的制度主要涉及三种，分别为基本社会养老制度、新型农村合作医疗保险制度和最低生活保障制度。

（一）完善农村最低生活保障制度，维护农民的生存权利

保障全体公民的生存权是维护底线公平的基本条件，在社会保障制度中，最低生活保障制度是"最后的社会安全网"，关乎困难群体的温饱和生存，这是确保社会稳定和谐的重要条件，最能彰显一个社会的关怀和温暖。近年来，基尼系数始终居高不下，据相关数据显示，近十年基尼系数一直在 0.473—0.491。城乡之间的差距越来越显著，出现了大量下岗人员和流动人口。根据其他国家的研究理论与经验来看，这种现象出现说明社会正面临着重大危机，但是，我国的社会经济趋于稳定，就算受到了金融危机影响，经济也没有受到重创，社会依然保持整体稳定。导致此情况出现的因素比较多，而社会保障特别是贫困人口的低保就是其中一项重要因素。就城镇居民保障来看，主要由居民的最低生活保障制度、养老保险及下岗人员的基本生活保障这三部分构成，经长时间实践证实，它是花钱最少、获益最高的一种社保制度。我国的最低生活保障制度开始于 1999 年，但最早是在城市开始推行。2007 年，我国正式出台了《国务院关于在全国建立农村最低生活保障制度的通知》，对农村最低生活保障做出了明确的规定，由此可以看出国家对农村最低生活保障的重视，要想实现社会保障制度的城乡统筹发展，必须完善农村最低生活保障制度，只有在农村全方位推行与实施这项制度，才能体现公平与公正。只有让每位农民都切实享受到这项制度所带来的保障，才能理直气壮地说我国所有公民的基本生活与生存问题均得到妥善解决。到了 2012 年，国务院又明确指出应当统筹规划，联系实际，从制度对接、监管排查、信息管理、核对收入、程序审批和对象认定等方面来开展最低保障工作。2015 年，我国正式出台了《关于进一步加强农村最低生活

保障申请家庭经济状况核查工作的意见》，进一步从制度层面完善了我国农村最低生活保障体制。

随着社会主义法制社会的不断建设，当前我国的农村最低生活保障制度已基本成型，不过受多种因素限制，并未达到理想效果。整体来讲，各个地区的社保工作在开展过程中出现了失衡，特别是城乡与农村之间的失衡，以农村为主体专门构建了最低生活保障的架构，但未落到实处，大多数地区，只将"五保户"视为应该享受最低生活保障的对象。最低生活保障与城乡推行的社会保险和社会福利存有本质性差异，前者是为了满足民众最基本的生存需求，而后者则是为推动社会快速发展提供相应的保障。所以，在农村设立低保制度，关键是要集中力量解决如下几个问题：

1. 进一步理顺财政分担机制，提高农民最低生活保障水平

农村低保工作能不能正常开展，主要取决于资金多少。目前，保障资金大部分由中央、地方财政和村集体提供，各地根据自身发展水平，对地方财政和村集体所担负的比重进行科学配置。基于此情况下，各地最低生活保障工作的进度也就出现了明显不同。为每位公民提供完善的保障服务是国家的责任，所以，国家要担负起相应的责任。在城镇居民的最低生活保障工作开展过程中，政府势必要采取有效措施提高补贴力度，不过还需加大对农村低保工作的进一步重视与关注，在为其提供专业指导的同时，提高投资比。

2016 年 8 月，国务院正式下发《关于推进中央与地方财政事权和支出责任划分改革的指导意见》，从整体的角度全面部署了财政实权和支出责任划分问题，明确中央与地方各自管辖的范围。从实践情况看，这一问题能否得到妥善解决，直接关系到政府提供公共服务的有效性问题。除此之外，这种权责划分，也是进一步完善国家治理体系以及现代财政制度的基本要求。

事实上，要想从根本上落实农村最低生活保障制度就首先应当明确财政分担体制。第一，应当进一步规范和完善中央在农村最低生活保障方面的财政投入，结合实际情况进行统筹规划，制定科学合理的投入机制。第二，应当平衡发展，在资金投入方面适当向经济较为落

后的中西部区域倾斜。尽量以省级地方财政为单位开展资金投入，减小县级财政部门的压力，充分发挥国家财政的民生兜底服务作用，保障农村最低生活保障的实现。第三，应当积极拓展筹资渠道，发挥社会各界力量的作用，进一步丰富农村最低生活保障资金来源，例如，可通过福利基金、慈善组织、社会捐赠等一系列方式来提高农村最低生活保障制度的实施效果。

2. 科学确定保障标准和申领程序，实现动态救助管理

尽管我国已经推出了一系列的政策，进一步完善了农村最低生活保障制度体系，但现阶段一些地区面临的挑战和压力仍然较大，且仍然存在着一系列问题，如农村最低生活保障评定标准和原则，由于没有严格的标准可执行，使得部分地区在开展相关工作时难免会出现一定的偏差，进而导致一些需要最低生活保障的农民没有获得应有的保障。究其根源，主要原因是每个地区的经济发展水平及生活质量都存有很大差距，对于这种情况，在设计保障标准时就不可按照同一标准进行。所以在操作过程中，各级政府需以当地的经济发展情况为参考，以农民纯收入为根本点进行设计，这就使得地方在农村最低生活保障制度上规范性不强，还有少数地方政府对农村最低生活保障制度认识浅淡，救助对象在认定过程出现缩水现象，"漏保""错保"现象比较严重，无法从根本上使农民享受到真正的最低生活保障服务。

针对农村最低生活保障标准方面来讲，由于我国地大物博，不同区域的实际情况相差较大，因此，在制定标准时也必须结合区域实际情况，不可一概而论，充分考虑地区人均收入水平和消费水平的差异，将农民真实的需求放在第一位。相对于城镇职工而言，农民的收入水平计算难度更大，很难准确计算出主业收入、副业收入、实物收入和其他收入。在这种情况下，必须针对需要最低生活保障农民的收入水平和状况做出科学合理的判断和评估，基于相关规定的要求可知，农村最低生活保障的主要目的是解决最基本的衣食住行等问题，除此之外，还必须考虑一些基本的消费，简单来讲，农村最低生活保障就是贫困农户的最低生活基准线，这样才能提高农村最低生活保障核算的准确性。此外，在建立健全农村最低生活保障制度时，首先应

当密切联系实际，尽量减小城乡差异，适当提高在农村最低生活保障制度方面的投入力度，进一步提高农村地区的保障水平。其次，应当制定科学合理的统计方法，在此基础上定期统计农民的收入情况，对农村情况有一个更加充分的了解，进而对保障力度做出动态调整。

3. 坚持救济与扶贫相结合，精准扶贫，引导低保农民脱贫致富

在农村，有很多老年人的生活难以得到保障，据国际公益组织香港乐施会发布的《2014 重阳节特刊·中国农村老龄贫困状况》分析，当前我国农村老年贫困人口基数即将超过三千万。[①] 因此，在开展最低生活保障建设工作的基础上，应将救济与扶贫有效结合，使具有劳作能力的老年人能慢慢自力更生，要通过有效措施或方法使保障对象的自救、自助能力得到大幅度提升，为他们早日摆脱贫困走向富裕提供一定的支持与帮助，使其长期保持良性循环状态。同时，围绕教育、生产等相关产业出台扶持性政策，全方位贯彻与落实，解决广大民众最切实的问题，并使受保障对象慢慢实现自力更生，以缓解保障资金紧张局面。

精准扶贫是我国当前和今后一个时期内治理贫困的指导性思想。习近平总书记 2013 年在湖南考察时，首次提出了"精准扶贫"的思想："扶贫要实事求是，因地制宜。要精准扶贫，切忌喊口号，也不要定好高骛远的目标。"[②] 不久之后，国务院颁布了《关于印发〈建立精准扶贫工作机制实施方案〉的通知》等文件，这些文件就农村精准扶贫的工作机制和顶层设计等方面做出了明确的规定。2015 年 10 月 16 日，我国正式召开了政府减贫与发展高层论坛会，习近平总书记在会上发表了重要讲话，指出："当前我国要发展的全面小康必须是全体中国人民的小康，不允许有人掉队。在未来的五年里，我们的工作目标就是要使中国现有标准下七千多万贫困人口全部脱贫，这也是全面落实 2015 年后发展议程的重要一步"，并强调，当前可以将

---

① 参见香港乐施会报告《中国城乡 4200 万老年人生活在贫困线以下》（http://cn. chinagate. cn/news/2014 – 10/04/content_ 33679484. htm）。

② 《习近平的"扶贫观"：因地制宜"真扶贫，扶真贫"》，《人民日报》2014 年 10 月 17 日。

扶贫开发作为经济社会发展的重中之重，进一步执行一批对人民有益，对发展有助的重大发展举措。2016年2月1日至3日，习近平总书记春节前夕在江西看望慰问干部群众时明确表示，扶贫、脱困的工作一定要做到位，根据实际情况实施相应的政策方针，一定要将工作落实到点上，不能为了突出成绩而使工作程序化。他强调，在扶贫的路上，不能落下一个贫困家庭，丢下一个贫困群众。① 目前，我国需要结合国情，在扶贫、脱困工作开展过程中一定要精准，不仅要合理配置与优化资金，还要提高受保障对象自助、自救能力，坚定不移地推进精准扶贫的进程，为贫困农品提供完善的生活保障。党的十八届五中全会提出："实施脱贫攻坚工程，做好国家脱贫攻坚工程，具体将精准扶贫、精准脱贫，分类扶持落实到实处，并寻一条适合我国农民尽快脱贫致富的正确道路。"其中，"十三五规划"就扶贫目标做出了明确的规定，即从根源上解决我国的贫困问题，让所有农村贫困人口摆脱贫困。所以，在开展相关工作的过程中，必须围绕"精准扶贫"的理念和原则来开展扶贫工作，促进居民增收，拓宽增收渠道，为困难群体提供更多的就业机会，营造一个良好的脱贫环境和氛围，逐步构建低保良性退出机制。② 党的十九大针对农村扶贫工作提出了新的要求和新任务，即"坚决打赢脱贫攻坚战""让贫困人口和贫困地区同全国一道进入全面小康社会是我们党的庄严承诺"。

（二）农村合作医疗制度体现底线公平原则，实现兜底服务

生命权利对于任何人来说都是最重要的一项权利，无论是大刀阔斧的变革，还是专注的求发展，其目的都是为了提高生活水平，使人们的幸福感大幅度提升。一个国家人民的身心健康水平是衡量社会经济发展水平和综合实力的重要指标，也是保障社会可持续发展的基础和前提，是一个国家和社会底线服务的充分体现。近年来，随着社会

---

① 曹艳春：《四个"精准"是落实习近平扶贫思想的重要法宝》，《光明日报》2016年2月6日。

② 孙伟：《从"十三五"规划看扶贫攻坚克难》，《人民日报》2015年11月1日。

和经济的不断发展，我国居民的健康水平和整体医疗服务水平也应当得到相应的提升，居民的医疗支出必须同收入情况相匹配。但是，当前我国的医疗机制主要受市场机制所主导，对于年龄较大的群体而言，医疗支出在收入中的占比很大，对他们的正常生活带来了十分不利的影响。相对于其他人群来讲，老年人群体的健康风险明显更大，且长久以来我国在农村医疗保障体系建设方面都比较落后，老年人的医疗支出越来越大。贫困和疾病两者往往存在着十分紧密的联系，疾病会严重影响人们的生活状态和身体健康，也会对经济发展产生影响。农村大多数家庭会因疾病致贫或返贫。因生病致贫的原因有二：一是家庭中的顶梁柱生病无法从事体力劳动而减少家庭收入，面对重大疾病还要支出高额医疗费，在入不敷出的情况下就陷入了贫困；二是家庭某成员患有长期的慢性疾病，每天都需要支出一定数额的医疗费，无法使家庭攒下更多钱财，在疾病不断恶化时可能会因收入过低而没有能力再继续治疗，造成医疗费用大额支出，也就由最初的安逸返为贫困。

自1996年起，我国开始发展农村合作医疗，经过20多年发展已取得很多实质性成果。当前我国正大力推行新农合（新型农村合作医疗制度），即政府主导，农民群众自愿参与，并利用集体出力、个人发展和政府投入来解决农民医疗问题，最大限度地减少他们的医疗支出，避免因疾病出现返贫和致贫的情况出现。2002年，我国正式施行新农合，截至目前，已经经历了十余年的发展时间，这项举措在建设社会主义新农村和提升农村健康保障水平等方面发挥了至关重要的作用。与此同时，我们也应当看到这其中所存在的一些问题，不公平现象就是其中之一，这会对卫生服务公平目标的实现带来不利的影响。所以，在实施农村养老保障制度的过程中，应当结合实施的成效不断完善，进一步发挥其在底线服务方面的功能和作用。

1. 加强政府的筹资力度，完善筹资机制

在推行新农合的过程中，应当强化政府的主导作用，加大政府投入，坚持公开公平，结合区域实际情况进行完善，强化政府职责，充分满足老年人群的需求。结合地区可补偿水平和农民年均医疗可支出水平确定科学合理的筹资标准，积极拓宽筹资渠道，建立健全个人缴费机制和多元筹资体系。形成以政府为主导、农民自费、集体性和社会性自主为辅的资金体系，充分满足新农合制度在资金方面的需求。

2. 推进城乡医保制度的整合并轨，提高新农合待遇水平

2014 年，我国实现了城乡居民养老保险和新型农村养老保险的并轨，这也是我国在实现公共服务城乡均等化和社会保障城乡一体化方面所取得的一大重要成就，此外，医疗保险制度是社会保障体系中的一个重要组成，同农村老年人的生存权利和健康权利密切相关，因此，也应当推进医疗保险制度的城乡并轨。党的十八大正式明确了城乡医疗保险并轨的发展方向，这一话题也逐渐成为人们重点关注的对象。很多区域结合实际情况开展了一些探索和尝试工作，部分地区已经实现了城乡居民医疗制度并轨，在未来的发展中，应当循序渐进地开展并轨工作，确保整个过程的平稳过渡。2015 年 12 月，习近平总书记主持召开中央全面深化改革领导小组第十九次会议，审议通过《关于整合城乡居民基本医疗保险制度的意见》。截至 2015 年年末，天津、上海、浙江、山东、广东、重庆、宁夏、青海 8 个省市和新疆生产建设兵团对城乡居民医保整合进行试点。2016 年 1 月 12 日，国务院发布意见，决定统一建立城乡居民基本医疗保险制度。意见指出，要整合基本制度，实现各方面工作的统一管理。党的十九大报告提出，完善统一的城乡居民基本医疗保险制度，进一步指明了全国范围内整合城乡居民医疗保险制度的方向。

3. 加强农村医疗保险制度的监督和管理，提高农民参保的自主性

合作医疗保险制度是基于法律规则之上相维持，使更多的人参与其中，在减小疾病风险的同时，积极拓展筹资渠道。现阶段，我国新农合参保率还较低，究其根源，其中一个主要原因是监督缺位和管理混乱，同近年来我国频繁出现的"医患合谋"新农合基金及农民道德风险等问题密切相关。所以，相关部门应当对现有的监管机制及时进行查缺补漏，强化管理和监督，培养一批高质量的监督管理队伍，强化对报销和就医等过程的监管，尤其是在重大疾病筹资上。就重大

疾病的报销流程而言，不仅要与农民真实情况相结合，还要全面考虑需要支出的成本数额。目前，大部分农民已不再为基本的生存和生活问题所困扰，有能力担负小病费用，而在重大疾病面前却无力承担，所以应当推行大额医疗费用报销模式，以此来减小农民医疗支出压力，充分满足农民在重大疾病医疗方面的需求。此外，还应当加强宣传和引导，营造一个有效、透明和公开的信息公开环境，让农民对合作医疗有一个更加充分的认识和了解，明白其中的益处和优势，从而主动参与，减少由于信息不对称所导致的逆向选择和道德风险等问题，进一步提高农民的参保积极性和主动性，提高他们对新农合的信任，从而促进合作医疗体制改革的顺利进行。

（三）建立多元化的社会养老保险制度，增强农民安全感

在马克思看来，现阶段所有的社会公平主张都是对自身利益和现有分配关系的一种价值判断。长久以来，利益分配始终围绕着社会公平问题，因为很多不和谐的现象都是由于利益不均所导致的。罗尔斯主张分配正义，其著作《正义论》充分表达了他对社会公平的理解和看法，根据他的"公平论"，国家在保障社会公平方面发挥了巨大的作用，应当采取措施来对社会利益进行统筹规划，保障再分配过程的公平。此外，相对于其他制度而言，社会保险制度存在着本质的区别，应当时刻秉承公平正义的原则。农村老年困难群体是我国农村社会养老保险的重点保障对象，基于资源再分配来满足困难群体的基本生活需求，进而提高他们的安全感和幸福感。

对于农村的养老模式专家们持有不同的观点与看法，其分歧点主要在于家庭与社会这两种养老模式上。部分专家认为就当前社会发展形势来看，家庭养老模式是最符合中国国情的一种养老模式；而有的专家则明确表示社会养老保险是随着社会发展和家庭结构变化养老模式的最终选择。但目前，家庭养老已无法满足现实养老需求，其根本原因在于：其一，在人口老龄化不断加剧的趋势下，大部分农民还没有真正富起来就出现了严重的老龄化；其二，实施了几十年的独生子女政策，使农村家庭中的孩子数量锐减；其三，农村劳动力的大规模

流动，且通过土地创造的收益减少。上述原因使家庭养老面临很多难以处理的问题，社会养老已成为中国的必要选择模式。不过社会养老在实施过程中同样也存在各种问题，其首要问题就是养老保险费用的上缴，尽管现在实施了"以个人为主，集体补贴为辅，政策扶持"的缴费方案，不过并未对其进行明确规定，一般都是由个人全部上缴，且养老保险机构还会从中抽取一定数额的运作费，从而使其与储蓄之间的差异越来越小，且这种储蓄还无法正常提取。其次养老保险并不是立即受益，而是存在一定的延迟，年轻支付年老受益，因随着国民经济的不断发展，很多人都担心政策发生改变，从而降低了参保的积极性。再者养老金在保障老年人生活方面具有一定的不确定性。由于农民上缴的费用少，到年老时所领取的数额也就会少，在物价不断上涨的趋势下，这点救助金还无法发挥保障功效。由此说明，在农村，实现以社会保险为核心的养老保障制度还需要一个过程。

需要从以下几方面努力：

1. 提高基础养老金的保障水平，实现全面覆盖

我国法律明确规定："凡是拥有中国国籍的公民因疾病、年老而失去劳动力时，可享受到一定数额的资金补助，为使公民真正拥有保障权利，国家积极发展与壮大社会保障、社会救助及医疗卫生事业。"尊重农民的基本人权是社会主义的内在本质要求，更是中国共产党的根本宗旨。我国农村养老保险制度关系民生，有利于促进社会和谐，有关部门应该强化重视，坚持普遍性原则，即全体农民都应享受国家基础养老金。但是，我国的农村社会养老保险制度起步较晚，且在农村老龄化人口不断增多的情况下，进而使农民养老这一问题更加棘手。大部分经济实力强大的国家都为更好保障农民利益投入了占比较高的财政经费。譬如，德国为农民提供了70%的保险费用；法国农民所上缴的保险费用其中30%由政府提供；日本不同级别的农民年金组织运行费均由政府全部提供；即便是经济发展水平不是太高的波兰、保加利亚等国家，也向农民提供了大笔资金予以保障。相较于这些国家，我国对农民养老的扶持力度就显得尤为薄弱，特别是与发达国家存在较大差距。因此，我们要借鉴发达国家的成熟经验，加大对

农民养老的扶持力度，提高基础养老金的保障水平，实现全面覆盖，促进社会公平。

2009 年在农村全面开展新农保试点工作，2011 年则基于城乡范围内实施城居保试点，到了 2012 年，这两种制度已覆盖全国各个地区，然而基础养老金全面覆盖目标的快速实现在很大程度上是基础养老金待遇标准偏低的结果。基础养老金全国最低标准自 2009—2013 年一直没有上调，始终是每人每月 55 元的标准，这个基础养老金标准不仅低于拉美、非洲等国家的标准，而且也远远低于国内退休职工和公职人员的养老金水平。因此尽管在政府财政的支持下，农村基础养老金基本实现全覆盖，但这仅仅是低水平下的应保尽保。2014 年对这两项制度进行了优化与整合，构建起了具有统一衡量标准的养老保险制度。财政部发布了文件，自 2014 年 7 月 1 日起，养老金每人每月可领取 70 元，也就是说增加了 15 元，并明确表示这次增加的数额，不可与各地提高的养老金相抵。但是，诸多研究数据表明调整后我国多数省份的农村基础养老金保障水平仍是比较低水平的财政支持，并且省际、地区间基础养老金保障水平较为不均衡，因而为提升农村基础养老金的保障水平和公平性需要进一步加大财政支持力度，构建多元化的筹资机制，健全中央财政转移支付机制及完善政府层级间的责任分担机制。

2. 农村社会养老保险要以保障农民的自由发展为目标

马克思认为，人类社会发展的最终目标是促进人的全面自由发展，未来社会就是人的全面自由发展的社会。新中国成立之初，社会主义制度的确立，使农民实现了政治地位的平等，获得了政治上的自由。但人民公社化时代，强调平均分配，农民难以实现个人经济发展的自由，个人的劳动力自由也受到束缚。改革开放和家庭联产承包责任制的实行，使得农民重新获得了经济自由权。但是农民的公共服务，如医疗、养老等社会保障严重缺乏，农民的自由发展受到很多限制。公民的发展权也是一项基本权利，具体来说，应该包括政治发展权、经济发展权、文化发展权和社会发展权等。显然，社会保障权是社会发展权，社会保障权是农村社会稳定和国民经济持续健康发展的"稳定器"和"安全网"。新中国成立以来中国农村养老保险制度从无到有，从个别特殊群体的保障到普惠式养老保险的发展，从城乡有别的养老保险再到如今刚刚实施的城乡养老保险并轨，农民的养老保障逐步完善。但是，由于历史和社会经济发展水平等因素的制约，加上制度不完善的影响，农民的自由发展权利依然受多种因素干扰与影响。

马克思认为，以人为核心才是公平的真正内涵，公平的最终目标是实现人的自由发展，同样这也是养老保险制度应实现的一个目标。要想真正拥有自由发展权利，就要突破各种局限或束缚，使人类保持独立、自由的一个生活模式。所以要在全国范围内实施一体化的养老保险体系，使人们的发展不受任何特殊制度约束，所谓一体化养老保险，就是在保证公平的基础上，在各个地区之间推行差异化和一体化有效结合的一种制度，且各项制度之间实现有效衔接。在改革期间，要全面顾虑当前政策体制与经济发展水平，分地区、分群体进行有序改革，慢慢提高城乡居民尤其是农民的保障水平。新时期农村养老保险制度必须尽快完善城乡制度的衔接，坚持公平和效率并重的原则，保障农民的全面自由发展。

3. 建立多元化、多层次的农村社会养老保险支撑体系

现阶段，我国在农村社会养老保险方面存在着明显的"地域化"和"碎片化"等现象，且家庭养老仍然是我国大部分区域尤其是中西部区域的主要养老模式，这种养老模式存在着明显的缺陷，很难适应当前农村人口老龄化的需求，即便在经济水平相对较高的中部区域和沿海地带，尽管整体上来讲，其新型农村养老保险的成效更加明显，但由于经济的不断进步，使得农村人口在家庭结构和人口结构方面都出现了明显的改变，农民在养老方面的需求也逐渐呈现出差异化、多元化的发展趋势。所以，有必要结合当前的实际对农村社会养老保险进行进一步的完善，结合区域特征和养老需求逐步构建起多层次、多元化的农村社会养老保险支撑体系。

通常来讲，多层次、多元化的社会养老保险支撑体系主要涉及两个方面的内涵，即养老服务方式、资金筹措的多层次和多元化。其中，资金筹措和支持方面主要涉及商业养老保险、农村社会养老保险

和社会救助制度等，而针对社会救助制度来讲，其主要目的是确保困难农民的最低生活保障，在实施最低生活保障制度时，应当重点考虑农村老年人口等困难群体，构建起完善的动态救助管理体系，特别是在一些经济水平较高的区域，应当及时了解情况，根据实际情况进行调整，从根本上解决广大贫困老年人的养老问题。从刚实施之初到现在，我国的新型农村养老保险已经走过了十余年的时间，且目前正处于城乡居民社会养老保险并轨的重要时期，尽管参保的农民占比越来越大，但我们仍然需要进一步落实相关的配套衔接，部分经济条件较好的农村家庭已经购买商业保险为自己的养老做打算，商业保险是传统养老保险的一种辅助和补充，相关部门应当加强监督和管理，做好相关的衔接工作，为保险公司提供便利，积极为农村地区提供更多的养老保险服务和产品。除此之外，在完善社会养老保险制度的过程中，应当密切围绕农村老人群体的实际需求来展开，一般来讲，不同年龄和不同地区老年人的身体状况和收入水平往往不同，因此，必须结合实际进行分析。例如，对于一些经济水平较好的区域，应当重点关注山区等局部贫困地区老人，特别是一些失能老人、空巢老人和高龄老人。针对养老服务方式方面来讲，应当重点关注农村老人在医疗服务、生活照料需要等基本生存方面的需求。在养老方式方面，当前社会主流的养老方式仍然是家庭养老，我们应当发扬这种社会美德，给老人提供更多的家庭关心，充分发挥家庭养老的功能，加强宣传，弘扬中华民族的传统美德。居家养老、机构养老和社区养老等社会化养老方式的兴起时间还较短，实践经验还比较欠缺，基础薄弱，很难为农村老人提供完善的养老服务，因此，需要在今后重点发展社会化养老服务体系，从而充分满足农村养老服务的需求。

党的十九大报告中明确提出，按照兜底线、织密网、建机制的要求，全面建成覆盖全民、城乡统筹、权责清晰、保障适度、可持续的多层次社会保障体系。[1] 从之前强调完善社会保障制度到现在明确提

---

① 《决胜全面建成小康社会　夺取新时代中国特色社会主义伟大胜利——在中国共产党第十九次全国代表大会上的报告》，《人民日报》2017 年 10 月 18 日。

出全面建成多层次的社会保障体系，这也进一步表明了社会保障需要多层次、多形式的保障才能更好地满足人民群众对美好生活的需要。"十三五"时期将是我国积极应对人口老龄化难得的重大机遇期，因为 2016—2020 年正处于少儿人口下降、老年人口缓慢上升、抚养比最低的深度"人口红利"时期。"十三五"末则会是我国人口老龄化由快速发展向加速发展的重要转折点，预计 2020 年 60 岁及以上人口将达 2.43 亿，2025 年将骤升至 3 亿，2040 年将达 4 亿。同时，目前我国 9000 万残疾人中 52% 是老年人，80 岁及以上高龄老人 2400 万，失能半失能老人 3700 万。① 因此，紧紧抓住"十三五"我国老龄化尚处于温和发展的最后机遇期，加快构建和完善我国养老服务体系、推进养老服务业综合改革试点迫在眉睫。

三　优化社会环境，完善农村社会养老保障制度

（一）大力发展农村经济，为完善制度奠定物质基础

随着我国经济和社会的不断发展，人们的生活也得到了极大的改善，但由于人口基数巨大，加之老龄化问题严重，使得我国在养老方面面临着巨大的压力。为此，我国必须不断发展生产力，统筹经济发展，这样才能为养老问题的解决提供支撑。只有搞好经济建设，才能进一步完善各项民生扶持政策，才能为居民提供更好的物质生活，从而才能顺利解决养老问题。

我国坚持以人为本的科学发展观，为人民谋利，全心全意为人民服务更是党的工作宗旨。解决民生问题是社会发展的必然趋势，是建设社会主义和谐社会的必经之路，也是马克思主义中国化的具体实践。从长远角度来讲，在处理民生问题时，应当处理好利益分配和社会公平的关系，化解矛盾，保持上层建筑和经济基础的统一。针对当

---

① 马力：《"十三五"期间加快建立和完善我国养老服务体系及照料保障制度》，2016 年 3 月 17 日，中国政府网（http://www.gov.cn/zhuanti/2016 – 03/17/content_ 5054706. htm）。

前的农村养老问题来讲，应当结合区域特点，发展生产力，提高农民生产主动性，并提供相应的资金支持和政策扶持。马克思主义认为，社会发展首先应该大力发展生产力，解放生产力，使得生产关系可以从根本上解决民生问题，其次，应该进一步解决生产关系和社会关系之间的矛盾，做好生产力和生产关系的协调统一，相辅相成，最终目标要使生产能力发挥最大功能，进而解决基本民生问题。需要引起注意的是，养老问题是民生问题的一个重要组成，生产力的进步是推动社会发展的根本原因，生产力发展是解决这些矛盾的根本和核心。简单来讲，实施民生必须以生产力发展为基础，我们应当大力发展生产力，结合实际进行改革，为社会的整体进步提供支撑。

1. 进一步完善农村土地政策，加快农村经济发展步伐

针对现阶段我国农村发展局势而言，农民的大部分收入都是土地收入，简单来讲，农民的命根子就是土地，土地是关乎家庭养老和发展问题的核心。我国是一个传统农业大国，农民对土地有着特殊的感情依赖，所以，做好农村土地政策完善，就是对农民的巨大扶持。我国家庭养老观念根深蒂固，主要得益于源远流长的农业生产生活，古语有言，"积谷防饥，养儿防老"，这非常形象地概括了农村家庭养老的重要性。父母含辛茹苦培养孩子长大成人，等年迈时受儿女孝敬供养，这在常理之中，也是传统美德，这种养老方式虽然近年来受到社会发展的冲击，但轻易不会中断。自古以来，农村养老首先要做到保证老年人的正常生活，提供基础的物质保障，而这一切的物质来源全都依赖于土地的生产力。目前最重要的是，各级部门应该强化意识，坚持贯彻家庭联产承包责任制，尽可能鼓励农村农民发展生产力，进而带动农村经济的快速发展。目前，在城镇化推进过程中，很多农村土地被征用作为他用，按照征用量给农民一定的保险金补偿，这笔补偿金虽然在眼下可以使农民发家致富，但是就长远来说无法适应瞬息万变的社会发展形势，无法与土地可以产生的财富相提并论，这无疑增加了农民的养老负担。此外，现在很多地区农民没有科学的生产引导，大大浪费了土地可以创造的最大价值，许多农村流行"打工潮"，农村留守儿童和老人不断增多，土地自然不能得到很好的照

顾，利用率极低，这都是当前我国农村土地面临的重要问题。

随着社会的不断发展，传统意义上的家庭养老功能正在逐步弱化，政府要想真正服务于人民，解决农村社会养老问题，就必须进一步健全土地政策，加快土地改革步伐，给予适当的支持和补贴，使得农村土地可以发挥其养老价值，提高土地养老的可持续性。2014 年国家出台的《关于全面深化农村改革加快推进农业现代化的若干意见》中明确表示，当前必须做到重点突出，协调全局，要进一步促进土地征地制度改革，力求建设适应农民发展的新型农业经营体系，使得土地可以尽可能使农民受益。中央确立了"三条底线"，就是公有制性质不能改变、耕地红线不能破、农民权益不能受损。首先，要做好土地征用补偿工作，土地是农民经济收入的重要来源，在土地征用补偿工作中，有关部门必须强化重视，为农民着想，根据市场情况对土地的当前价值和未来收益纳入补偿范围，采取一次折现，分期支付，利润分红等方法，尽可能使农民从中获得好处。其次，应该拓宽农业发展渠道，转变陈旧的农业发展方式，积极发展与开发都市农业、旅游农业等高回报现代农业；最后，应该鼓励农民自主创业，鼓励创办家庭农场、专业合作社等项目模式，尽可能为农民增收，提高规模经营效益。

2. 政府牵头继续完善政策支持，尽可能减缓农村压力

我国坚持以人为本的科学发展观，而农村养老更是很重要的民生保障问题，需要政府发挥职能作用，建立起由政府牵头，社会协助和家庭互助的保障机制。其中，政府在这三方保障机制中占据重要地位，直接影响着养老保障的成效，也从侧面说明我国实施的是制度化保障措施。具体来说，制度化养老保障体系需要政府进行统筹管理，制定一系列行之有效的监管措施，并以身作则进行过程监管，保证养老保障工作的顺利开展。当前的新型农村社会养老保险需要处理好"新农保"和"城居保"之间的衔接问题，避免出现利益矛盾，提高相关部门工作效率，缓解政府财政压力，尽可能做到养老基金的保值增值。此外，应该大力宣传新型养老保障体系，使得农村居民了解政策，支持政策，减轻政府工作压力，使得农村老年人老有所养，建设

美满幸福的和谐局面。

政府应该多进行政策扶持，加快农村经济结构调整，真正地为民谋利，使得农民生产生活压力减轻，进一步扩宽产业发展形势，鼓励农民增产增收。为了减轻新形势下农民生产生活的负担，促进农村社会长久持续的和谐发展，国家实行了一系列措施促进农民的增产增收。改革开放以来，中央先后发布18个"一号文件"聚焦三农问题，反映出不同阶段我国"三农"工作的重心，包含了不同时期诸多利农、惠农政策。但相对于城市的快速发展，两者之间的差距是显而易见的，补齐中国经济发展和基础设施建设的短板，重点就在农村。2016年，中央一号文件《关于落实发展新理念加快农业现代化实现全面小康目标的若干意见》正式发布。该文件传承了历年的做法，将"三农"问题作为开年的纲领性文件。据统计，这是2004年以来的连续第十三次，是改革开放以来的第十八次。这充分说明，党和政府高度重视解决"三农"问题，体现了坚毅的决心和充分的自信心。在此文件当中，提出了解决"三农"问题的具体办法。如首先要树立发展的新理念，并将此理念贯穿于问题的始终。同时，也从一些外部条件上着手。如提出要充分发挥农村当前的各类优势，在方式方法上继续创新。此外，更为重要的是，从"三农"实际出发，提出的一些具体措施，如加快转变农业发展方式，加大农业供给侧结构性改革力度，切实增加广大农民收入。通过各项行之有效的措施，让我国农业真正走上一条具有环境友好型、产品安全资源节约型、高效发展型的现代化道路。①

3. 完善民生财政职能，完善财政预算制度

制度再完善，若缺乏强大的资金支持，工作也很难顺利开展，因此在资金问题方面，政府应该提高农村养老保障的财政投入比，在合理配置资金的基础上，提高资金使用率。就发达国家的成熟案例及丰

---

① 《关于落实发展新理念加快农业现代化实现全面小康目标的若干意见》，2016年2月14日，中国政府网（http://www.moa.gov.cn/ztzl/2016zyyhwj/2016zyyhwj/201601/t20160129_5002063.htm）。

富经验来看，社会保障之所以能够实现稳定持续发展，关键在于有强大的资金支持，基于财政支持的主导下，通过各种有效渠道或途径获取到更多资金。目前，主要基于以下方式筹集资金：一是出售福利彩票；二是社会募捐。大部分资金是通过第一种方式筹集，这笔资金也用于公益事业的发展。社会捐助主要是采取慈善劝募的方式，来获得社会成员的捐赠，这对于农村养老保障基金的获得，也起到了必要作用。

除此之外，中央政府也要积极发挥统筹作用，以增加财政投入比，基于贫困线之上，对各类救助金进行科学划分，各省市基于此划分之上，对超过贫困线的差额进行弥补。这样一来既能确保资源实现科学优化与分配，缩小各地方之间的差距，还能缓解贫困地区的财政压力。

财政管理要保持稳定长远发展态势，就要做好财政预算这项工作，为了实现社会保障的终极目标，就需严抓这项工作，因为做好它不仅能提高筹资效率，还能实现资源的科学配置与调整。怎样才能更好地管理保障资金，这就需要建立科学合理的社会保障预算，构建一套相对完善的财政预算体系，这样不仅能全面了解与掌握财政支出情况，还能促进保障经济迅速发展。因此，一定要把握改革与完善社保体制的机会，不断改进与健全预算制度，只有满足目前发展需求，才能为我国养老事业更好、更快发展提供有力保障。

4. 增强农村集体经济实力，发挥对农村养老保险的补助作用

事实证明，农村集体经济具有很多益处，是促进农村经济协调发展，减轻贫富差距的重要基础，其作用可以保障农村发展活力，提高生产能力，是实现农业现代化的重要支柱。在新型农村养老保险资金筹集中，农村集体补助占有一定的比例，而且直接关系到参保农民的切身利益。从历史发展而言，农村集体经济理应为农民养老保险提供强有力的支持，但是从现实来看，由于农村经济发展的地区不平衡性，经济比较发达的农村地区，集体经济能够为农民养老金的补助提供强有力的支持，但大部分经济欠发达的农村地区，集体经济实力薄弱，无力为农民提供养老金支持，在很大程度上也影响了农民的参保

积极性。因此，必须壮大农村集体经济，增强其经济实力，充分发挥其对农村养老保险的补助作用。

第一，落实责任，强化领导机制。各级政府应该强化认识，将发展集体经济工作提到工作日程。切实承担责任。加大政策支持力度，加大资金、技术扶持开发力度，加快农村基础设施建设，进一步改善生产和投资环境，为发展集体经济创造有利条件。发展集体经济，需要做到管理发展两不误，进一步制定行之有效的管理制度，了解农村需求，尽可能发展农村生产力，提高村集体资金使用率，确保资产保值增值。

第二，必须要进一步提高农村土地利用率，促进建设土地高效利用。土地资源是农业集体经济的重要创收点，在发展农村集体经济中，土地资源发挥着重要作用。目前，必须要顺应农村劳动力转移和新型城镇化的新趋势，充分利用和合理开发集体土地资源，增大土地使用价值，保证土地得到最优配置，尽可能实现农村集体经济的可持续发展。

第三，采取积极措施，盘活村级闲置资产，激活集体经济活力。可通过将集体资产租赁、出售等开发措施，鼓励资产投入，扩宽产业发展领域，尽可能发展农村集体经济，提高农民收入。

（二）发挥政府主导作用，兜住农村养老保障底线

1. 创新政府执政理念，构建良好的制度创新环境

就农村养老保障体系来说，政府执政理念是重要的一项因素。事实证明，一个国家养老保障质量如何主要取决于政府的工作效率和重视程度，就我国而言，政府坚持以人为本发展战略，坚持贯彻全心全意为人民服务方针，先后出台了一系列保民生、促发展的农村改革措施，使得农民拥有自己的土地使用权，广大农民可以找到谋生手段，才能实现集体养老。十一届三中全会以后，确立"以经济建设为中心"的工作重心转移，完成了从"实现土地保障"的"集体养老"到"提高农民养老保障的物质基础"的"老农保"，当前，我国还需大力发展生产力，统筹发展，为各项制度的顺利落实提供物质保障。

随着我国农村老龄化形势的日益严峻和"未富先老"的社会现实，以及城乡养老保障制度的并轨实施，我们党和政府必然会提出新的执政理念，这势必会加快农村养老保障体系发展，使得城乡养老保险尽快同步化，但是，如果不符合地区具体形势，则会起到阻碍作用。我国正处于并还将长期处于社会主义初级阶段，解放和发展生产力仍是最根本的任务，唯有采取积极措施不断加强经济建设，才可以不断满足人民群众对美好生活的需要，不断提高人民群众的生活水平，让人民群众可以感受到社会主义的突出优越性。政府所出台的宏观调控政策或者调控手段会对经济发展模式以及趋势产生重要影响，"老农保"已远远滞后于当前经济发展情况，在实施改革开放政策之后，我国经济突飞猛进，农村养老物质已较为充足，因此在新的发展环境下，需要对养老保障做出新的要求，在推动养老保障体系日趋完善的基础上，全面推行"新农保"，继而在实现基本全面覆盖以后，又适时提出并轨制度。我国当前发展目标是为经济发展、人民生活等构筑一个和谐、健康、安定的良好环境，政府只有积极维护广大民众的根本利益，才能够得到广大民众的信任与拥护支持，让广大民众依靠政府力量获得相应的农村养老权利，逐渐缩小城乡差距。① 对于政府而言，需时刻注重执政理念的与时俱进性与创新性，在各种发展环境下，需基于农村养老保障体系的发展特点以及实际情况树立全面的、合理的执政理念，推动新制度的实施与变革。

党的十八大报告指出，科学发展观最鲜明的精神实质就是解放思想、实事求是、与时俱进、求真务实。全党一定要勇于实践、勇于创新、勇于变革，不懈探索和把握中国特色社会主义规律，永葆党的生机活力，永葆国家发展动力，在党和人民创造性实践中奋力开拓中国特色社会主义更为广阔的发展前景。当前所积累的发展基础已能够满足广大民众的基本需求，若一味地发展经济忽视社会矛盾，特别是城乡发展差距愈来愈大的事实，势必会对和谐社会的创建产生不良影

---

① 方福前、吕文慧：《中国城镇居民福利水平影响因素分析——基于阿马蒂亚·森的能力方法和结构方程模型》，《管理世界》2009 年第 4 期。

响，不利于营造一个稳定、和谐的大发展环境。基于新型执政理念的指导，应合理调整农村保障制度，政府部门需要充分履行自身职能，在健全农村社会养老保障制度中勇于担负责任，积极承担义务，维护农民的基本生存权、基本健康权，实现社会公平正义，保障农村养老中的底线公平，保障农民自由发展，促进社会利益最大化，逐步缩小城乡居民在养老保障方面的差距，真正做到以人为本，并随着时代的发展持续完善农村养老保障制度。

党的十九大报告明确了"中国特色社会主义进入了新时代，这是我国发展新的历史方位"①。确立了以人民为中心的发展思想，这不仅是贯穿十九大报告的主线，也是习近平新时代中国特色社会主义思想的灵魂，更是新时代国家发展和改革的核心价值取向。这一思想使我国社会保障尤其是农村社会保障体系建设的方向更加明确，目标更加明晰。不断增进民生福祉，这是我国社会保障体系建设和完善的出发点，也是最终归宿。②

2. 完善对现有制度的监管机制，切实兜住农民养老保障底线

第一，完善对最低生活保障制度的审核和监管机制，建立动态救助管理体制。制度是否能够被广泛推行、落实，主要取决于自身的公平性。就农村社会养老保障制度而言，健全并优化低保审核制度是保障基本公平的有效途径。对低保对象展开严格的审核，不仅是落实基本生活保障的起点，亦是特别重要的一个环节。该环节不单单关乎困难群体的生计问题，还和政府的公信力之间具有密切联系，在很大程度上反映了社会的公平性。所以，需要加强对制度审核的重视，给予充足的物资、人力保障，在保证审核制度完善、公平、合理的基础上，使其具有良好的可操作性，确保其审核制度能够得到有效落实。在开始进行审核时，不仅要对被调查者的显性收入进行调查，亦需对其隐性收入展开调查。在对被调查者的身份展开审核时，可联合采用

① 《决胜全面建成小康社会　夺取新时代中国特色社会主义伟大胜利——在中国共产党第十九次全国代表大会上的报告》，《人民日报》2017 年 10 月 18 日。

② 郑功成：《全面理解党的十九大报告与中国特色社会保障体系建设》，《国家行政学院学报》2017 年第 6 期。

民众评议、家访调查等方法，让全社会民众参与到监督审核工作的行列中来。在对被调查者的身份完成核实之后，需要对最终决定的名单予以公布，并将其结果和相关信息统一存档保存，以备后期查看。在充分明确被调查者身份之后，需根据方案有计划、有阶段地进行帮扶，在整个帮扶的过程中，依旧需要对其经济来源和收入进行追踪调查，将调查所得到的结果定期呈报与处理，创建一套基于调查结果的实时化调整体系，如果在跟踪调查的过程中发现，待调查者的家庭经济收入比最低生活保障水平要高，那么就需要立即取消帮扶；在有新的民众提交救助申请时，要根据规定对其身份以及收入情况进行全面调查与核实，以此凸显救助意义，提高救助的公平性。

而建立动态救助管理机制，第一步需要适当调整最低保障水平，唯有如此才能够在经济保持良好发展势头的情况下，为全国民众提供范围更广、福利更好的保障。提高最低保障水平首先从农村老年人着手，只有切实提高其基本生活水平，方可进一步展开其他形式的保障活动。另外，采用动态化救助机制的原因和最低生活保障标准的设定之间具有较强的关联性。但是就最低生活保障标准的设定这个问题来讲，其重点在于对贫困的定义。基于主观层面而言，贫困分为两种：一是绝对贫困；二是相对贫困。其中第一种亦被部分学者称为生存贫困，指的是自身或者家庭的合理经济来源不足以维持其基本生活水平；第二种贫困则指的是跟有关参照物相比而呈现出的一种贫困状态。基于概念分析能够了解到，相比于绝对贫困，相对贫困的标准更高一些，我国最初设立的最低生活保障标准即是按照绝对贫困的水平而进行设定的，尽管我国经济发展快速，救助标准得到一定的提升，不过其提升幅度依旧滞后于实际需求，无论是提升速度还是提升强度，均未赶上经济发展速度，尤其是在物价不断提高的今天，按照绝对贫困设定保障标准，其实是不合理的，因为它根本达不到最基本的需求，那么其保障作用就无法得到有效发挥。所以在设定标准时，一定要基于多方面考虑，不仅能够切实满足农民的最低生活需求，亦和当地经济发展速度、发展水平相适应，另外，还需要创建一套合理的救助标准实时调整体系，以便根据实际发展情况对救助标准进行合理调节。与此同时，最低生活保障标准需要具有柔性特征，需要创建一套根据物价变动而调整救助标准的协调体系。在进行大量实地调查之后，采用合理的计算方法对所采用的救助标准是否合理、科学展开评测，防止出现受物价上涨影响而导致保障作用无法体现的问题。

第二，优化并健全农村医疗保险制度的监管制度，切实保证农村老年人的健康权。我国农村合作医疗保险从建立、发展、壮大，这一过程反映了政府对农村医疗保险的重视，但是在实施过程中存在着一些问题。而在完善农村医疗保险制度方面，政府占有主导地位，所以必须进一步完善监管制度，为农村老年人提供更好的医疗卫生服务，保证他们的健康权。首先，应该做好制度调整，进一步增加保障人群。在实际发展中，新农合的筹资问题主要涉及三个方面：一是政府；二是集体组织；三是个人，其中政府占主导地位，在这种情况下，政府应该扩宽筹资渠道，使得社会公益参与进来，缓解资金压力，更好地完成新农合保障工作。其次，政府还应该加强宏观调控，提高卫生医疗水平，给医疗机构一定补偿，尽可能让其降低医疗费用，减轻农民压力。具体来说，合作医疗不仅要顾及农民的大病报销，还要利用现有资源，拓宽管理模式，对小病及门诊费用也进行补助，增加宣传，鼓励更多的农民参合。再次，政府应该继续加强管理，提高资产投入。我国幅员辽阔，在进行资产投入时应该兼顾不同的地区，从全局考虑，对偏远中西部地区加强投入力度，特别是对于农村，更应该强化重视，这样才能缓解城乡地区矛盾，协调引导各地新农合的发展。最后，政府应当强化监管，以身作则，严厉打击违法行为，发挥人大监督、审计监督、媒体监督等多种监督优势。使得政府投入真正落实到实处，真正服务于农民。还要严格控制医疗服务体系，建立健全投诉查处体系，对乱收费现象进行坚决取缔，尽快建立农村医疗救助制度等相关配套制度。

第三，做好对养老服务的监督和管理。目前，我国在养老服务中还存在很多不完善、不规范的问题，必须在政府的引导鼓励下，协调社会各部门功能，大力宣传社会养老服务体系，使得广大老年人了解养老政策，更好地行使自己的权利。同时，在养老服务过程中，政府与社会组织共同担负起对养老服务的监管，促进养老服务的健康发展。

3. 完善农村社会养老保险政策，开展多种形式的农村养老服务

我国农村养老保障中，农村社会养老保险所占比重正在逐年上升，这也成为我国民生问题的重要组成部分，政府相关部门必须强化认识，在此基础上开展多种形式的养老服务。

第一，要加强对农村社会养老保险的立法支持，这是农村社会养老保险制度可持续发展中必不可少的保障措施。只有做到有法可依，才能减少一些违法操作，确保养老保险制度顺利实施，同时，对农村社会养老保险的覆盖范围，资金的筹集，养老金待遇等内容做出规定。

第二，必须尽可能完善农村社会养老保险监管体系。农村养老保险涉及范围较广，如果没有完善的保险监管体系，势必会出现管理漏洞，导致养老保险不能达到预期效果，因此，完善的农村社会保险监管体系是做好养老保险规范化的基础。

第三，进一步增强国家财政对农村社会养老保险的扶持力度。农村社会养老保险制度的顺利实施，财政资金的大力支持是关键因素。在"新农保"和"城居保"并轨实施后，国家更应该承担起财政支持的责任。

另外，政府还要积极引导、规范和扶持，开展多种形式的养老服务，将农村养老保险与多种养老方式相结合，做到相辅相成。之所以采用这种方法，是因为我国大部分农村地区尤其是中西部地区经济发展水平还比较低，而且发展不平衡。尽管"新农保"和"城居保"并轨实施，但是短时间内还不能完全满足养老需求。例如家庭养老在我国已经根深蒂固，要积极鼓励家庭养老作用的发挥，实现社会养老和家庭养老的有效结合。可以根据这种现状创新农村养老模式，重视居家式养老模式。该模式其实就是指的家庭内部养老模式，在不同的时间段，其特征与概念均存在一定的差异。农村养老保障制度的建设与完善需要根据农村实际发展状况与发展趋势而展开，比如愈来愈明显的人口老龄化特征以及人口基数较大的特征。在今后的发展中，农

村养老问题会变得更加突出，对此，我国应加强对农村老年人正当权益的保障。对于其他国家所采用的开放式养老、机构养老等模式而言，我国无法直接拿来使用，我国传统文化素来讲究尊老爱老，并有着强烈的家庭观念，因此在养老模式选择这个问题上，大部分人会选择居家养老，而非机构养老。根据我国具体发展情况以及未来发展之趋势，居家养老模式注定是农村养老保障体系的一项不可或缺的构成内容，应积极探寻更全面、更优质的养老服务，以此满足广大农村老年人的养老需求，可尝试推行日托式"托老所"等新型养老模式，具体来讲指的是老人白天汇聚于托老所进行娱乐，到了晚上就回自己的家中，此举不仅满足了老年人的居家养老愿望，还能够令老年人的业余生活更加多样化。

（三）优化文化环境，弘扬新型养老文化

1. 弘扬新型养老文化，重视农村养老服务

制度和文化之间往往存在着较强的关联性，一项制度如果不受广大民众的支持就无法得到有效贯彻与实施，要想让人们支持制度，首先需要让他们正确认识制度，而文化的塑造以及环境的构建会加强人们对制度的了解，令更多的民众了解并支持制度。著名学者黑格尔曾表示："一国所推行的社会制度，需切实展现民众对个人权利以及地位所形成的感情，若非如此，这个国家的制度就毫无存在意义。"①因此要变革并推行新制度，需要相应的文化氛围与环境。传统养老文化是我国民族文化的主要构成，因此制度需要根植于养老文化这片肥沃的土壤上，与时俱进，结合具体发展状况，促进农村社会养老保障制度的改进与优化。

文化信仰对人们思想认知所产生的影响往往会对制度的变革路径产生一定的干预作用，从建国到现在，我国养老方式出现了很大的调整与变化，不过居家养老方式由始至终都在养老保障机制中起着主体作用。所以，在社会发展的大趋势下，我国的农村养老保障制度变革

---

① ［德］黑格尔：《法哲学原理》，商务印书馆1996年版，第292页。

历程均和居家养老这一路径之间保持着密切的联系。

基于传统养老文化这片肥沃土壤持续健全并优化农村养老保障机制，需根据其文化特征加大创新力度。在设计"新农保"保障体系的过程中，尤其是关于财政责任分配等问题时，均重视我国形成已久的尊老理念与顾家理念，基于此制定了父母不需要缴纳费用即能够参保并在一定时间后领取养老金的制度，不过满足条件的孩子需根据要求缴纳保费。将父母养老金和孩子们的参保费联系在一起即是基于传统家庭观念而设计的，该举措不仅和我国法律规定的子女赡养老人的义务相契合，亦能够有力地保障老年人的正当权益，并且能够在全社会上营造起良好的氛围，有利于促进中国优秀传统文化的进一步发展。

但是需要注意的是，制度的变革并非一朝一夕就能够完成的，更没有所谓的终点。我国政府需加强重视并不断探索，根据我国国情和养老理念，健全农村养老保障制度，让老年人的晚年生活变得更加丰富多彩，更为重要的是，让老年人得到切实的保障，生活上没有后顾之忧。新型养老保障文化需满足下述要求：第一，真诚对待老人，对老人关爱与真情，以满足他们身心健康的需求；第二，维护老人尊严，彼此尊重，互敬互爱，不可出现暴力等不和谐因素；第三，倡导建立民主和谐的家庭气氛，改变传统社会老年人受到的诸多的不公平待遇；第四，树立与时俱进的老年价值观，消除唯老是从的理念，树立自强、自信的老年价值观。只有这样形成民主、先进的养老文化，才能够营造一种良好的社会环境，让老人备受孩子们的尊重与关爱，使其利益能够得到有效、全面地保障。

2. 创新农村养老保障制度的价值取向，为制度创新提供指导

价值理念是制定制度目标以及设计准则的重要参考，如果说政府的执政理念为完善农村养老保障制度提供宏观指导，那么价值理念就会为养老保障制度的目标设定、准则制定提供重要的参考，促进制度的变革与创新。现在"公平、正义、共享"之理念为变革、创新农村养老保障制度奠定了坚实的基础，促进了城乡社会养老保障的一体化实现，缩小了城乡差距。但是，根据马斯洛需要层次理论，每个人

都有着不同的需求层次，我们大致可将这些层次划分为七层，高层次需求产生于低层次需求的基础上，但这时低层次需要也不会消失。所以，在农村养老问题上，当农民的低层次物质养老保障需求得到满足后，会慢慢地出现情感需求和娱乐需求。那么，随着我国经济发展，农民生活水平的提高和物质养老保障的逐步实现，在后续老龄化问题愈来愈突出的农村中，老人势必会形成更高层次、更多的需求，若仅仅局限于"公平、正义、共享"之理念，就不能满足这种需求。因此，在新的形势下，农村社会养老保障改革的价值取向应符合"可持续发展"以及"民生为本"之理念，加速促进制度变革与创新，更好地满足农村广大老年人的养老需求。

四　破除困境，有效衔接，完善城乡养老保障制度

一般来说，在社会经济保持良好发展势头的形势下，城乡一体式养老保障制度是不可阻挡的必然趋势，所谓的城乡一体指的是在进行社会主义建设过程中，应该统筹城乡发展，不搞地区分离管理政策，把城乡作为一个有机整体，统一规划、统一制度、统一部署，逐渐完成一体化战略。无论是哪个国家，在其经济发展到特定水平时，均会坚持城乡结合发展之路，实现工业和农业的共同发展。改革开放以来，民众生活水平得到了显著提升，具备了实现城乡统一的养老保障的可行性。2014年2月7日，国务院决定合并新型农村社会养老保险和城镇居民养老保险，并轨实施两年多来，虽然取得了不错的成效。但是，如前文所述，并轨实施三年多来，在城居保和新农保政策的衔接过程中也出现了很多问题，如缺乏具体的实施条例；并轨工作量大，机构整合困难；管理和服务中存在一定问题；农村老年人长期的参保信心不足；保障水平难以提升；等等。因此，当前必须采取积极措施，尽快破除困境，使二者有效衔接，进一步推进和完善城乡养老保障并轨和一体化工作。

（一）强化制度设计，进一步加强城乡居民养老保险制度建设

社会保障只有城乡统筹，实现城乡公平，才能使每个公民享有公平的养老保障，这一目标的实现要靠国家和政府的顶层制度设计。具体来说，本书认为应该：

第一，进一步扩大农村基础养老金覆盖面，从全局着手，尽可能拓宽养老金覆盖人群，确保养老金可以分发到户，可以从实际出发取消原来的基础养老金的领取条件。社会保障是促进社会和谐，保证社会公平正义的重要手段，可以有效地保证社会和谐，所以养老保障金应该首先照顾到社会困难群体。提高老年人生活质量，保障农村老年人的基本生活。

第二，要充分把握"新农保"与"城居保"整合的特殊时期，尽可能提高居民基础养老金待遇，根据经济的增长水平调节基础养老金，让居民共享经济社会发展成果，稳定地保障老年居民基本生活的能力。

第三，必须尽快设计政策实施细则，并辅以相应的配套政策。基于先前推出的《意见》，对各项规定予以详细的阐释和说明，避免模糊定义。比如，"基金根据国家相关规定投资并运营"，在此需要注明参照的具体规定。尤其是针对实践指导条例，一定要明确规章条例，不可出现执行起来不统一问题。因此，在制度设计过程中必须注意和相关保障政策保持一致性，根据具体情况合理对待，谨慎处理。最后，要改革养老基金管理模式，结合市场发展形势，全面推进养老基金市场化运营，其目的是确保养老金运营的保值增值，使得每个老年人能够老有所养，颐养天年。

（二）政府积极履行职责，提升并轨后制度的统筹层次和保障水平

虽然实现了养老保障制度的城乡统筹，但从总体上统筹层次偏低。在当前国际社会中，养老保险制度的统筹水平以及所处层次均是评估其先进性的主要参考指标，统筹层次和制度保障水平之间呈正相关联系。尽管国务院出台了有关规定，并且规定中明确表示并轨制度是在全国范围内贯彻与实施，不过基于各地实施情况可知，大部分地区依旧保持着较低的统筹层次，主要集中于市级和县级，而这势必会对城居保基金的承受水平产生不利影响，全国统筹任重而道远。城乡居民基本养老保险迈向更高统筹层次成为现实需要，政府作为公共权力的掌握者，制度和公共政策的制定者、监督者、协调者，理应发挥主导作用，鼓励并带领各地消除地方保护主义意识，从全局思考，形成基于全国的大格局意识，互相帮助，有步骤、有计划地实施政策，以此达到全国统筹之目标。

除此之外，还需要对国家的财政责任进行充分明确，加大中央财政补助力度。与城镇养老保险制度相比，城乡居民基本养老保险制度的基金积累缺少大型企业这一关键缴费主体，所以其基金积累非常少。对此，政府应该发挥作用，填补这一空白，目前我国执行的标准是中央财政每月补助70元，远远不能满足实际需求，而区域经济发展失衡，当地政府财政乏力，因此加大养老补助、提高保障水平的任务需要交付于中央政府完成，同时更应该加大对贫困地区的扶持力度，帮助地方政府尽快实现养老保险补贴的自给自足。

（三）建立缴费激励机制，加强养老保障制度的激励性

现在农民养老保险的费用主要靠个人进行缴纳，而这即表示在农村养老方面，国家并未充分发挥作用，换言之，我国现在所推行的农村养老保险其实并不是真实意义上的社会养老保障。所以需要妥善处理好养老金这一重大问题，更好地完善农村社会养老保险体系。这就迫切需要解决资金的筹集问题。现在这是一个世界性难题，欲有效处理好此问题，就需要政府的积极帮扶，健全参保补贴机制，增加补贴金额，加强引导，促使更多的人参保。《国务院关于建立统一的城乡居民基本养老保险制度的意见》中明确要求，人均每年补贴标准不得低于30元；对选择500元以上档次标准缴费的，人均每年补贴标准不得低于60元。显然，补贴水平相对于农民的需求来说微不足道，因此农民参保信心不足，补贴的吸引力不足。因此，在并轨实施过程

中，应加大补贴力度，探索多缴多得的激励机制，这样可以鼓励农村老年人多缴费，也可以吸引更多的中青年群体投保，并坚持长期缴费。

（四）强化信息化建设，优化养老保险管理系统

针对目前老百姓对这一制度认知程度低，信任度低的情况，应该加强制度普及和宣传，用老百姓喜闻乐见的形式和语言将政策宣传落到实处，提高广大农民对并轨制度和有关政策的认知水平和信任度。比如，可采取制作宣传海报、电视广告、大学生三下乡、公益讲座等形式，让广大农民了解政策实质，打消疑虑，增强参保信心和热情。此外，需强化农民风险意识的，摒弃"养儿防老"等思想，潜移默化地增加城乡居保制度的信服力。

要保障养老保障制度城乡一体化工作的高效、全面，就需要其管理体给予充足的支持和协助。加强管理模式的革新与调整，真正实现养老管理和服务的一体化发展。这首先要求加强信息化建设，新农保与城居保并轨具体实施过程中最主要的难点就在于信息管理和服务系统上。一是需要专业技术人员和专业信息管理系统，才能将目前全国已经建立并实施多年的农村养老保险系统和城镇居民养老保险系统完成有效结合；二是需要对现有的管理和服务人员进行专业培训，是他们执行起来规范化、科学化，能够为百姓提供便捷的服务，实现资源共享。另外，必须优化养老保险服务，提高养老保险质量，各部门应该强化管理，及时解决养老保险工作所面临的问题，使得养老保险工作更容易受到社会的监督，统筹城乡，方便管理。

结语与展望

回顾研究过程，本书以马克思主义公平观为理论基础，以"当代中国农村养老保障制度"为研究对象，分析了马克思主义公平观产生的历史背景和社会条件，梳理了马克思主义公平观的基本观点和主要内容，马克思主义公平思想中国化的演进过程，系统总结了当代中国共产党人的社会主义公平观，以及对我国农村养老保障制度的完善的价值。基于研究的需要，充分借鉴了建国以来我国农村社会养老保障制度变迁过程及其基本经验，分析了该制度实施的历史和现状。在此基础上，探讨了新时期实现农村养老保障制度公平性的路径。整个研究过程力求从整体上把握中国共产党在马克思主义指导下制定、推行和完善农村养老保障制度的指导思想和工作方法。

通过研究形成了以下几方面的结论：

第一，我国农村养老保障制度的完善必须要始终坚持以马克思主义公平观为理论基础。马克思、恩格斯在领导工人阶级进行革命实践的过程中，不仅创立了历史唯物主义和辩证唯物主义学说，同时也在不断揭露资本主义社会中存在的诸多不公平的社会现象，不断在实践中创造解决不公平现象的方法，形成了马克思主义公平观。建立在唯物史观基础上的马克思主义公平观，通过对资本主义社会不公的分析，共产主义公平观的科学预测，指出了社会公平的内涵、目标和实现途径，为人类走向公平社会指明了方向。马克思主义公平观是唯一正确的公平理论，并且对解决当代中国社会的公平问题有重要的指导意义。中国共产党自建立以来，一直坚持以马克思主义为指导思想，并且在实践中不断地丰富和发展马克思主义的理论内容，马克思主义公平观是中国共产党解决公平问题的理论依据和指导思想。同时，中国共产党结合中国的具体实际，创造出符合中国国情的公平观思想，为马克思主义公平观的发展做出了贡献。加快完善农村养老保障制度的公平性是经济发展和社会进步的必然要求，也是改革和完善我国社会保障体系的重大举措，必须坚持马克思主义公平观及其中国化的指导地位。

第二，我国农村养老保障制度一直处于不断发展中，取得了一定的成绩，但是与社会公平目标还存在很大差距。我国自建国以来，农村养老保障制度的演变基本可以划分为四个阶段，家庭养老为主的时期（1949—1956 年）、家庭养老与集体养老结合时期（1957—1978 年）、农村多种养老方式并存及传统社会养老保险探索时期（1978—2001 年）、新型农村社会养老保险实施及城乡居民养老保险并轨（2002 年至今）。通过对农村养老保障制度的历史和现状进行分析后发现，虽然自建国以来不断完善，取得了一定的成绩，但目前而言，我国农村养老保障制度还存在很多较为严重的问题，在一定程度上影响了社会公平的实现程度。2014 年，城乡基本养老保险制度并轨，这一重大举措进一步推进城乡一体化社会保障制度的实现，但是并轨后的城乡居民养老保险制度在具体实施过程中也存在诸如：制度实际统筹层次不高，难以真正发挥应有的保障功能；养老金待遇水平仍然比较低，保障功能还不强；中央财政与地方财政权责划分不明确；地区执行标准差异大，有可能会引发新的不公平；制度普及面不广，吸引力不强，居民参保积极性不高等。农村社会养老保障制度的实施及公平性实现，受到多方面因素的影响，如政府、集体、农民，以及经济、社会、文化等环境因素。

第三，现代养老保障制度的诞生并非一朝一夕，目前建有养老保障制度的国家和地区数量已经将近 200 个，有很多我国可以借鉴的经验。随着社会的不断进步和改革，世界各国和地区都不断对其现有的养老保障制度进行改革，尤其是 20 世纪 90 年代以来，对养老保障制度进行改革和完善已经成为国际上的大势所趋。养老保障制度的选择及其运行模式不仅与一个国家或地区的经济发展情况密切关联，还与各国国家和地区的政治、文化、社会等各方面都有一定的关联。我国在完善农村养老保障制度时，可以结合我国具体国情，充分借鉴发达国家和发展中国家的先进经验。

第四，我们必须坚持以马克思主义公平观作为农村养老保障制度改革的理论基础和主要原则，并采取相应的改革措施逐步完善，以期实现更高层次的社会公平。

目前，公平问题是国内学界同人研究的热点问题。在研究过程中，也力图进行深入研究，以求更好地用公平理论来研究当代中国农村养老保障问题。但因本人研究能力有限，在有些问题上理解研究还不够深刻。在以后的研究中，还需要加强对马克思主义经典作家的著作研究，尤其是继续强化对马克思主义公平观及结合我国具体国情的研究。本书从马克思主义公平观的阐述，到我国当前面临的农村养老保障问题及挑战，结合我国农村养老保障制度的满意度分析、养老模式选择分析、养老支付意愿分析，最后至我国农村养老保障制度完善路径研究，从浅入深，从理论到实证，基于马克思主义公平观对我国的农村养老保障制度进行了较为全面的研究和探讨。但是，由于受到研究能力、搜集资料、实地调研存在一些困难等因素的限制，还未能对其进行更深层次的研究。

实现社会公平是中国特色社会主义的内在要求，处理好社会公平问题是中国特色社会主义的重大课题。"新农保"和"城居保"合并，在全国范围内建立统一的城乡居民养老保险制度是在促进社会公平道路上迈出的重要一步。但是，制度的并轨并不是一蹴而就的，需要长期的努力，在这个过程中还可能会遇到很多问题，所以还需要不断深入研究。笔者在以后的学习、工作和生活中，还会继续深入研究农村养老保障问题，争取能够为尽早实现养老保险以及社会保障的城乡统筹作出一点贡献。

附录1 农村养老保障制度满意度 调查问卷

各位朋友：

您好！这份调查问卷的目的是研究农村养老保障制度发展情况。您被访问，是随机抽样的结果。问题的答案没有对错之分，本次调查是学术研究，所有调查匿名进行，对您提供的信息严格保密，衷心感谢您提供的支持和合作。祝您生活幸福！

问卷编号：

1. 您的年龄：

（A）69—69 岁 （B）70—79 岁 （C）80 岁及以上

2. 您的性别：（A）男 （B）女

3. 您的婚姻状况：（A）有配偶 （B）无配偶

4. 您的受教育程度：

（A）小学以下 （B）小学 （C）初中及以上

5. 您有几个儿子？

（A）0 个 （B）1 个 （C）2 个 （D）3 个及以上

6. 您有几个女儿？

（A）0 个 （B）1 个 （C）2 个 （D）3 个及以上

7. 您的居住方式：

（A）独居 （B）非独居

8. 您是否参与家庭决策？

（A）参与 （B）不参与

9. 您的经济来源：

（A）自己　　（B）配偶或子女　　（C）其他

10. 您的生活能否自理？

（A）生活自理　　（B）有 1 个功能障碍　　（C）有 1 个以上功能障碍

11. 您的子女是否看望您？

（A）看望　　（B）不看望

12. 您的社会活动是否丰富？

（A）丰富　　（B）不丰富

13. 您的精神来源：

（A）配偶　　（B）子女　　（C）亲戚　　（D）朋友　　（E）其他

14. 您是否感到孤独？

（A）孤独　　（B）不孤独

15. 您认为您是否健康？

（A）健康　　（B）一般　　（C）不健康

16. 平时一般由谁照料您？

（A）配偶　　（B）子女　　（C）其他

17. 您对您目前的享受到的养老保障满意吗？

（A）非常满意　　（B）满意　　（C）一般　　（D）不满意（E）非常不满意

18. 政府是否每月发放生活补助？（　　）A. 是　B. 否

19. 政府每月发放的养老金额是？（　　）A. 1—100 元　B. 100—200 元　C. 200 元以上

附录 2　农村养老保障模式选择调查问卷

各位朋友：

您好！这份调查问卷的目的是研究农村养老保障制度发展情况。您被访问，是随机抽样的结果。问题的答案没有对错之分，本次调查是学术研究，所有调查匿名进行，对您提供的信息严格保密，衷心感谢您提供的支持和合作。祝您生活幸福！

问卷编号：

1. 您希望将来以何种方式养老？

（A）正规化养老（社会养老保险、商业养老保险）

（B）非正规化养老（家庭储蓄养老）

2. 您的年龄：

（A）16—28 岁　　（B）29—40 岁

3. 您的性别：

（A）男　　（B）女

4. 您的婚姻状况：

（A）单身　　（B）已婚

5. 您的受教育程度：

（A）小学以下　　（B）小学　　（C）初中　　（D）中专、高中
（E）大专、本科及以上

6. 您的月收入：

（A）600 元及以下　　（B）600 元以上 1600 元以下　　（C）1600元以上 3000 元以下　　（D）3000 元及以上

7. 您是否有外出务工经历?

（A）有　（B）无

8. 您有几个儿子?

（A）0 个　（B）1 个　（C）2 个　（D）3 个及以上

9. 您有几个女儿?

（A）0 个　（B）1 个　（C）2 个　（D）3 个及以上

10. 您的家庭是否和睦?

（A）和睦　（B）一般　（C）不和睦

11. 您日常出行是否方便?（　）

A. 方便　B. 不方便

12. 每年子女来探望您的次数:（　）

A. 1—2 次　B. 3—4 次　C. 很多次

13. 您对社会养老保险的认知:

社会基本养老保险是强制性的吗?

（A）是　（B）不是

国家是否负担社会养老保险基金的一部分?

（A）负担　（B）不负担

个人累积缴费年限不满 15 年的, 退休后不享受基础养老金待遇吗?

（A）是　（B）不是

没有固定单位的自由职业者的社会养老保险费是由自己全部缴纳的吗?

（A）是　（B）不是

如果社会养老保险缴纳过程中有部分中断, 那么以前缴纳的社会保险是否有效?

（A）有效　（B）无效

14. 您对商业保险的认知:

商业养老保险是自愿的吗?

（A）是　（B）不是

商业养老保险是多缴多得的吗?

（A）是　（B）不是

买商业养老保险能附加其他保险吗？

（A）能　（B）不能

不上班的人可以买商业养老保险吗？

（A）能　（B）不能

商业保险公司是金融公司吗？

（A）是　（B）不是

附录 3 农村养老保险支付意愿 调查问卷

各位朋友:

您好!这份调查问卷的目的是研究农村养老保障制度发展情况。您被访问,是随机抽样的结果。问题的答案没有对错之分,本次调查是学术研究,所有调查匿名进行,对您提供的信息严格保密,衷心感谢您提供的支持和合作。祝您生活幸福!

问卷编号:

1. 您的年龄:

2. 您的性别:

3. 您的受教育程度:

(A)小学及以下 (B)初中 (C)高中 (D)大学及以上

4. 您的婚姻状况:

(A)单身 (B)已婚

5. 您的政治面貌:

(A)党员 (B)非党员

6. 您的职业:

(A)务农 (B)非务农

7. 您在外累积打工时间: 年 月

8. 您有 个儿子, 个女儿

9. 您家有经济收入的人数:

10. 您家需要供养的老人(60 岁及以上)人数:

11. 您家的人均月收入: 元

12. 您家的人均土地数量：　　　亩

13. 您听说过新农保吗？

（A）知道　　（B）不知道

14. 您（或您的家人中）今年是否已经参加了新型农村社会养老保险？

（A）没有参加　　（B）参加

15. 如果您（或您的家人中）没有人参加新农保，其原因是：

（A）缴纳保险金的保证期过长

（B）缴纳金过多

（C）到期后无法拿到保险金

（D）已有商业保险

（E）其他

16. 您对新农保的认知：

（1）您知道新农保参保的年龄吗？

（A）知道　　（B）不知道

（2）您知道新农保的个人全部本息退给谁？

（A）知道　　（B）不知道

（3）保证期内养老金余额能否继承？

（A）能　　（B）不能

（4）养老金余额是否退给其法定继承人或指定受益人？

（A）是　　（B）否

（5）您知道如何计算报废和到期后拿到手的养老金

（A）知道　　（B）不知道

17. 不同缴费水平下，政府补贴程度不同，按照下表的情况，如果愿意缴费，请打√，如果不愿意缴费，请打×。

举例：如果缴费水平为600元，政府补贴您30%，则自己缴费为420元，如果在该情况下愿意缴费，请打√，如果不愿意缴费，请打×。

缴费水平	政府补贴					
	0%	10%	20%	30%	40%	50%
100 元						
200 元						
300 元						
400 元						
500 元						
600 元						
800 元						
1000 元						

参 考 文 献

一　经典著作和文献

《马克思恩格斯选集》第1—4卷，人民出版社1995年版。

《马克思恩格斯全集》（第2版）第1卷，人民出版社2002年版。

《马克思恩格斯全集》（第2版）第2卷，人民出版社2005年版。

《马克思恩格斯全集》（第2版）第3卷，人民出版社2002年版。

《马克思恩格斯全集》（第2版）第19卷，人民出版社2006年版。

《马克思恩格斯全集》（第2版）第21卷，人民出版社2003年版。

《马克思恩格斯全集》（第2版）第46卷，人民出版社2003年版。

《毛泽东选集》第1—4卷，人民出版社1991年版。

《毛泽东文集》第1—2卷，人民出版社1993年版。

《毛泽东文集》第6—8卷，人民出版社1999年版。

《建国以来毛泽东文稿》第10册，中央文献出版社1996年版。

《邓小平文选》第1—3卷，人民出版社2011年版。

《邓小平年谱》，中央文献出版社2004年版。

《江泽民文选》第1—3卷，人民出版社2006年版。

中共中央文献研究室：《三中全会以来重要文献选编》，中央文献出
版社2011年版。

中共中央文献研究室：《十五大以来重要文献选编》，中央文献出版
社2011年版。

中共中央文献研究室：《十六大以来重要文献选编》，中央文献出版
社2011年版。

《胡锦涛在省部级主要领导干部提高构建社会主义和谐社会能力专题
　　研讨班上的讲话》，人民出版社 2005 年版。

《高举中国特色社会主义伟大旗帜 为夺取全面建设小康社会新胜利而
　　奋斗——在中国共产党第十七次全国代表大会上的报告》，人民出
　　版社 2007 年版。

《十七大以来重要文献选编》（上），中央文献出版社 2009 年版。

《十七大以来重要文献选编》（下），中央文献出版社 2011 年版。

《习近平关于实现中华民族伟大复兴的中国梦论述摘编》，中央文献
　　出版社 2013 年版。

《十八大以来重要文献选编》（上），中央文献出版社 2014 年版。

《十八大以来重要文献选编》（中），中央文献出版社 2016 年版。

《习近平关于全面深化改革论述摘编》，中央文献出版社 2014 年版。

《习近平谈治国理政》，外文出版社 2014 年版。

习近平：《之江新语》，浙江人民出版社 2007 年版。

习近平：《知之深 爱之切》，人民出版社 2016 年版。

习近平：《摆脱贫困》，福建人民出版社 1992 年版。

《习近平总书记系列重要讲话读本》，学习出版社、人民出版社 2016
　　年版。

《习近平用典》，人民日报出版社 2015 年版。

柏拉图：《理想国》，商务印书馆 1997 年版。

亚里士多德：《政治学》，商务印书馆 1997 年版。

罗尔斯：《正义论》，中国社会科学出版社 1997 年版。

《圣西门选集》（下卷），商务印书馆 1962 年版。

《傅立叶选集》第 2 卷，商务印书馆 2009 年版。

《欧文选集》第 1 卷，商务印书馆 2009 年版。

二　学术著作

《上海市社会科学界联合会：马克思主义视野下的公平与正义》，上
　　海人民出版社 2010 年版。

范广军：《中国共产党社会公正思想研究》，河南大学出版社 2009年版。

李安增：《当代中国现代化进程中的政权稳定问题研究》，中国社会科学出版社 2016 年版。

张静：《转型中国：社会公正观研究》，中国人民大学出版社 2008年版。

孙书行、韩跃红：《多学科视野中的公平与正义》，云南人民出版社 2006 年版。

李安增：《历史与经验：中国共产党与当代中国发展》，中央编译出版社 2009 年版。

李惠斌、李义天、万俊人：《马克思与正义理论》，中国人民大学出版社 2010 年版。

曹玉涛：《分析马克思主义的正义论研究》，人民出版社 2010 年版。

林进平：《马克思的"正义"解读》，社会科学文献出版社 2009年版。

万军：《公平社会建设解读》，国家行政学院出版社 2013 年版。

俞可平：《国家底线——公平正义与依法治国》，中央编译出版社 2014 年版。

景天魁：《底线公平福利模式》，中国社会科学出版社 2013 年版。

罗尔斯、怀宏、包钢：《正义论》，中国社会科学出版社 1988 年版。

庹国柱、王国军：《中国农业保险与农村社会保障制度研究》，首都经济贸易大学出版社 2002 年版。

朱青：《养老金制度的经济分析与运作分析》，中国人民大学出版社 2002 年版。

王国军：《社会保障：从二元到三维：中国城乡社会保障制度的比较与统筹》，对外经济贸易大学出版社 2005 年版。

邓大松、刘昌平：《中国社会保障改革与发展报告》，人民出版社 2008 年版。

梁鸿、赵德余：《人口老龄化与中国农村养老保障制度》，上海人民出版社 2008 年版。

曹文献：《新型农村养老保障制度的可持续发展研究》，西南财经大学出版社 2014 年版。

俞可平：《治理与善治》，社会科学文献出版社 2000 年版。

周建明：《社会政策：欧洲的启示与对中国的挑战》，上海社会科学院出版社 2005 年版。

穆怀中：《社会保障国际比较》，中国劳动社会保障出版社 2002 年版。

周弘：《国外社会福利制度》，中国社会出版社 2003 年版。

林义：《农村社会保障的国际比较及启示研究》，中国劳动社会保障出版社 2006 年版。

景天魁：《社会公正理论与政策》，社会科学文献出版社 2004 年版。

宋斌文：《当代中国农民的社会保障问题研究》，中国财政经济出版社 2006 年版。

姚远：《中国家庭养老研究》，中国人口出版社 2000 年版。

安增龙：《中国农村社会养老保险制度研究》，中国农业出版社 2006 年版。

刘昌平、殷宝明、谢婷：《中国农村社会养老保险制度研究》，中国社会科学出版社 2008 年版。

米红、杨翠迎：《农村社会养老保障制度基础理论框架研究》，光明日报出版社 2008 年版。

卢海元：《和谐社会的基石：中国特色新型养老保险制度研究》，群众出版社 2009 年版。

刘晓梅：《中国农村社会养老保险制度理论与务实研究》，科学出版社 2010 年版。

张思锋、王立剑：《新型农村社会养老保险制度试点研究——基于三省六县的调查》，人民出版社 2011 年版。

崔红志：《新型农村社会养老保险适应性的实证研究》，社会科学文献出版社 2012 年版。

曹信邦：《新型农村社会养老保险制度构建——基于政府责任的视角》，经济科学出版社 2012 年版。

贺雪峰：《新乡土中国》，广西师范大学出版社 2003 年版。

贺雪峰：《乡村治理的社会基础》，中国社会科学出版社 2003 年版。

贺雪峰：《中国村治模式：若干案例研究》，山东人民出版社 2008
　　年版。

三　报纸文章

刘白：《城乡养老并轨能否促双轨制改革》，《光明日报》2014 年 2 月
　　10 日。

江泽民：《全面建设小康社会　开创中国特色社会主义事业新局
　　面——在中国共产党第十六次全国代表大会上的报告》，《人民日
　　报》2002 年 11 月 18 日。

胡锦涛：《坚定不移沿着中国特色社会主义道路前进　为全面建成小
　　康社会而奋斗——在中国共产党第十八次全国代表大会上的报告》，
　　《人民日报》2012 年 11 月 18 日。

《中共中央关于全面深化改革若干重大问题的决定》，《人民日报》
　　2013 年 11 月 18 日。

陈维津：《关注城镇化中的不良倾向：失地农民养老成问题》，《人民
　　日报》2013 年 9 月 17 日。

王伟健：《农民养老咋办才好》，《人民日报》2013 年 10 月 14 日。

《三问养老金并轨》，《人民日报》2015 年 1 月 15 日。

周人杰：《"高龄农民工"靠什么老有所依》，《人民日报》2015 年 6
　　月 5 日。

《中国共产党第十八届中央委员会第五次全体会议公报》，《人民日
　　报》2015 年 10 月 29 日。

《十八届三中全会公报》，《人民日报》2013 年 11 月 13 日。

《解读中央一号文件》，《人民日报》2016 年 1 月 27 日。

吴学安：《城乡养老并轨还有多少路要走》，《大众日报》2014 年 6 月
　　19 日。

盛刚：《养老城乡并轨"小荷才露尖尖角"》，《大众日报》2014 年 2

月 11 日。

《养老保险双轨制是最突出的硬骨头不能回避》，《人民日报》2014 年
　　8 月 28 日。

四　学位论文和期刊论文

江胜珍：《论马克思的公平思想》，博士学位论文，中南大学，
　　2012 年。

崔玉亮：《马克思主义公平观的发展历程及当代价值研究》，博士学
　　位论文，安徽大学，2015 年。

张丽莉：《马克思主义视域下的社会管理思想研究》，博士学位论文，
　　南开大学，2015 年。

来凡凡：《改革开放以来中国共产党公平正义思想研究》，博士学位
　　论文，安徽大学，2013 年。

李冬梅：《马克思主义正义观及其当代意义》，博士学位论文，辽宁
　　大学，2014 年。

王庆生：《马克思的社会保障思想及其当代价值研究》，博士学位论
　　文，华东师范大学，2012 年。

王章华：《中国新型农村社会养老保险制度研究》，博士学位论文，
　　华东师范大学，2011 年。

王丹：《我国新型农村养老保险制度问题研究》，博士学位论文，北
　　京交通大学，2010 年。

苑梅：《我国农村社会养老保险制度研究》，博士学位论文，东北财
　　经大学，2011 年。

杨勇刚：《中国农村社会福利的发展与模式转换研究》，博士学位论
　　文，华中师范大学，2012 年。

杨清哲：《人口老龄化背景下中国农村老年人养老保障问题研究》，
　　博士学位论文，吉林大学，2013 年。

于威：《中国农村多层次社会养老保障制度研究》，博士学位论文，
　　东北农业大学，2010 年。

崔玉江：《中国农村发展商业养老保险研究》，硕士学位论文，浙江大学，2009 年。

付涛：《人口老龄化与中国的养老》，博士学位论文，复旦大学，2009 年。

崔璨：《基于底线公平的基础性保障体系建构》，硕士学位论文，沈阳师范大学，2013 年。

孙志伟：《发达国家企业年金制度比较研究及对我国的启示》，硕士学位论文，首都经济贸易大学，2006 年。

周卉：《中国农村养老保险制度的发展与反思》，博士学位论文，吉林大学，2015 年。

韩丽娟：《建国以来农村养老回顾与反思》，硕士学位论文，内蒙古师范大学，2014 年。

丁鹏：《农村新型养老保障模式研究》，硕士学位论文，安徽大学，2015 年。

门媛媛：《农村养老保险满意度实证研究》，硕士学位论文，辽宁大学，2013 年。

刘影春：《农村社会养老保险制度建设的国际经验及启示》，博士学位论文，华东师范大学，2014 年。

邢梅：《我国现阶段农村养老模式研究》，硕士学位论文，吉林大学，2014 年。

龙国良：《我国农村养老保障制度路径选择及影响因素研究》，博士学位论文，中国农业大学，2014 年。

李西源、殷焕举：《马克思经济公平思想探析》，《人民论坛》2011 年第 20 期。

江胜珍：《论马克思公平思想的理论渊源》，《中南大学学报》（人文社科版）2013 年第 4 期。

中共中央文献研究室《中国特色社会主义社会建设道路》课题组：《十八大以来习近平关于民生建设的新思想新举措》，《党的文献》2015 年第 3 期。

李济广：《马克思主义公平观的本来思想》，《东岳论丛》2011 年第

6 期。

付志平、张光辉：《论马克思主义公平观与当代中国发展》，《社会科学辑刊》2012 年第 5 期。

江洪明：《社会公平正义实现路径的几点思考》，《理论月刊》2010 年第 3 期。

于文俊：《加强制度建设与实现社会公平正义》，《理论导刊》2010 年第 3 期。

何伟：《全面深化改革视域下的社会公平思考》，《学术论坛》2014 年第 3 期。

刘国光：《进一步重视社会公平问题》，《经济学动态》2005 年第 4 期。

叶宝忠：《论社会保障对社会公平的保障》，《宁夏社会科学》2009 年第 2 期。

高健、秦龙：《社会公平：中国特色社会治理的核心诉求》，《理论与改革》2014 年第 1 期。

顾肃：《社会公平正义问题的深度思考》，《浙江学刊》2014 年第 3 期。

陈家付：《实现社会公平正义是发展中国特色社会主义的重大任务》，《学术论坛》2009 年第 4 期。

贾中海、何春龙：《社会公平正义的三维视阈》，《北方论丛》2013 年第 2 期。

朱大鹏：《中国特色社会主义中的社会公平正义》，《湖北大学学报》（哲学社会科学版）2010 年第 4 期。

蔡丽华：《收入分配不公与社会公平正义探析》，《当代世界与社会主义》2012 年第 1 期。

郭金丰：《建国以来农村社会保障制度的回顾与展望》，《江西农业大学学报》（社会科学版）2009 年第 4 期。

林淑周：《农民参与新型农村社会养老保险意愿研究——基于福州市保险意愿研究》，《东南学术》2010 年第 4 期。

苏东海、周庆：《新农保试点中的问题及对策研究——基于宁夏新农保试点县的调查分析》,《宁夏社会科学》2010 年第 9 期。

黄闯:《新型农村社会养老保险的可持续发展研究——基于新旧农村
　　社会养老保险制度的差异性分析》,《人文社会科学学报》2010 年
　　第 4 期。

林义、林熙:《国外农村社会保障制度改革的新探索及其启示》,《国
　　家行政学院学报》2010 年第 2 期。

刘军民:《试论推进我国新型农村社会养老保险制度可持续发展的基
　　本要领和战略重点》,《社会保障研究》2010 年第 3 期。

张娟、唐城、吴秀敏:《西部农民参加新型农村社会养老保险意愿及
　　影响因素分析——基于四川省雅安市雨城区的调查》,《农村经济》
　　2010 年第 20 期。

张正军、苏永春:《中国农村社会养老保险制度变迁与政策评价》,
　　《社会保障研究》2011 年第 6 期。

李冬研:《"新农保"制度:现状评析与政策建议》,《南京大学学报》
　　2011 年第 1 期。

姜木枝:《新型农村养老保险制度试行中政府责任研究》,《中国农村
　　研究》2012 年第 3 期。

华迎放:《国外农村养老保险的经验与启示》,《经济要参》2012 年第
　　5 期。

杨燕绥:《养老金并轨的机遇与挑战》,《行政管理改革》2015 年第
　　5 期。

李莉:《关于我国养老金并轨的构想与建议》,《湖北社会科学》2013
　　年 9 月 10 日。

卢海元:《制度的并轨与定型:养老保险制度中国化进入崭新阶段》,
　　《社会保障研究》2014 年第 3 期。

睢党臣、董莉、张朔婷:《对城乡居民养老保险并轨问题的思考》,
　　《北京社会科学》2014 年第 7 期。

黄丽、罗锋:《城乡基本养老保险并轨的可行路径与难点——基于广
　　东中山的实证分析》,《公共管理学报》2012 年第 3 期。

丁芳、郭秉菊:《新农保进城了?——城乡居民养老保险并轨之收入

分配效应研究》,《山西农业大学学报》(社会科学版) 2015 年第
4 期。

卢海元:《全力推进养老保险制度中国化:全面建成中国特色新型养
老保险制度的构想》,《理论探讨》2014 年第 5 期。

王国新、向雪:《人口老龄化进程中我国养老保险制度存在的问题及
对策研究》,《新疆社会科学》2015 年第 2 期。

吕鍠芹、周伟岷、车思涵:《东亚、东南亚国家养老金体系的比较研
究》,《西南交通大学学报》(社会科学版) 2016 年第 5 期。

张明锁、孙端:《适度提高养老保险农民缴费档次的可行性分析》,
《河南社会科学》2016 年第 4 期。

常亮:《中国农村五保供养:制度回顾与文化反思》,《中国农业大学
学报》(社会科学版) 2016 年第 5 期。

黄玉君、鲁伟:《国外农村社会养老保险发展及对我国的启示》,《求
实》2016 年第 6 期。

王婷、李放:《中国养老保险政策变迁的历史逻辑思考》,《江苏社会
科学》2016 年第 6 期。

陈晓丽:《新型农村社会养老保险参保意愿影响因素分析》,《统计与
决策》2015 年第 12 期。

房敏、吴杨:《新农保政策实施的制度基础研究——基于新制度社会
学视角》,《云南农业大学学报》(社会科学版) 2015 年第 11 期。

王晓东、雷晓康:《城乡统筹养老保险制度顶层设计:目标、结构与
实现路径》,《西北大学学报》(哲学社会科学版) 2015 年第
10 期。

吴增基:《正确认识社会主义初级阶段的公平理念》,《社会科学》
2009 年第 2 期。

顾天安:《日本农村养老保险制度探析及其启示》,《日本研究》2005
年第 4 期。

李恩强、李晓燕:《欧美社会保障制度及我国社会保障制度改革建
议》,《改革与理论》2008 年第 2 期。

谢金迪、陈文斌:《马克思恩格斯的社会公平思想及其当代意义》,

《学习与探索》2014 年第 12 期。

刘昌平、谢婷：《财政补贴型新型农村社会养老保险制度研究》，《东北大学学报》（社会科学版）2009 年第 4 期。

五　外文资料

AL. Gustman, TL. Steinmeier, "The Social Security Early Entitlement Age in a Structural Model of Retirement and Wealth", *Journal of Public Economics*, Volume 89, Issues 2 – 3, February 2005.

C. Coile, J. Gruber, *Social Security Incentives for Retirement. Themes in the Economics of Aging*, Chicago: University of Chicago Press, 2001.

J. Gruber, DA. Wise, *Social Security and Retirement around the World*, Chicago: University of Chicago Press, 2008.

J. Gruber, DA. Wise, *Social Security Programs and Retirement around the World: Fiscal Implications of Reform*, Chicago: University of Chicago press, 2009.

J. Gruber, DA. Wise, "Social Security Programs and Retirement around the World: Micro estimation", *Journal of Risk and Insurance*, December 1, 2007.

M. Boldrin, "A Rustichini. Political Equilibria with Social Security", *Review of Economic Dynamics*, Volume 3, Issue 1, January 2000.

M. Derthick, *Policymaking for Social Security*, Washington DC: Brookings Institution, 1979.

M. Duggan, "The Growth in the Social Security Disability Rolls: A Fiscal Crisis Unfolding", *Journal of Economic Perspectives*, Vol. 20, No. 3, Summer 2006.

P. Orszag, J. Stiglitz, "Rethinking Pension Reform: Ten Myths about Social Security Systems", *New Ideas about Old Age Security*, 1999 (1).

United States. Social Security Administration. Office of Policy, *Social Security Programs throughout the World: The Americas*, Social Security Administration, Office of Policy, 2004.

U. S. Social Security Administration, *Annual Statistical Report on the Social Security Disability Insurance Program*, http：//digitalcommons. ilr. cornell. edu/key workplace/, 2009.

后　记

　　本书是在本人博士学位论文基础上修改完成的。本书以马克思主义公平观为理论基础，以"我国农村养老保障制度"为研究对象，分析了马克思主义公平观产生的历史背景和社会条件，梳理了马克思主义公平观的基本观点和主要内容，马克思主义公平思想中国化的演进过程，系统总结了当代中国共产党人的社会主义公平观，以及对我国农村养老保障制度的完善的价值。基于研究的需要，充分借鉴了建国以来我国农村社会养老保障制度变迁过程及其基本经验，分析了该制度实施的历史和现状。在此基础上，探讨了新时期实现农村养老保障制度公平性的路径。整个研究过程力求从整体上把握中国共产党在马克思主义指导下制定、推行和完善农村养老保障制度的指导思想和工作方法。在修改完善过程中，进一步吸收了本人主持的 2017 年度山东省社科规划青年学者重点培养计划专项"习近平民生思想的理论创新研究"（项目编号：17CQXJ15）和 2017 年度山东省高校人文社科科研计划项目"习近平民生思想对农村养老保障制度完善的价值引领"（项目编号：J17RA218）阶段性研究成果。书稿的完善得到了济宁学院 2017 博士科研启动金专项"传统孝道文化融入农村现代养老保障制度路径研究"的资助。

　　本书的初稿是在导师——曲阜师范大学马克思主义学院院长李安增教授的悉心指导下完成的。感谢导师李安增教授，从论文的选题、框架的设计、写作到最后修改成稿，李老师都倾注了大量的心血。正是他的悉心指导，我才能在学习中不断反思、不断提高、不断进步。李老师谦逊正直的为人，精益求精、严谨的治学态度，都是值得我终生学习的典范。在以后的工作、学习中，希望自己能够以更加优异的成绩来回报老师的悉心培养。

书稿能够得以最终付梓，离不开诸多师长、领导、同事、同学、学生、家人、亲友的指导和帮助。我想，此时此刻再多感谢的话语都显得无力和苍白，但是内心深处的感恩不得不说。

感谢导师组的王维先教授、李兆祥教授、聂家华教授、郑曙村教授、杜曙光教授、铁省林教授、张晓琼教授，他们在初稿开题、写作和修改过程中都给予了具体细致的指导，提出了很多宝贵的意见和建议，使我在写作过程中受益颇多。感谢同门兄弟姐妹的帮助，同门们的融洽相处，让我时刻享受学习与生活的愉悦。特别感谢胡亚军、魏薇等，感谢他们在我遇到困难和困惑时，给予我的鼓励、支持和帮助，使我顺利完成学习任务和论文写作。感谢我的工作单位——济宁学院的领导和同事们，他们在工作和生活上对我关怀备至，在学业上大力支持。每当工作和学习难以平衡时，他们总是让我先去学习，解除我的后顾之忧。在我迷茫和焦虑时，是他们的鼓励和帮助给予了我勇气和力量。感谢本书参考文献的各位作者，他们的研究成果为本研究提供了必要的理论、实践基础和重要的思想源泉，恕不一一列举。感谢参与调研的各位学生以及认真回答问卷的农民朋友们，他们的帮助和配合为本研究提供了宝贵的一手数据和资料，从而顺利完成实证研究工作。

借此机会，还要感谢我的家人。感谢我的父母，他们给予的无尽的关爱，激励我不断进取。感谢婆婆杜文娟女士，无怨无悔辛苦操持家务，照顾孩子，每次都是一句朴素的话语“没事，你学习去吧，家里的活你不用管”，让我有足够的时间和充足的精力完成学习任务。感谢丈夫梁国栋先生，他的包容、奉献给了我精神支撑和莫大的鼓励。感谢儿子，每当我感到身心疲惫时，他的活泼可爱，顽皮淘气让我得以放松。曾经，工作的繁忙和学习的压力让我感到了空前的忙碌和紧张，每天像陀螺一样飞速旋转，不敢有丝毫懈怠，是家庭的支持和关爱给了我前进的无尽动力，让我坚持再坚持，收获成长和进步。

　　诚然，由于本人研究能力有限，在理论研究深度等方面还存在一定差距，实证研究中受到一些客观因素的限制，搜集资料、实地调研还存在如调研广度不充分等实际问题和困难，还未能对其进行更深层次的研究，欢迎专家学者批评指正。在以后的学习和工作中，本人将进一步完善和拓展，争取取得更大的进步！

霍雨慧

2018 年 3 月　山东曲阜